PRÉCIS

DES

VICTOIRES ET CONQUÊTES

DES FRANÇAIS.

De l'Imprimerie de David,
Rue du Faubourg Poissonnière, N° 1.

Eugène. Bombardement d'Antzen.

PRÉCIS

DES

VICTOIRES ET CONQUÊTES

DES FRANÇAIS

DANS LES DEUX MONDES,

DE 1792 A 1823,

AVEC LA CAMPAGNE D'ESPAGNE EN 1823.

Dédié à l'Armée Française

Par A. J. B. BOUVET DE CRESSÉ,

Membre des ancienne et nouvelle Universités de France, ex-professeur de rhétorique à l'école du Génie et de la Marine, etc.

— Français, vous savez vaincre et chanter vos conquêtes.
Quæ toties armis Europam Gallia vicit,
Militis ecce sui fortia facta refert.

TOME PREMIER.

PARIS,

VERNAREL ET TENON, LIBRAIRES,
Successeurs de Mme Ve LEPETIT, rue Haute-Feuille, n° 30.

1824.

Paris, 29 juillet 1823.

Au duc de Bellune, Ministre de la Guerre.

MONSEIGNEUR,

Un grand ouvrage a paru, consacré à la gloire militaire de notre nation. J'ai fait pour cet ouvrage, ce que Justin a fait pour Trogue-Pompée.

Ce n'est point au Ministre de la Guerre particulièrement, mais à l'armée française tout entière que je désire dédier mon travail.

Les Braves de nos vieilles, comme ceux de nos nouvelles troupes, ne peuvent refuser un pareil hommage. Cependant, je crois qu'il est dans les convenances, dans nos mœurs, et surtout dans la politesse et l'urbanité françaises, d'en demander la permission à Votre Excellence.

Mon ouvrage, en deux volumes in-12, a pour titre :

Précis des Victoires et Conquêtes des Français dans les deux Mondes, de 1792 à 1823, avec la Campagne d'Espagne, en 1823.

Il porte pour épigraphe ce vers de Voltaire :

Français, vous savez vaincre et chanter vos conquêtes ;

et ce distique de ma composition :

Quæ toties armis Europam Gallia vicit,
Militis ecce sui fortia facta refert.

J'ai l'honneur d'être avec respect,

Monseigneur,

Votre très-humble et très-
obéissant serviteur,

Le membre de l'Université, professeur d'éloquence,

BOUVET DE CRESSÉ.

Paris, le 3 août 1823.

Ministère de la Guerre.

Cabinet.

———

Monsieur, j'ai reçu la lettre que vous m'avez écrite pour me faire connaître l'intention où vous étiez de publier un ouvrage sur les Campagnes des Armées françaises, depuis 1792 jusqu'en 1823.

L'homme qui consacre ses talens et ses veilles à écrire l'histoire des faits qui ont honoré les armes de son pays, acquiert des droits réels à l'estime générale, quand il retrace ces faits avec vérité, ainsi que vous avez dû le faire. Sous ce rapport, rien ne me paraît plus louable que votre projet.

J'ai l'honneur d'être, Monsieur, avec une considération distinguée, votre très-humble et très-obéissant serviteur,

Le Ministre de la Guerre,

Signé De Bellune.

A M. Bouvet de Cressé, professeur d'éloquence.

DÉDICACE.

*Aux Armées Françaises
de Terre et de Mer,*

A. J. B. BOUVET DE CRESSÉ, ancien militaire, salut.

CAMARADES,

C'est pour vous que j'ai écrit le *Précis des Victoires et Conquêtes des Français dans les deux Mondes;* c'est à vous seuls que je le dédie.

Comme vous, j'ai eu l'honneur inappréciable de combattre les ennemis de la France, et de voir couler mon sang dans l'intérêt de notre belle et invincible patrie.

Puisse la lecture de l'ouvrage que je vous présente, tout en rappelant d'augustes souvenirs, entretenir, dans vos âmes généreuses, ce feu sacré dont les moindres étincelles, malgré tant de malignes influences, brillent encore du plus grand éclat, et, s'il en était besoin, doubler chez nos neveux, le courage, la valeur et l'héroïsme, noble héritage de nos pères, dont vous n'avez jamais cessé d'être les vivantes images!

Quelques années ont passé, et déjà nous en sommes séparés par des siècles; mais ces siècles de quelques instans, quelques lignes vont en retracer la gloire.

Une révolution inouie dans les fastes du monde, change tout-à-coup la face de la France, que menace l'invasion étrangère. Loin d'éprouver aucun sentiment de crainte, chaque citoyen devient soldat; l'armée se grossit, aussitôt, comme par enchantement, de milliers de braves, qui volent aux frontières, et les phalanges ennemies ont disparu du sol national...

Ce n'est plus sous les murs de Lille, de Valenciennes, de Longwy, de Strasbourg, d'Huningue, de Toulon et de Perpignan, que tonne le bronze des combats ; la Belgique est conquise, la Hollande se soumet, Luxembourg se rend, Kehl assure le passage du Rhin, Mayence a secoué le joug de ses maîtres, le Brisgaw pâlit au seul nom de nouveaux Condés, l'Anglais déserte les côtes de la Provence, et Saint-Sébastien, Figuières et Roses apprennent à l'Espagne étonnée ce que sont, ce que seront toujours les Français!

Époque heureuse ! elle n'est cependant que le prélude d'exploits plus illustres encore !

La première campagne d'Italie a ouvert une nouvelle carrière, que parcourent à l'envi les fils de la victoire.

Battue sur tous les points, l'Autriche a reçu le bienfait de la paix.

L'Angleterre tremble ; c'est contre elle que doivent être dirigées les troupes qui ont triomphé à Loano, à Montenotte, à Millésimo, à Mondovi, à Castiglione, à Bassano, à Arcole et à Rivoli; mais déjà, ces mêmes troupes, changeant de direction, se sont emparé de Malte, d'Alexandrie et du Caire.

Du haut des Pyramides, trente siècles les ont contemplés dans les plaines sablonneuses de l'Égypte; le Mont-Thabor les a vu vaincre des forces supérieures en nombre, et si Saint-Jean-d'Acre n'a point succombé, quoi qu'en ait publié la jactance britannique, c'est qu'un Français commandait dans la place.

La rupture inopinée du traité d'Amiens, dit un contemporain, vint tout-à-coup rouvrir l'arène sanglante des combats, et appeler de nouveau les nations de l'Europe à figurer sur le théâtre de la guerre. Les Anglais paraissent d'abord seuls dans la lice; aussi, est-ce contre eux que se prépare cette expédition de Boulogne, qui ne donna pas des soucis médiocres au célèbre Pitt, le plus irréconciliable et le plus dangereux de nos ennemis.

Des esprits superficiels ont pu tourner cette expédition en ridicule, mais le cabinet de Saint-James la vit comme une chose très-sérieuse, et il avait doublement raison de la redouter, car l'esprit national des Français était alors au plus haut degré d'exaltation contre un gouvernement qu'ils regardaient comme l'âme de toutes les coalitions et le chef de toutes les entreprises formées contre eux.

La France, à cette époque, aurait donné dix armées, l'une après l'autre, pour aller combattre l'Angleterre sur son propre territoire.

A ces dispositions menaçantes d'un grand peuple, se joignait un véritable danger. Il y eut un moment où les escadres françaises, espagnoles, hollandaises, réunies à la flotille, dans la Manche dégarnie de vaisseaux ennemis, auraient pu traverser la mer, presque sans obstacles, et porter une armée de héros, animés du profond sentiment d'une haine nationale, sur des côtes alors dénuées de moyens de défense.

Disons-le sans crainte d'être démenti, si des soldats français avaient mis une fois le pied sur le sol britannique, tout le monde aurait voulu venir à leurs secours et partager leur gloire. Telle était, en effet, alors la direction de l'esprit public dans les départemens : ce que nous avançons n'a rien d'exagéré ; le hasard, ou plutôt l'or, l'or tout-puissant du cabinet anglais, fit manquer cette entreprise presque certaine.

Ulm a capitulé; Mack, le présomptueux Mack, une seconde fois, a mérité sa réputation; Austerlitz, vaste tombeau des Russes et des Autrichiens, précède les victoires d'Jena, de Lubeck, de Pultusk, d'Eylau, de Dantzick et de Friedland.

Saragosse, Eckmuhl, Ratisbonne, Essling, Tarragone, Wagram, Walcheren, Smolensk, la Moskowa et Moskow ont grossi l'immense faisceau des lauriers cueillis dans les campagnes précédentes. Mais, hélas! la Bérésina, dans son fatal passage, va bientôt attester des malheurs que ne compenseront pas les avantages remportés quelques mois plus tard à Lutzen et à Bautzen, malheurs enfin que suivront les combats de Brienne, de Champ-Aubert, de Montmirail, de Montereau, de Craône, de Paris, de Toulouse, et dont le terme fatal sera le désastre de Waterloo.

Toutefois, Camarades, malgré tant de revers, l'honneur des armes nationales est resté intact, et lorsque, naguère encore, les Français, au fond de l'Hespérie, viennent de donner des exemples nombreux de discipline, de courage et d'intrépidité, ils ont prouvé qu'ils étaient toujours dignes et de leur patrie, et du prince qui les a commandés, et du monarque constitutionnel qui gouverne la France.

Bouvet de Cressé

INTRODUCTION.

Perdu pour sa famille et pour la France, qu'il eût rendue heureuse en suivant sans détour la ligne constitutionnelle (conseil que lui avait donné son auguste père), Louis xvii n'était plus, et l'héritier du trône, Monsieur, le comte d'Artois, les ducs d'Angoulême et de Berri, erraient sur une terre étrangère, tandis que Marie-Thérèse, cette fille infortunée de Louis xvi, attendait son échange contre le ministre de la guerre Beurnonville, et les commissaires de la convention, tombés au pouvoir de l'Autriche.

Cependant un esprit de vertige avait frappé les princes de la coalition; la guerre continuait; mais le dieu qui protège les braves ordonnait à la victoire de guider nos phalanges dans les champs de l'honneur.

La France déjà commandait l'admiration de l'Europe; elle l'avait même forcée au respect par le souvenir d'avantages récens qu'on aurait pu traiter de fictions, si les annales de la patrie n'eussent rappelé Coutras et Henri IV, Fribourg et Condé, Turenne et les Dunes, Villars et Denain, Fontenoi et le maréchal de Saxe.

Huningue effrayant Bâle de l'éminence de ses batteries; Porentrui se rendant sans avoir combattu; le manifeste de Brunswick lacéré et brûlé par les troupes; la *Marseillaise* distribuée à la musique de tous les corps, et exécutée au bruit du canon et des exercices à feu; Touraine encore plein du ressentiment de Perpignan, de Castelnaudary et de ses cravates ravies, aux prises avec Mirabeau; Ferrières et Xaintrailles opposant aux émigrés les débris du régiment du roi; New-Brisach fortifié; la ligne du Rhin hérissée de canons; Schélestadt à l'abri d'un coup de main; Kehl, Strasbourg, inexpugnables; Salis-Samad désarmé à Saint-Louis, à la vue des avant-postes suisses; Landau réparé par Custine; Spire, Worms, Mayence, Mons, Tournay, Bruxelles, Nice, Oneille, Anvers, Namur, Bréda, Gertruydenberg, Menin, Marchiennes, Ypres, Charleroi, Louvain, Malines, Nieuport, Saint-

Sébastien, Tolosa, Trèves, le Quesnoy, le Fort-de-l'Écluse, Valenciennes, Juliers, Condé, Crévecœur, Bois-le-Duc, Coblentz, Venloo, Rheinfeldt, Maestricht, Nimègue, Figuières, Utrecht, Gorcum, Amsterdam, Dordrecht, Roterdam, la Haye, Roses, etc., ou prises et reprises, ou rendues, ou emportées de vive force; un bataillon de Saintonge atrocement égorgé dans Francfort; Lafayette franchissant la frontière pour se soustraire aux suites de la calomnie; Longwy livré par son commandant; Verdun illustré par le dévouement de Beaurepaire; Lille, Thionville, méritant par leur noble défense le titre de *cités sacrées* ; le camp de la Lune, Valmi, Grandpré, doublement fameux et par la fuite des Prussiens et par la complaisance de Dumouriez; la Savoie envahie; le triomphe de Jemmapes; la valeur personnelle du duc actuel d'Orléans; la noblesse proscrite; les Bourbons exilés; Louis XVI donnant au monde indigné, et à un siècle seulement d'intervalle, le second et déplorable exemple d'un roi portant en Europe sa tête sur un échafaud; Arlon préludant à la prise de Luxembourg; les plaines de Fleurus produisant et le lin destiné à la confection du ballon fatal, et des lauriers pour Jourdan; la Belgique nous tendant les bras; Liége, Ostende, tourmentées d'une agitation secrète ; le Nord appelant Pichegru; la cavalerie française s'emparant sur la glace des vaisseaux de guerre hollandais; la Zélande réduite à capituler, et la Hollande elle-même entièrement conquise; l'Escaut étonné de recevoir d'avance l'ordre de courber ses officieuses ondes sous la nef rapide dont l'agile rameur arrachera le duc d'Yorch à la poursuite de Brune; une marine forte, confiée en grande partie à la longue expérience d'anciens officiers de la compagnie des Indes; Lyon insurgé; la Vendée en feu; le premier contrôle des chouans tracé dans une bicoque entre Laval et Vitré ; Toulon au pouvoir des Anglais et des Espagnols; l'indépendante et républicaine convention aux pieds d'un Robespierre; Charlotte Corday s'abaissant à poignarder Marat ; des factions détruites par d'autres factions; la hache révolutionnaire parcourant les départemens; Nantes décimée par Carrier, Bordeaux par Lacombe, Arras par Lebon; Orange, Avignon, Rochefort, présentant l'image hideuse de tous les forfaits; l'héroïsme et la vertu à côté du crime et de la lâcheté; mille combats plus glorieux les uns que les autres ; vingt succès pour un revers, et cent victoires pour un échec aussitôt réparé que reçu : tel était le spectacle offert aux nations à l'époque de l'avénement de Louis XVIII au trône des Français.

Le 9 thermidor, en abattant la puissance de Robespierre, avait comprimé l'audace des jacobins ; et le gouvernement absolu du comité de salut public avait fait place à une autorité plus douce et plus libérale. De tous les partis qui tenaient alors divisée l'universalité des citoyens, celui qui offrait le plus de chances de succès était le parti de la royauté, et tous pouvaient raisonnablement se promettre le triomphe de la cause qu'ils n'avaient jusque-là servie que dans le secret de leur cœur ; enfin, à aucune époque de la révolution, les Français n'avaient si ouvertement manifesté leurs vœux pour la famille des Bourbons. Vœux inutiles !... Malgré les préparatifs de la Vendée, malgré les secours promis par l'Angleterre, malgré le soulèvement de la Bretagne et les proclamations de Charette, qui appelait le peuple à venger la mort du jeune Louis XVII dans la prison du Temple, et à renouveler le serment de fidélité au roi Louis XVIII, le comte d'Artois, croisant à la vue de l'Aunis et du Poitou, n'aborda pas le territoire de la patrie, et son retour à Londres fit évanouir l'espoir de voir se rétablir sur leurs antiques bases la religion et la monarchie; la religion si aimable quand elle est tolérante, la monarchie si aimée quand elle est constitutionnelle !...

Il ne fallait cependant, pour réussir, qu'un prince du sang à la tête de l'insurrection, dont la nouvelle d'un débarquement aurait été le signal. Rapide comme l'éclair, on lui eût répondu du nord au midi, des frontières de la Suisse aux rives de l'Adour.

Affranchis du joug de la terreur, les partis se crurent émancipés, et bientôt commença le règne de l'égoïsme, de la licence, de l'intrigue et de l'anarchie, suivi de la guerre civile.

Oubliant la justice et la modération, les royalistes de l'ouest devinrent cruels et sanguinaires, et ceux du midi déshonorèrent par leurs excès le motif sacré qui leur avait mis les armes à la main. De là les désordres de l'Ardèche, du Gard, de Vaucluse, du Var et des Bouches-du-Rhône.

Organisés, disent les mémoires du temps,

en bandes éparses, connues sous le nom de *compagnies de Jésus* ou du *soleil*, et presque invisibles, parce qu'ils n'agissaient que dans l'ombre, les royalistes firent succéder dans les départemens méridionaux de la France, l'épouvante de leur nom à celle qui avait si long-temps agité ces malheureuses contrées, victimes des suppôts de Robespierre.

Le poignard était leur arme, les assassinats leurs exploits, le mystère leur force et leur refuge. Mêlés au milieu des citoyens paisibles, circulant librement dans les villes et dans les campagnes, sûrs de trouver des protecteurs et des appuis dans tous les lieux où les portait leur rage, ils commettaient impunément le crime, et se reconnaissaient entre eux à des signes convenus. Nul individu désigné à leur vengeance ne pouvait échapper; vainement il aurait essayé de se dérober à leurs coups. Souvent surpris dans le sein même de leur famille, les hommes notés pour la mort tombaient percés du fer meurtrier avant d'avoir aperçu l'assassin!

Ainsi, au nom d'un dieu de paix, le fanatisme exerçait ses sanglantes fureurs!... Ainsi, au nom du roi, père de la patrie, des Français s'égorgeaient entre eux, et, pour de vaines opinions, qui n'en étaient que le prétexte, tiraient de leurs ennemis personnels des vengeances atroces !... Les insensés ! c'est dans le trouble seul qu'ils mettent leur espérance, et que, par des nouvelles de fabrique mensongère, ils essaient de faire partager aux cités, et surtout aux hameaux, séjour habituel de l'ignorance, leur amour intéressé pour les droits féodaux et l'ignoble superstition !

Mais laissons ces horreurs, volons à la victoire, et ne la quittons plus durant le règne de Louis XVIII, bien supérieur en vertus, en patriotisme, en grandeur et en magnificence au règne si vanté de Louis XIV.

PRÉCIS

DES VICTOIRES ET CONQUÊTES

DES FRANÇAIS

DANS LES DEUX MONDES.

CHAPITRE PREMIER.

PRISE DE LUXEMBOURG.

I. Un blocus de six mois, des baraques en terre, le manque de vivres, les sorties fréquentes d'une garnison de plus de quinze mille hommes, qu'il fallait combattre et repousser, une place garnie de plus de cinq cents bouches à feu, lançant des projectiles de toute espèce, qu'on savait minée et contreminée bien au-delà des glacis, et commandée par Bender, voilà ce qu'avait en perspective une armée qui sortait d'être également tourmentée du froid et de la faim pendant le long et rigoureux hiver qui précéda, accompagna et suivit la conquête de la Hollande.

Luxembourg, d'après sa position, ses approches, la nature du terrain, ses belles et nombreuses fortifications, était susceptible d'une très-longue résistance.

Les difficultés n'arrêtent point les Français; des redoutes s'élèvent; on les arme de pièces de campagne et de pièces de gros calibre qu'on fait venir de Metz, de Thionville et de Longwy; les sorties des Autrichiens sont toutes repoussées; l'artillerie des assiégeans paralyse le feu terrible, nourri et soutenu des assiégés; un boulet de vingt-quatre frappe à mort une abbesse à la table de Bender; le bois devient rare dans la ville, et les hôpitaux sont à la veille de ne plus avoir de médicamens.

Ces nouvelles, communiquées par un déserteur, engagèrent Hatry à renouveler au gouverneur la sommation que lui avait faite antérieurement Moreau, et sur la réponse négative du feld-maréchal, Luxembourg fut exposé au feu des batteries françaises qui y causèrent un dommage considérable.

Les habitans effrayés, craignant déjà de voir

leurs maisons réduites en cendres, et eux-mêmes écrasés sous les débris, s'assemblent tumultuairement autour du gouverneur, et demandent à grands cris qu'on épargne à la ville les horreurs d'un bombardement en consentant à une capitulation. Privé de tout espoir de secours, Bender cède à leurs sollicitations, capitule et se rend.

Hatry, en annonçant au comité de salut public son importante conquête, s'exprimait en ces termes : « Enfin elle est à la république, cette première forteresse de l'Europe ! et je vous envoie vingt-quatre drapeaux et un étendard. Je ne puis assez faire l'éloge des troupes dont le commandement m'est confié ; officiers et soldats tous y ont mis le plus grand dévouement ; et, malgré le feu continuel des plus vifs et de toute espèce, que la place fesait jour et nuit, soit sur les travailleurs, soit sur les différens camps, jamais les travaux n'ont été rallentis un seul instant. »

AFFAIRES DU PIÉMONT.

II. Tandis que, sur le rapport de Cambacérès, la convention décrète que les troupes victorieuses de Luxembourg n'ont pas cessé de bien mériter de la patrie, l'armée des Alpes, aux ordres de Moulins qui avait ouvert la campagne par un avantage remporté sur les Austro-Sardes, et celle d'Italie commandée par Kellermann acquièrent de nouveaux droits à la reconnaissance de leurs concitoyens.

Attaqués à Spinardo et à Murseco par des forces supérieures en nombre, les grenadiers français, dédaignant de tirailler avec l'ennemi, se précipitent au pas de charge, le culbutent, le mettent en fuite, et lui font éprouver des pertes considérables.

Quelques jours après, instruit que les Autrichiens s'avancent vers Savonne, Laharpe détache la vingt-neuvième demi-brigade sur les glacis de cette place; et bientôt il est informé que cette demi-brigade se trouve cernée par les Autrichiens, maîtres des hauteurs.

Pressés vivement, les Français opposent d'abord la plus vigoureuse résistance. L'imminence du danger qu'ils courent semble accroître leur énergie; mais que peut la valeur contre la force? la seule voie de salut qui leur reste est de se jeter sous le canon de la place, et de chercher un refuge dans le chemin couvert de la forteresse. L'ennemi les y poursuit; un combat inégal recommence, et il fallait ou périr ou se rendre, si le commandant de Savonne n'eût envoyé aux Autrichiens quelques boulets qui les forcèrent à rétrograder, et leur apprirent à respecter un territoire qui ne devait servir d'asile qu'à la faiblesse.

Les généraux n'en persistent pas moins dans leur dessein d'attaquer à la fois tous les postes français qui se trouvent à leur proximité, et le lendemain dix mille hommes de leurs troupes s'avancent sur trois colonnes. La première file le long de la mer, celle du centre se dirige sur Vado, et la troisième essaie de gagner la Madona del Monte.

Aux premiers coups de fusils, Laharpe se porte aux retranchemens. Les Autrichiens s'emparent de la redoute del Monte, qu'on ne croit pas devoir défendre avec tenacité, et se rangent en bataille au pied du Tersanno, sur la rivière de Cagliano. Les Français croisent la baïonnette, et, protégés seulement par trois pièces d'artillerie que dirige Montfort, mettent l'ennemi dans une déroute complète.

Ce combat dura sept heures, dont cinq avec un feu de la plus grande vivacité. Les Autrichiens y perdirent douze cents hommes ; Butkavina fut blessé ; Wallis dut la liberté à la vitesse de son cheval.

Les Français, qui combattaient autant pour la défense de leurs retranchemens que pour la délivrance de leurs camarades bloqués sous la citadelle de Savonne, montrèrent une ardeur et une intrépidité bien nécessaires pour suppléer à l'énorme infériorité du nombre ; Laharpe en effet n'avait à sa disposition que deux bataillons de grenadiers et les carabiniers des Hautes-Alpes.

Cependant l'attaque générale de la ligne occupée par la droite de l'armée française ne tarda pas à être effectuée par l'ennemi. Kellermann l'avait prévu. De trente mille Autrichiens commandés par Dewins, une partie veut s'emparer des cols de Linferno et de Terme ; mais repoussés vigoureusement sur ces deux points, ils sont obligés de se retirer avec perte. Cet échec toutefois ne les décourage pas ; un corps de douze mille hommes se porte sur les hauteurs de San-Giacomo, centre de la division française de droite, pendant qu'une autre colonne, à peu près d'égale force, insulte le camp de Vado. Laharpe tient ferme et repousse les assaillans ; mais il n'en est pas de même à San-Giacomo, les Autrichiens s'en rendent maîtres après sept heures de combat.

Forcés dans cette position, les Français se retirent sur la Rocca-Bianca et Corbuo où ils font des prodiges de valeur, tandis qu'Argenteau, à la tête de cinq mille hommes, emportait le poste et la redoute de Melogno, défendus seulement par deux bataillons.

Le but de ces différentes attaques, était de rompre la ligne, et d'isoler entièrement de sa droite le centre de l'armée sur lequel les Autrichiens avaient depuis long-temps dirigé leurs principales forces.

Kellermann devine leur dessein, et envoie sur Melogno Masséna qui, convaincu de l'urgence de reprendre ce poste, à quelque prix que ce soit, rassemble quatre bataillons, leur parle de gloire, d'honneur, de patrie, et, à la faveur d'un brouillard très-épais, arrive à la vue des retranchemens enlevés par l'ennemi. A cet aspect l'enthousiasme des troupes redouble, et, fondant toutes ensemble, la baïonnette en avant, sur Melogno, elles emportent les redoutes, et forcent cinq mille Autrichiens surpris, effrayés de cette brusque attaque, tentant vainement de se défendre, à fuir dans le plus grand désordre devant quinze cents Français.

Le résultat de cette action fut de rétablir la ligne de l'armée, singulièrement compromise ; et l'ennemi, encore tout étourdi de la manière dont les soldats de Masséna avaient combattu, ne se croyant point en sûreté dans sa conquête de San-Giacomo, se hâta d'abandonner cette position.

Quoique dans les diverses attaques de l'ennemi, la victoire eût favorisé les Français, il conservait encore la redoute principale de Melogno, et cette occupation contrariait singulièrement les projets de Kellermann qui donna l'ordre de la reprendre ; mais défendue par la supériorité du nombre et une artillerie formidable, elle vit échouer les efforts de Masséna, qui, cependant, opéra sa retraite et rentra dans ses positions sans que les Autrichiens eussent seulement osé le poursuivre.

Dans les combats qui suivirent ces différentes affaires, notamment à San-Bernado, à Viosena et au col de Terme, la valeur l'emporta sur le nombre, et si quelques braves, entraînés par la fougue de l'âge, payèrent de leur sang leur bouillante intrépidité, toujours reste-t-il incontestable que la Sardaigne et l'Autriche furent contraintes de céder à la France la palme de l'honneur.

COMBATS DANS LA BISCAYE.

III. Pendant qu'au pied des Alpes Moulins, Kellermann, Laharpe, Montfort, Masséna, Gouvion, Garnier, Frontin, Dupuy, Dallemagne, Gardanne, Pelletier, etc., chefs et soldats, se couvraient de gloire, l'armée des Pyrénées-Occidentales, affaiblie par le fléau de l'épidémie auquel elle avait été en proie pendant l'hiver, usait d'une prudente réserve, et n'était plus assez forte pour tenter aucune entreprise hasardeuse. Situation bien critique, sans doute ! surtout si l'on ajoute aux revers qu'elle avait essuyés dès l'ouverture de la campagne, la destitution de Frégeville, Marbot, Laroche, Bouchet et Pinet, prononcée, on ne sait pourquoi, par les représentans du peuple, et qui affligea beaucoup les troupes accoutumées à marcher avec confiance sous les ordres de ces généraux.

De leur côté les Espagnols étaient toujours dans les mêmes positions. Leur aile gauche, commandée par Crespo, et établie dans de forts retranchemens, occupait Bergara et Elosna. Leur aile droite, aux ordres de Filanghiery, protégeait la Navarre, et s'était fortifiée à Lecumbery, sur la route de Pampelune, au moyen de maisons qu'elle avait crénelées, et de nombreux abattis qui défendaient les passages.

Les Français, dans leur manœuvre, imitent les Espagnols, campent sur les hauteurs de Dona-Maria et de Gastelès, et menacent la vallée d'Ulzama.

Ces divers mouvemens de deux armées en présence et animées du désir de combattre, devaient nécessairement amener quelque action générale.

Raoul quitte le camp d'Yziar, s'empare du pont de Madariaga, sur lequel il fait filer de l'artillerie, jette l'épouvante parmi les Espagnols, et les force d'abandonner leurs redoutes avec précipitation. Neuf pièces de canon et un drapeau sont les trophées de cette journée. Les Français occupent aussitôt les hauteurs de Motrico, sur le bord de la mer, s'avancent vers Marpuina, Verriatua, Urreagui, et dépassent la gauche de Crespo. Willot, en même temps.

avec dix bataillons, menace le front et la droite des Espagnols à Elosna, tandis qu'une colonne de trois mille hommes se porte de Toloza sur Villaréal, dans l'intention de leur couper la retraite.

Ce mouvement, qui fut très-bien exécuté, avait pour but d'enlever le poste d'Elosna; mais Crespo, prévenu à temps de la marche des Français, avait tout disposé pour leur donner le change, et, pendant qu'une partie de la division menacée fesait, par son ordre, une résistance désespérée sur les hauteurs du port de Descarga, il évacue Elosna, rétrograde jusqu'à Bergara, et s'y arrête pour donner le temps de le rejoindre aux troupes qui se battaient encore.

Il établit alors sa gauche sur la partie la plus élevée des Insorsa, de l'Asumian et d'Elguetta, qui lui assuraient de faciles débouchés sur la Biscaye. Sa droite occupa les postes de Satul et de Bellerant, entre les villages de Legazpia et Onale, couvrant la communication avec la Navarre; son quartier-général et son centre furent établis sur Mondragon.

Les Français font tous leurs efforts pour envelopper l'armée espagnole commandée par Filanghiery, dont la retraite forcée de Crespo rendait la position fort critique, et déjà ils se sont établis à Saint-Estevan, et le flanquent sur sa droite. Ce n'est plus dès-lors que ruse contre ruse ; on gagne, on quitte, on perd, on reprend l'avantage, et, après vingt combats sanglans et opiniâtres, où Moncey, Morand, Digonnet, Merle, Miollis, Dessein, Schilt, Harispe et ses Basques font triompher les armes nationales, Vittoria, Bilbao et la Biscaye tout entière se soumettent à la France.

CHAPITRE DEUXIÈME.

QUIBERON.

La guerre, quelle qu'en soit la cause apparente ou cachée, est toujours une calamité, mais les discordes civiles sont le fléau le plus désastreux qui puisse désoler un état, surtout quand elles sont fomentées par l'étranger, dont le froid égoïsme ne calcule que son intérêt et la ruine de ses voisins.

On pressent que nous allons parler de Quiberon, où Hoche s'immortalisa, où l'Angleterre montra à nu, comme au temps de Jumonville, toute la turpitude de sa politique assassine. Catastrophe cruelle que la postérité se refuserait à croire, si des milliers de contemporains, si la grande ombre Sombreuil, si les côtes de Belle-Ile, d'Hoat, de Theviec, de Carnac, de Plouharnel, de Sainte-Barbe et d'Auray n'en attestaient l'horreur et la véracité!

Confians dans les promesses du ministère britannique, les émigrés quittent la terre de l'exil, accourent au rendez-vous de toutes les parties de l'Europe, et, dans l'ivresse de leur joie, ne doutant plus d'un succès dont les Vendéens eux-mêmes ont désespéré, ils se représentent le drapeau sans tache flottant sur toutes les côtes de la France, et les nobles fils d'Henri IV, rétablis dans leurs droits légitimes. Hélas ! ce n'était qu'une illusion, bien douce à la vérité ; mais combien peu d'entre ces loyaux et fidèles serviteurs de la monarchie, jouiront du bonheur tardif de voir Louis XVIII habiter les Tuileries !

L'armement préparé par l'Angleterre était un des plus considérables qu'on eût faits depuis long-temps. Outre les émigrés sur lesquels il pouvait compter, Pitt avait employé tous les genres de séduction, pour engager à servir la cause royale, les Français que le sort des armes exposait à périr de faim et de misère sur ces mêmes pontons où depuis ont expiré tant d'individus, victimes de la froide barbarie d'un peuple qui ose se vanter d'être humain.

Placés entre une mort presque certaine, et des chances moins terribles et moins instantes, les prisonniers de guerre saisissent ce moyen de retourner dans une patrie qu'ils croyaient à jamais fermée pour eux, et, réunis, ils forment un corps de dix mille hommes.

Leurs chefs sont d'Hervilly, Puysaie, Conflans, Botherel, Levis, Contades, Broglie, Vauban, Dubois-Berthelot, Tinteniac et l'immortel Sombreuil, tous commissionnés par le comte d'Artois, que des affaires d'un intérêt sans doute très-grave retenaient en Angleterre, ainsi que les dix mille hommes de troupes, qui, d'après les promesses du cabinet de Saint-James, devaient, sous les ordres de Moira, chercher à surprendre Saint-Malo.

L'évêque de Dol, son grand-vicaire et plus de soixante prêtres bretons font partie de l'expédition, et se proposent, par leurs prières, d'attirer sur elle la bénédiction du Très-Haut.

D'abondantes munitions, des armes pour quatre-vingt mille hommes, des habits pour soixante mille, des pièces d'artillerie de tout calibre, d'immenses provisions de bouche, deux millions en or, plusieurs milliards de faux assignats fabriqués à Londres, surtout de 400 livres, enfermés dans des barriques, chargent plus de cent bâtimens de transport.

Waren escorte ce convoi avec deux vaisseaux de 74, quatre frégates, deux corvettes, deux cutters et quatre chaloupes canonnières : quinze vaisseaux de ligne, dont trois du plus haut bord, croisent sur les côtes pour protéger le débarquement.

Cependant une escadre française se trouvait elle-même dans l'Océan, moitié à la hauteur de Belle-Ile, moitié en dehors du goulet de la rade de Brest. La *Galathée*, frégate anglaise, qui marche en avant du convoi, aperçoit la station de Belle-Ile et la signale à Bridport. Cet amiral, forçant aussitôt de voiles, arrive, attaque, coupe la ligne française et la disperse. Au même instant s'opère un premier débarquement d'armes et de munitions sur la côte de Bretagne; mais Villaret-Joyeuse, qui, du moment où il avait connu l'intention de Bridport, avait doublé Berthaume et Saint-Mathieu, rallie la division de Belle-Ile, et court sur l'ennemi pour lui donner la chasse. l'Anglais, inférieur en nombre aux forces de Belle-Ile et de Brest, ne croit point devoir déroger à sa prudente coutume de ne jamais en venir aux mains à armes égales, évite le combat, et, tout en fuyant, manœuvre pour gagner une autre escadre de sa nation.

Témoin de la jonction qui vient d'avoir

lieu, Villaret vire de bord à son tour et cherche à se mettre en sûreté sous les forts de la rade de Brest. Un coup de vent qu'il ne peut maîtriser, l'éloigne tout à coup de la côte et le ramène au sud dans les eaux de Belle-Ile. Forcé de combattre, il soutient dignement l'honneur du pavillon national, et ce n'est qu'après quatre heures d'un engagement opiniâtre, et à mitraille, qu'il cède à Bridport le champ de bataille, et qu'il se retire du côté de Lorient.

Maître de la mer et des côtes du Morbihan, Warren somme Belle-Ile de se rendre. Boncret, commandant de la citadelle, répond qu'il s'ensevelira sous les ruines de la place plutôt que de la remettre à des Anglais, et Warren instruit qu'on ne peut prendre la forteresse que par terre, et qu'avant tout il faut s'être emparé de l'intérieur de l'île, de Bangor, de Sauson, et de Loc-Maria, juge plus qu'inutile de canonner des rochers à pic, et se retire sur la côte du Morbihan, qu'il sait être dégarnie de troupes.

Déjà d'Hervilly, à la tête de quinze cents hommes a sauté dans les chaloupes, et, sans avoir trouvé d'obstacle, il s'est avancé en bon ordre sur la place de Carnac, entre Quiberon et le golfe du Morbihan. Cadoudal et Lemercier accourent à la tête des chouans de cette contrée pour recevoir les émigrés. D'Hervilly se joint à eux, et marche de suite sur Carnac, dont il massacre la garnison, trop faible pour résister. Les batteries sont enlevées, le drapeau blanc flotte dans la presqu'île, Auray est pris, et la possession de cette ville ouvre tout le pays aux royalistes; enfin la terreur est telle que de toutes parts, les autorités civiles et militaires se hâtent de fuir et de se réfugier à Rennes; mais cette terreur sera de courte durée, et des hommes à génie étroit, à préséance, à rang, à étiquette, à morgue, à parchemins, à seigneuries, à féodalité, d'Hervilly et Puysaie, ruineront eux-mêmes leur propre parti, et feront avorter une entreprise commencée sous les plus heureux auspices.

Tallien et Blad partent pour les côtes de l'ouest, investis de la toute-puissance du gouvernement; Hoche commande en chef: sous ses ordres sont Chabot et Chérin; le premier doit défendre Lorient, le second parcourir le pays, rassembler tous les soldats qu'il trouvera sur sa route, et en former, dans le plus court délai, un corps de six mille hommes, qu'il dirigera sur Rennes avec douze obusiers et six pièces de canon.

Pendant que d'Hervilly, naturellement impérieux et altier, qui détestait Puysaie, et ne prenait conseil de personne, s'obstine à rester dans la péninsule, et perd, à former un camp retranché, des instans précieux, qu'il aurait plus utilement employés à tenter un coup de main que la disposition des esprits en Bretagne aurait favorisé, Hoche s'était rapproché des émigrés, et avait fait filer des armes et des munitions sur la route d'Auray et d'Hennebon.

Cadoudal et Lemercier, à la tête de deux colonnes de chouans, voulurent prendre ce convoi, mais ils furent repoussés ; le désordre se mit dans leurs rangs, et Mermet les poursuivit jusqu'à Landernau, dont il s'empara.

Cédant aux instances des siens, d'Hervilly s'était décidé à détacher Tinteniac du côté de Vannes avec les chouans de Cadoudal et de Lemercier. Cette mesure pressait d'autant plus que la disette commençait à se faire sentir dans le camp où les chouans s'étaient réfugiés, et présentaient un effectif de plus de trente mille bouches à nourrir.

Tinteniac, qui avait reçu l'ordre de marcher en avant, obtient d'abord quelques succès, attaque et prend Josselin, en brûle les faubourgs, traverse la forêt de Lorge, pénètre dans le département des Côtes-du-Nord, et périt d'un coup de fusil dans l'avenue du château de Coëtlogon.

Soldat plus intrépide qu'officier prudent, Tinteniac poursuivait un grenadier, qui, se voyant près d'être atteint, fait volte-face, l'ajuste et le tue.

La position des émigrés devenait de jour en jour plus embarrassante. Hoche, qui les tenait comme bloqués, fesait des progrès bien propres à leur causer de vives inquiétudes. Il venait d'établir un camp retranché à une lieue et demie du fort Penthièvre, en avant de Sainte-Barbe, et en vue des Anglais bravement immobiles sur leurs vaisseaux, des chaloupes canonnières et des bâtimens de transport.

Des fourneaux sont construits pour tirer à boulets rouges sur l'escadre anglaise et la forcer à s'éloigner de la côte. Meunier, vers Ploermel, couvrait les derrières de l'armée de Hoche, dont la gauche est gardée par Laviolais, maître du château de Kercado, de Saint-

Clément et de Carnac, repris depuis peu sur les émigrés. Chérin et Canclaux envoient incessamment des troupes au quartier-général, et Hoche, sans qu'on ait droit de l'accuser de présomption, peut écrire : « Je réponds des émigrés et des chouans amoncelés à Quiberon; j'en rendrai bon compte. »

Cette confiance du général en chef passe dans l'âme des soldats. Un seul murmure se fait entendre dans l'armée, murmure flatteur, indice d'un succès assuré, c'est qu'au gré de leur impatience, on ne donne pas assez tôt le signal du combat. Contraste frappant! tout au contraire chez les émigrés annonce l'inquiétude et la crainte, et les travaux auxquels ils se livrent, les retranchemens qu'ils multiplient, et en avant du fort Penthièvre, et au camp de Kerostin, loin d'augmenter l'espérance qu'on avait conçue de l'invasion, ne décèlent que trop l'anxiété, la faiblesse, l'irrésolution. Ajoutez à cela que la mésintelligence s'était introduite parmi les officiers supérieurs, et qu'on allait même jusqu'à accuser hautement d'Hervilly de s'être arrêté à Quiberon, dans le dessein de conserver le commandement en chef qu'il craignait, dit-on, de perdre en rejoignant Charette et Stoflet, divisés eux-mêmes parce que le premier était noble, et que le second avait été garde-chasse. Ce bruit injurieux pour un brave né dans la Brie, qui a donné aux lettres Racine et La Fontaine, et à l'art militaire des soldats indomptés, arrache d'Hervilly à son inaction : il ordonne des reconnaissances qui, n'étant point appuyées, restent sans effet.

Des échanges de boulets ont lieu ; quelques bataillons se mettent en mouvement dans les deux armées, mais les émigrés sont repoussés sur tous les points ; et leur position devient d'autant plus cruelle, qu'ils sont trahis par ceux-là même qui les avaient suivis uniquement pour se soustraire aux homicides pontons de l'Angleterre, qui désertent en foule, et cherchent l'abondance dans le camp de Hoche, tandis que celui des émigrés, encombré de paysans, commençait à éprouver les horreurs de la disette.

Il fallait donc ou se rembarquer, ou combattre ; mais se rembarquer c'était se couvrir de honte, combattre, sans attendre la division Sombreuil, c'était prétendre à plus de gloire, mais aussi s'exposer à être vaincu.

Contre l'avis de Puysaie, de Vauban et de plusieurs autres officiers généraux, d'Hervilly veut seul obtenir l'honneur de la journée qu'il prépare, commande une attaque générale et ne tarde pas à recevoir le prix de son orgueilleuse opiniâtreté. Au milieu de la nuit sa division tout entière s'ébranle et marche en colonnes serrées. Le silence règne dans tous les rangs, que précèdent huit pièces de canon et deux compagnies d'éclaireurs. Quinze cents chouans, que conduit Vauban, sont arrêtés par Lemoine, dont le feu nourri et bien dirigé les force à la retraite. Humbert, docile aux instructions de Hoche, feint l'hésitation, et se replie vers le camp avec une précipitation étudiée.

Trompés par ce mouvement, qu'ils prennent pour de la crainte, les émigrés s'avancent avec fierté, l'arme au bras, dans le plus bel ordre, et se disposent à forcer les retranchemens. Un feu terrible accueille les deux régimens qui ont commencé l'attaque; la mitraille les foudroie, et quelques minutes suffisent pour cribler tous leurs rangs. Le petit nombre de ceux qui échappent à ces décharges meurtrières, se jetent entre la colonne de gauche et la mer, et répandent la confusion parmi les troupes qui n'ont point encore combattu.

D'Hervilly renouvelle l'attaque des retranchemens, mais on le repousse avec tant de vivacité que bientôt, étourdi par le désordre qui règne autour de lui, il perd la tête, et donne à sa droite l'ordre de la retraite, tandis qu'à la gauche il commande de battre la charge.

L'intrépidité des émigrés ne diminue pas; leur énergie même semble s'accroître; couverts de mitraille, exposés aux feux roulans de la fusillade, deux fois, à la baïonnette, ils s'élancent sur les retranchemens, et autant de fois ils sont repoussés avec une perte immense. Malgré son trouble, leur chef combattait au premier rang, et donnait l'exemple de la plus rare valeur.

Un troisième effort allait être tenté, quand, atteint d'un biscayen, d'Hervilly tombe mortellement blessé. Cet événement décide du sort de la bataille; les soldats de Hoche se précipitent hors des redoutes, et fondent sur les émigrés en poussant des cris de victoire. La déroute est épouvantable, le carnage affreux; la mort frappe impitoyablement et celui qui essaie de rallier quelques braves, et celui qui cherche son salut dans la fuite. Poursuivis avec chaleur, les émigrés abandonnent leur artillerie, et l'on vit l'instant ou vainqueurs et vaincus allaient entrer pêle-mêle dans le fort Penthièvre, lorsque Vauban se jette tout à coup avec les chouans dans les ouvrages avancés du fort, et protège la retraite. Warren, en même temps, de ses chaloupes canonnières, fait tirer sur les vainqueurs avec tant de justesse qu'Humbert donne l'ordre de rentrer dans le camp.

La mort de d'Hervilly, avait répandu la consternation et le découragement parmi les émigrés, qui restaient sans chef. Vauban refuse le commandement qu'accepte Puysaie.

Manquant de résolution et des talens qui auraient pu donner aux affaires une tournure moins déplorable, plus propre à l'intrigue qu'aux combats, plus courtisan que guerrier, Puysaie fait débarquer la division Sombreuil, qui prend poste à Saint-Julien, amas de cabanes au milieu de la presqu'île. Vainement il avait espéré que ce renfort ramènerait la confiance, et que la présence du jeune héros dissiperait l'inquiétude dont les esprits étaient agités. Il était arrêté dans les décrets éternels que les émigrés périraient, et périraient victimes de la félonie et de la trahison !...

Les prisonniers que l'Angleterre avait armés s'empressent de se joindre aux soldats de Hoche; la désertion devient fréquente, le mot d'ordre est livré, et Mesnage, à la tête de trois cents grenadiers, soutenu par Valletaux, pénètre dans le fort Penthièvre, qui ne ferme pas tellement l'isthme, qu'on ne puisse le tourner à marée basse.

Mesnage et ses braves avaient filé le long de la côte, ayant de l'eau au-dessus de la ceinture; et, trompant les sentinelles avancées, à la faveur du mot d'ordre, ils s'étaient glissés de rocher en rocher jusqu'au pied de la forteresse dont ils avaient franchi les remparts.

L'alarme se répand : les canonniers et les officiers émigrés accourent à leur poste; mais assaillis par des hommes qui portent le même uniforme qu'eux, ils sont égorgés sur leurs pièces. En vain, ils crient à la trahison; la trahison devient presque générale. La première compagnie des grenadiers de d'Hervilly est détruite; la seconde passe à l'ennemi, malgré les efforts que font pour s'y opposer son capitaine et son lieutenant Grammont et Saint-

Didier : deux autres compagnies imitent cet exemple, et oubliant l'origine commune, elles tournent leurs armes contre des Français, et ne rougissent pas de se faire un mérite de leur cruauté envers leurs propres camarades.

Le plus épouvantable désordre règne dans le fort. Mesnage, le sabre à la main, abat tout ce qui résiste, s'empare de l'artillerie, la tourne contre les Anglais, et riposte avec avantage au feu que ces derniers dirigent sur les colonnes que Hoche conduit du côté de la mer, pour attaquer de front les royalistes, dont les régimens se rassemblent à la hâte. Béon et Damas se mettent en bataille derrière Saint-Julien ; la légion de Rohan arrive au pas de charge ; et tous, officiers et soldats, résolus de vendre chèrement leur vie, s'animant les uns les autres, ne veulent qu'une seule chose, la victoire ou la mort, quand Puysaie seul, le pusillanime Puysaie, resté chef de l'expédition, au lieu de partager l'ardeur et le dévouement des braves qu'il a l'honneur de commander, au lieu de s'occuper du salut de l'armée, oublie qu'il succède à d'Hervilly, ne songe qu'à sauver sa correspondance avec Pitt et le comte d'Artois, et, trop lâche pour affronter le danger, ou trop inepte pour chercher à l'éloigner, court à bord de Warren, se cache ignominieusement au milieu de la flotte anglaise, et déserte de la manière la plus indigne et la plus déloyale des troupes dont ils semblait n'avoir pris le commandement que pour les sacrifier.

Les redoutes, les batteries des émigrés sont tournées et emportées. Débusquées des avant-postes, les bandes de Cadoudal et de Lemercier, jettent leurs armes et prennent la fuite ; Vauban, Saint-Pierre et d'Haire espèrent encore tirer quelques secours du parc d'artillerie; mais ce parc, par une inconcevable négligence, placé à l'avant-garde, était tombé au pouvoir de Hoche.

Privés de canons, manquant même de cartouches, les émigrés, sous la conduite de Consades, se replient sur le camp, et répandent le désordre parmi ceux qui venaient trop tard pour les secourir, en leur fesant partager la terreur dont ils sont saisis.

Sombreuil toutefois parvient à les rallier. « Ce n'est pas, s'écrie-t-il, à des braves tels que vous, qu'il faut dissimuler la vérité. Le fort Penthièvre est pris : il faut le reprendre ou tomber sous ses murs ». Marchons! fut le seul mot qui se fit entendre ; et la colonne se dirigea vers le Mât-de-Pavillon.

Mais l'aspect du danger a bientôt ralenti ce premier élan d'une valeur désormais impuissante. De droite et de gauche l'armée de Hoche longe les rivages de la péninsule, et ce général, précédé d'une nuée de tirailleurs, s'avance contre le centre des émigrés, chassant devant lui, dans sa marche rapide, des milliers de paysans bretons, de femmes et d'enfans, troupe infortunée, qui était venue chercher à Quiberon un asile et du pain.

Le désordre et les cris de ces malheureux portent l'effroi dans l'âme des émigrés que commande Sombreuil. Déjà leur gauche est presque entièrement tournée ; déjà, malgré la vive fusillade qu'ils engagent les premiers, et qu'ils soutiennent vaillamment; malgré la belle et héroïque défense du régiment de La Châtre, la ligne est coupée, et les émigrés n'ont plus d'espoir de salut que dans un prompt embarquement, que toutefois les manœuvres des républicains ne tarderont pas à rendre impossible.

Un boulet tue sous lui le cheval de Sombreuil, qui s'était porté seul à l'endroit du plus grand danger. Un instant ses tirailleurs réussissent à faire plier ceux qui leur sont opposés, et la confiance renaît au cœur des émigrés; mais la cavalerie de Hoche, ramenant au combat les tirailleurs dispersés, dissipe elle-même les chasseurs royaux, qui restent prisonniers.

Cependant la colonne de droite s'avançait au pas de charge sur les régimens Loyal-Émigrant et Dudresnay, qui formaient l'aile gauche de l'armée royale. Ces deux corps opposèrent une faible résistance, quoique leurs officiers montrassent de la bravoure et du dévouement.

Ce fut alors surtout qu'on put se convaincre combien était funeste et machiavélique la mesure prise par l'Angleterre de faire marcher sous les bannières de la royauté des soldats qui avaient combattu sous les drapeaux de la république.

Ces prisonniers, en effet, souriant au parti qu'ils voyaient le plus fort, libres désormais de toute entrave, ne se croyant plus obligés à tenir des promesses que la nécessité avait arrachées, renversaient la crosse de leurs fusils, désertaient en masse en s'écriant : « Nous aussi nous sommes patriotes », poignardaient leurs officiers, et, détestable effet des guerres civiles! déchargeaient leurs armes sur ceux qu'ils abandonnaient.

Malheureux! arrêtez! votre conduite flétrit le premier nom de l'Europe! Français, combattez et n'assassinez pas! Quoi! vous avez habité l'Angleterre, et vous ne voyez pas, aux coups que vous portez, tressaillir d'allégresse les enfans d'Albion! Quoi, dans votre aveuglement, vous ne sentez pas que, voués à l'exécration des siècles, vous serez ainsi qu'eux un objet d'horreur pour les races futures!

Pressés de toutes parts, Sombreuil se retire sous le fort Neuf avec sa division, et les faibles débris de Loyal-Emigrant, de la Marine, de Dufresnay et de d'Hervilly. Il y est bientôt forcé. C'est en vain que les émigrés cherchent un dernier asile à Portaligen, fort ou plutôt retranchement au bord de la mer, sans enceinte, sans parapets, et n'offrant aucune protection du côté de la terre. Les royalistes s'y précipitent en foule, dans l'espoir d'y défendre leur vie avec quelque avantage; mais à peine la dixième partie d'entre eux peut y pénétrer.

Errans aux environs, poussant des cris de désespoir et n'attendant plus que la mort, les émigrés, foudroyés par les canons de Hoche, le sont encore par la mitraille des chaloupes anglaises qui tirent indistinctement, et avec parfaite connaissance de cause, sur tout ce qui se trouve sur le rivage. C'en est fait de la marine des Jean-Bart, des Tourville, des Duguay-Trouin, des Duquesne, des Suffren, des Bouvet, des d'Hector, des Lamotte-Piquet, des Destaing, des de Grâce et des Bougainville : elle tombe sous le feu des bâtimens qui, l'ayant amenée à Quiberon, auraient dû combattre avec elle et pour elle, et l'arracher au danger.

Une foule immense borde la falaise, et, levant au ciel des mains suppliantes, en appelle à Dieu, d'un peuple qui ne connaît que l'égoïsme. Hommes, femmes, enfans, vieillards, attendent les embarcations anglaises ; les embarcations restent, par ordre supérieur, enchaînées à leurs bords.

Quelques-uns se jettent à l'eau, et gagnent les ressifs et les rochers les plus voisins de la côte ; d'autres, plus hardis, s'élancent à la nage, et s'efforcent de joindre la flotte de Warren. O crime ! on repousse à coups de sabre ou d'aviron ceux qui, pour s'échapper, s'accrochent aux canots.

Cependant Sombreuil, à la tête de quelques

centaines d'émigrés, soutenait à Portaligen les efforts des républicains étonnés de tant d'intrépidité. « Vous ne périrez point, s'écriaient ces hommes généreux à leurs compagnons épars sur la côte ; vous ne périrez point : nous combattrons jusqu'à ce que vous vous soyez rembarqués. »

Fatiguées d'une résistance meurtrière, et que le désespoir pouvait prolonger encore, les troupes occupées à l'attaque de Portaligen renouvelent les cris : « Bas les armes ! les prisonniers seront épargnés. » Les royalistes envoient deux parlementaires aux républicains. « Qu'y a-t-il de commun entre nous, que la vengeance et la mort ? » dit un des farouches proconsuls. Mots atroces !... qui les a prononcés après le supplice de l'exécrable Robespierre ? Est-ce Blad ? Est-ce Tallien ? voilà de ces faits que l'histoire contemporaine devrait préciser.

Plus généreux que les conventionnels, Hoche fait cesser le feu, et marche à la rencontre de Sombreuil qui vient d'exprimer par un signe de main le désir d'être entendu. « Vous le voyez, dit le général royaliste au général républicain, les hommes que je commande sont déterminés à périr les armes à la main, laissez-les se rembarquer, vous épargnerez le sang français.... » Que me demandez-vous ? répond Hoche, pénétré de douleur ; les ordres sont formels, je ne puis permettre le rembarquement. Tallien en effet dans une proclamation publiée à Vannes avait dit, en parlant des émigrés : « Ils ont osé reparaître sur la terre natale, la terre natale les dévorera.» Et elle les a dévorés.

Sombreuil, d'après la réponse de Hoche, insiste pour qu'on reçoive au moins à quartier les valeureux compagnons de son infortune. « S'il faut une victime, ajoute-t-il, prenez-moi ; je mourrai content, si je puis les sauver. »

Le général républicain, qui juge des autres par lui-même, ne pouvant s'imaginer que le gouvernement conventionnel, revenu depuis le neuf thermidor à des principes plus modérés, déshonorerait sa victoire par une cruauté superflue, engage le général royaliste à se confier à la générosité nationale ; mais il exige qu'auparavant il fasse cesser le feu de l'escadre, qui emporte des compagnies entières dans les deux partis.

Quoique Sombreuil eût fait avancer son

cheval jusque dans la mer pour être entendu des Anglais, et que dans le même dessein le jeune Gery, officier de marine, eût gagné à la nage la frégate la plus voisine, et ne voulant point séparer son sort de celui de ses camarades, se fût empressé de revenir auprès de son général, la plupart des émigrés renfermés dans Portaligen ne partageaient point la confiance de Sombreuil, et continuaient à se défendre, aimant mieux succomber les armes à la main que de s'exposer à une mort sans honneur et sans gloire, ordonnée par une commission militaire.

Humbert alors, accompagné d'environ sept cents hommes, s'élance dans les rétranchemens du fort, et, l'irrésistible baïonnette en avant, somme les royalistes de se rendre, s'ils ne veulent pas être passés tous au fil de l'épée. Fidèles à leur serment, ils se refusent obstinément à toute proposition, et continuent de se battre avec l'héroïsme du dévouement et du désespoir ; mais intimidés par la contenance terrible de leurs ennemis, les uns mettent bas les armes; d'autres, auxquels la honte de devenir la proie des républicains paraît plus affreuse encore que la mort, se brûlent la cervelle, ou se percent de leurs épées, aux yeux de leurs camarades, et expirent en reprochant à ces derniers leur pusillanimité.

Victorieux sur tous les points, les soldats de Hoche se répandent dans la péninsule et ramassent les royalistes qui n'avaient pu parvenir à se sauver sur les bâtimens anglais. On les conduit à Auray où une commission les condamne à mort; mais hâtons-nous de dire, dans l'intérêt de l'honneur et de la loyauté, que, dociles à la généreuse impulsion donnée par leur général en chef, les Français refusèrent de siéger sur un tribunal qu'on voulait les forcer à ensanglanter, et que l'arrêt fatal fut prononcé par des militaires nés sur un sol étranger.

Sombreuil, l'évêque de Dol, plusieurs officiers de marque, élite de la marine, et quatorze prêtres furent jugés à Vannes par une commission semblable à celle d'Auray. Précédés par des misérables qui, sous les yeux même des victimes, doivent creuser leurs fosses, ils arrivent au lieu du supplice. L'évêque de Dol demande comme une faveur qu'on lui découvre la tête pour recevoir ce baptême de sang. S'il a agi de bonne foi et d'après sa croyance, cieux, ouvrez-vous! anges, applaudissez à ce nouveau martyr ! mais si, dans cet instant suprême il n'a cédé qu'au sentiment de voir son exemple servir d'aliment au parti pour lequel il s'était sacrifié, quel nom mérite un pareil dévouement ?

L'intrépide Sombreuil repousse le mouchoir dont on veut lui couvrir les yeux. « J'aime à voir mon ennemi en face, dit le jeune héros : » puis, mettant un genou en terre, « j'incline, ajoute-t-il, celui-ci devant Dieu, et je tends l'autre aux balles de mes ennemis. » S'adressant ensuite aux soldats qui le couchaient en joue : « Visez plus à droite, vous me manqueriez. »

Ainsi périt, à la fleur de l'âge, ce zélé défenseur de la monarchie, que la France plus tard, et dans des guerres plus légitimes, aurait pu compter au nombre des braves qui l'ont illustrée sur les deux hémisphères.

Telle fut l'issue d'une expédition dont la honte ne doit retomber que sur le ministère britannique, et qui rappelle bien ces mots de Chatam : « S'il fallait que l'Angleterre fût juste envers la France, il y a long-temps que l'Angleterre n'existerait plus. »

Des murmures d'improbation adressés à

Pitt dans la chambre des communes, le forcent à se justifier, et il ose dire, en parlant de Quiberon: « Du moins le sang anglais n'y a pas coulé ! » « Non, réplique Shéridan, cédant à un mouvement d'indignation, le sang anglais n'y a pas coulé, mais l'honneur anglais y a coulé par tous ses pores ! » « Fatale expédition ! a depuis ajouté Fox, qui doit déchirer toutes les âmes, et soulever le cœur de tous les Anglais ! Funeste revers qui, aux yeux de l'Europe, a fait plus de tort au caractère national que tous les événemens de la guerre ! Le ciel m'est témoin que j'ai toujours désapprouvé ce projet insensé, comme je gémis encore aujourd'hui de la manière honteuse dont on l'a exécuté. »

COMBATS DANS LES ALPES.

II. Après avoir parlé le langage de la postérité, après avoir signalé à l'indignation contemporaine et voué à l'exécration des siècles les auteurs, quels qu'ils soient, morts ou vivans, du crime de Quiberon, dont la patrie en deuil déplorera long-temps encore les funestes résultats, il est doux de penser qu'un traité de paix entre la France et l'Espagne arrêtera dans peu l'effusion du sang humain.

Retirés dans leurs cantonnemens, les Français et les Espagnols se tenaient réciproquement sur la défensive, et ne paraissaient guère disposés à s'attaquer sérieusement, lorsque les premiers, las sans doute d'une longue inaction, rentrèrent tout-à-coup en campagne, et tentèrent de forcer les positions ennemies en effectuant le passage de la Fluvia.

Divers combats furent livrés; plus d'une fois la victoire resta indécise, et l'armée de Schérer fut souvent repoussée par les troupes d'Urrutia, de Vivès de la Cuesta, d'Arias et de la Romana.

Enfin la paix se fit, et le plus grand avantage qu'en retira la France, fut de pouvoir diriger l'armée des Pyrénées sur l'Italie, où bientôt s'engagera une lutte si glorieuse pour ses guerriers.

Déjà Kellermann, obligé par l'infériorité de ses troupes de resserrer ses postes, s'était retiré sur Borghetto, pendant que Serrurier repoussait l'ennemi du col de Terme. Ce mouvement était d'autant plus nécessaire, qu'après l'occupation de Spinardo par les Autrichiens, la redoute de la Planette devenait une position dangereuse et peu susceptible d'être défendue avec avantage. La ligne en effet pouvait être coupée entre Rocca-Barbena et San-Bernardo, plusieurs fois attaqués et toujours menacés par l'ennemi.

Quoique sa nouvelle position fût extrêmement forte, Kellermann, pour plus de précaution, ordonne une reconnaissance générale, en arrière de la droite, depuis la ligne de Borghetto jusqu'à celle de San-Remo, et, malgré l'étendue et la nature du pays à parcourir, malgré la difficulté des abords, à travers des montagnes escarpées et entrecoupées à chaque pas d'affreux précipices, Berthier, Vignolle, Clausade et Andréossi exécutent ses ordres, et triomphent de tous les obstacles.

Pendant que Kellermann assurait ainsi les opérations ultérieures contre tout événement imprévu, il recevait les nouvelles que dix mille hommes détachés du Rhin, et dix mille de l'armée des Pyrénées-Orientales, avec un régiment de chasseurs, allaient marcher sur Nice.

Mais avant que ces renforts fussent arrivés, et que Kellermann pût reprendre l'offensive, il était réduit à défendre pied à pied le terrain, et chaque jour éclairait de nouveaux combats où les Français, par des actions d'éclat, fesaient briller leur intrépidité.

Depuis le mouvement rétrograde opéré par Kellermann pour resserrer sa ligne, l'ennemi semblait vouloir de préférence porter ses efforts sur le centre et la gauche de l'armée d'Italie.

Macquart et Garnier sont attaqués; trois colonnes autrichiennes, fortes chacune d'environ six cents hommes, emportent et occupent, entre le Pras et Saint-Étienne, à la jonction de la Tinea avec le Bramafan, un plateau défendu seulement par cent hommes du premier bataillon de Maine-et-Loire.

Cernés de toutes parts, ces braves, après une vive et inutile résistance, se firent jour à la baïonnette, et peu d'entre eux restèrent sur le champ de bataille.

Vainqueur sur les bords de la Tinea et du Bramafan, les Autrichiens sont vaincus devant Saint-Étienne, et cherchent à leur tour leur salut dans une prompte retraite.

Deux colonnes, composées de Croates, se présentent en bataille devant les cols de Tanée et de Fréjus, parviennent à étendre leurs ailes, enveloppent tout à coup et somment de se rendre le dixième bataillon des grenadiers commandé par Gazan. Blessé à l'épaule, et ne pouvant plus combattre, l'intrépide capitaine jette son sabre au milieu des Croates, et s'écrie, comme autrefois Condé aux lignes de Fribourg : « Grenadiers, allez le chercher, sauvez-le de la main des esclaves. » Ces paroles sont un coup de foudre ; elles électrisent les grenadiers et doublent leur ardeur. Furieux, ils s'élancent sur les Croates et les taillent en pièces. Tout ce qui n'est pas tué, s'ébranle, se disperse, et Gazan reste maître des positions qu'il a su défendre avec tant de bravoure.

Dans cette guerre d'avant-postes, d'attaques partielles ou de combats peu considérables, ce n'est bientôt plus qu'une suite de triomphes. Dallemagne tourne Limone, en massacre à coups de sabre les sentinelles avancées, et, sans brûler une amorce, fait prisonnier tout ce qui s'y trouve.

Le lendemain l'ennemi revient à la charge, surprend et entoure le cinquième bataillon de grenadiers qui bat en retraite et cède les hauteurs, principale force de Serrurier. Sentant combien il était important pour lui de les reprendre, ce général donne sur-le-champ l'ordre à Pelletier d'attaquer les Autrichiens avec le bataillon, qu'au col de Terme, il avait appelé son intrépide réserve, et un autre bataillon commandé par Tellemont. Le succès suit de près l'attaque : chargé à la baïonnette, l'ennemi abandonne la position plus promptement encore qu'il ne s'en était emparé.

Des reconnaissances faites par Masséna et Laharpe réussissent sur tous les points, et, dans les engagemens qu'elles amènent, les Français sont toujours victorieux. Vaubois et Garnier se prêtent un mutuel secours, et Moulins, voyant deux colonnes s'avancer contre lui, marche à leur rencontre, les repousse, et les poursuit jusqu'à la Ferrière.

Forcé, en raison de l'infériorité du nombre, de se tenir sur la défensive, sans oser jamais hasarder une attaque qui aurait pu le compromettre, Kellermann apprend enfin officiellement que le renfort qu'on lui promettait depuis si long-temps de l'armée du Rhin est en marche pour le rejoindre. Il ordonne de suite à Moulins de diriger ces troupes par le département des Hautes-Alpes, et de les faire déboucher par le camp de Tournoux, où il se trouvera lui-même pour les recevoir.

Des affaires d'avant-postes se succèdent journellement à Tende, à Tuirano, à Limone, à Saint-Barnouil et à Allassio; mais, rebuté par l'inutilité de ses dernières tentatives, l'ennemi reste près d'un mois dans une inaction complète. Kellermann profite de ces instans de relâche pour renforcer les positions de l'armée d'Italie, et les mettre en état de résister à de nouveaux efforts.

Dewins, de son côté, prépare des moyens d'attaque sur lesquels il paraît compter davantage, et échoue au pied du *Petit-Gibraltar*, poste fortifié, que les Français avaient ainsi nommé à cause de sa position sur un rocher du plus difficile accès.

En vain, pour s'en emparer, le feld-maréchal détache deux mille hommes d'élite, cinq pièces de canon et un obusier : Saint-Hilaire, n'ayant avec lui que quatre cent quatre-vingts Français résiste au choc terrible des Austro-Sardes qui, deux fois repoussés à la baïonnette, écrasés par le fer meurtrier des derniers rangs, sont obligés de descendre avec précipitation et en désordre de la colline qui précède le plateau du rocher, et qu'ils ont gravie au pas de charge.

Convaincu qu'une attaque de front ne peut réussir, le commandant de ce corps d'élite fait tourner le poste, et essaie de le prendre par ses flancs et par ses derrières. Saint-Hilaire avait tout prévu; un troisième effort est tenté, mais il trouve les mêmes obstacles.

Étonnés de tant d'opiniâtreté, les assaillans, malgré la bravoure dont ils viennent de donner des preuves, décèlent un mouvement d'hésitation dont Saint-Hilaire sait habilement profiter. A l'instant il ordonne la charge, s'élance à la tête de ses braves sur les Austro-Sardes, les culbute du premier choc, et les précipite au bas de la colline. Cette manœuvre est si prompte et l'ardeur des Français est telle, qu'il devient désormais impossible aux officiers ennemis de rallier leurs soldats. La déroute est complète et la poursuite si vigoureuse, que la plupart des Austro-Sardes sont taillés en pièces ou faits prisonniers; enfin, de cette colonne de deux mille hommes, quinze cents restent sur le champ de bataille, et les cinq cents autres ne parviennent à s'échapper qu'en se glissant à travers les rochers, et en gravissant les montagnes.

Saint-Hilaire et Joubert, tous deux adjudans-généraux, furent nommés généraux de brigade sur le champ de bataille. Voilà la justice, et la justice distributive! mais en quoi avait démérité Kellermann, pour qu'on lui substituât Schérer dans le commandement? Toutefois le vainqueur de Valmi, toujours semblable à lui-même, toujours brûlant d'amour pour la patrie, trop magnanime et trop généreux pour conserver aucun ressentiment de cette disgrâce, communiqua franchement à son successeur ses plans, les ordres, les instructions qu'il avait donnés, et les dispositions qu'il avait prises. Voilà l'héroïsme!

CHAPITRE TROISIÈME.

BLOCUS DE MAYENCE.

I. Mayence bloquée, mais pas assez étroitement pour qu'on ne puisse la ravitailler, l'inaction de Jourdan et de Pichegru, l'apathie du comité de salut public, les armées du Nord et de Sambre-et-Meuse arrêtées dans leur marche triomphale, et en quelque sorte déshéritées d'une gloire si noblement acquise, verront se terminer la campagne de 1795, sans que la France ait gagné sur l'Autriche un seul pouce de terrain, et cela après avoir dissous la coalition, conquis la Hollande et la Belgique, reculé ses frontières jusqu'au Rhin, sa limite naturelle, contraint les Anglais à se rembarquer pour porter dans d'autres contrées leurs troupes et leurs intrigues, et mis la Prusse dans la nécessité de traiter séparément de la paix.

Placé au milieu du choc des passions, maîtrisé, trompé, menacé par tous les partis, le comité de salut public, ne savait plus qu'elle route tenir, et s'égarait lui-même dans les mesures contradictoires qu'il était réduit à prendre.

Hoche et Jourdan sont destitués; Pichegru leur succède, et, c'est sur sa fidélité, qu'on croit inaltérable, que repose désormais tout espoir de succès. Cette opinion même est telle que Jourdan, reconnu innocent et nommé de nouveau pour commander en chef, se voit comme subordonné à Pichegru, et presque obligé d'attendre de lui des ordres.

Cependant les vertus républicaines qu'affectait le vainqueur de la Hollande, et le dévouement que lui supposait le gouvernement français, étaient loin de se trouver dans son cœur. Dévoré d'ambition, il ne prétendait à rien moins qu'à jouer en France le rôle que Monck avait si heureusement rempli en Angleterre. De là ces longs pourparlers sur les bords du Rhin, entre lui, le prince de Condé, les agens de Louis XVIII, ceux de Vienne et de Londres, dans lesquels il répondait de faire proclamer la royauté par son armée.

Un petit écu et une bouteille par homme, tel était le talisman qu'il voulait employer, et il aurait réussi sans le prince de Condé, qui, s'opiniâtrant à ne voir dans Pichegru qu'un roturier, promu toutefois, avant la révolution, au grade de sergent d'artillerie, disputa de la préséance dans le commandement, et ne fut point assez grand pour faire aux convenances, disons plus à la nécessité, à la honte surtout d'être à la solde de l'étranger, le sacrifice d'un sot amour-propre, qui aurait épargné tant de larmes et de sang à la France !

Cette inaction des armées du Nord et de Sambre-et-Meuse, réveille l'ardeur de l'Autriche; elle profite habilement, pour réparer ses pertes, du répit qui lui est accordé, et tandis que l'absence des dangers éteint chez les Français cet élan d'enthousiasme et cet amour de la patrie qui avait électrisé tous les cœurs à l'aspect de leur indépendance menacée, les Allemands courent aux armes, s'animent entre eux, et jurent à leur tour de mourir pour la défense de leur pays, dont les armées républicaines barraquées sur la rive gauche du Rhin, compromettent la sûreté.

Un mouvement général est imprimé à l'Autriche; des forces considérables se rassemblent de toutes les extrémités de l'empire; les guerriers se présentent en foule, et si le cabinet de Vienne est assez heureux pour rencontrer un chef capable de diriger d'une manière habile ces troupes réunies en corps d'armée, elle peut se promettre de grands succès, et peut-être renouer les liens d'une coalition que la crainte seule avait dissoute.

Trompé par Pichegru, occupé à négocier avec les agens du royalisme, le gouvernement français néglige ce grand principe, que pour obtenir la paix, il faut se montrer prêt à faire la guerre; la désorganisation s'introduit parmi le soldat, la désertion devient fréquente, le recrutement dans l'intérieur a cessé, et l'armée en proie à la plus affreuse misère, sans habits, sans pain, sans argent, se trouve réduite, pour vivre, à piller ou à mettre à contribution les pays dans lesquels elle est cantonée.

Le blocus de Mayence traînait en longueur, et, quoique sur le rapport de Dubois-Crancé, la convention eût décrété que les deux armées du Rhin et de la Moselle seraient réunies sous le commandement de Pichegru, et que les divisions inutiles à la garde de la Hollande iraient renforcer les lignes autour de Mayence, l'armée du Nord ne rejoignit celle du Rhin que deux mois après le décret, et Pichegru, tout entier à ses projets, au lieu de se rendre à son poste, partit pour Paris, et laissa Michaud chargé seul des opérations du siége.

De la prise de Mayence dépendait tout le sort de la campagne; mais cette conquête ne pouvait être effectuée que lorsqu'un rassemblement de troupes assez considérable permettrait de traverser le Rhin, et de bloquer la place sur la rive droite, comme elle l'était déjà sur la rive gauche.

Cependant différentes affaires ont lieu entre les Français et les Autrichiens; Michaud, qui combat avec la bravoure d'un soldat, a la jambe fracturée d'un coup de biscaïen, et, forcé de se retirer cède le commandement à Kléber.

Par l'effet d'une négligence inconcevable, on avait toujours retardé de donner l'ordre aux troupes, que Jourdan et Pichegru avaient commandées dans la campagne précédente, de se rapprocher du centre des opérations où leur présence aurait fortement aidé Michaud à résister avec un peu plus d'avantage aux attaques multipliées de l'ennemi, campé lui-même sous les murs de Mayence. Quelques bataillons seulement furent détachés ; mais leur nombre était insuffisant pour compléter l'investissement de la place. On était sûr d'avance d'échouer contre cette forteresse.

En recevant l'ordre de remplacer Michaud, Kléber avait également reçu celui de presser vigoureusement le siége de Mayence. Il commandait des Français ; et, dans l'opinion du comité de salut public, c'en était assez pour vaincre toutes les difficultés. Mais Kléber, qui ne voulait point se charger aveuglément d'une expédition dont son expérience lui fesait prévoir les fâcheux résultats, démontra, avec autant de clarté que de précision, l'impossibilité de réduire la place, si l'on ne jetait pas sur la rive droite du Rhin un corps de troupes capable de la cerner en entier. Tel était alors l'aveuglement de ceux qu'influençaient et les talens et la réputation de Pichegru, que Jourdan étonna tout le monde, lorsqu'il voulut, dans une séance du comité, appuyer les raisons de Kléber.

Le décret qui donnait à Pichegru le commandement de l'armée du Rhin-et-Moselle, continuait Jourdan dans celui de l'armée de

Sambre-et-Meuse, chargée spécialement de seconder la grande opération du siége de Mayence, qu'allait enfin, après tant de délais, entreprendre Pichegru. Cette réunion des forces françaises sur le même point, était imposante et aurait pu produire les meilleurs effets, sans l'arrière-pensée de Pichegru que contrariaient la franchise et le patriotisme de Jourdan.

Sombre, taciturne, on voyait qu'il méditait un grand dessein, et qu'il cherchait dans son génie les moyens de le faire réussir. Son quartier-général était devenu le rendez-vous de tous les agens des Bourbons, de l'Angleterre et de l'Autriche. Pour mieux tromper le gouvernement républicain, il fesait entendre au comité de salut public qu'il n'était pas impossible de conclure avec le cabinet de Vienne une paix semblable à celle qu'on avait faite avec le cabinet de Berlin; et l'Autriche, de son côté, pour mieux dissimuler, était convenue de laisser les Français tranquilles dans leurs lignes, et de rester sur la défensive, comme si déjà il y avait eu un armistice conclu entre les deux puissances belligérantes.

Pendant que Pichegru, poursuivant ses projets liberticides, entrait en pourparlers avec les princes ; qu'il refusait à Condé de livrer Huningue, et que Wurmser, à la tête de plus de quatre-vingts mille hommes annonçait l'intention de pénétrer en France par l'Alsace, il recevait ainsi que Jourdan l'ordre de passer le Rhin, lui entre Strasbourg et Bâle, Jourdan entre Coblentz et Dusseldorff.

L'armée de Sambre-et-Meuse ouvrit la campagne par le passage du Rhin. Ses succès furent brillans, décisifs. Dusseldorff fut pris. Clairfayt, deux fois battu, fuyait vers le Danube ; Pichegru n'avait qu'à s'avancer le long du Necker, pour l'atteindre et en achever la ruine : il ne fit point ce mouvement, et Clairfayt s'arrêta dans le Landgraviat de Darmstadt, où Wurmser eut le temps de venir à son secours. Jourdan battit en retraite. Clairfayt obtint des avantages considérables. Wurmser reprit Manheim, et Jourdan, à force de balancer, de paralyser même des succès que Pichegru aurait pu prévenir, réduisit l'armée de Clairfayt, à une telle lassitude, à un tel état d'épuisement, que ce général éprouva le besoin de demander un armistice. Mais ces diverses affaires n'étant ici que sommairement indiquées, nous allons entrer dans quelques détails trop honorables et trop glorieux pour être passés sous silence.

PASSAGE DU RHIN.

11. Vante qui voudra le passage du Rhin à Tolluys, tant célébré du temps de Louis XIV, que sa grandeur attachait au rivage; sans doute on l'exécuta avec valeur; mais celui que nous allons esquisser fut le résultat de combinaisons plus vastes, plus compliquées et plus savantes.

Kléber, en proposant au général en chef de jeter des troupes sur la rive droite du Rhin, au-dessus de Dusseldorff, pour tâcher de s'emparer de cette place, ne se dissimulait ni les difficultés ni les dangers de l'entreprise. Il savait également que, sans moyens d'établir un pont sur ce point, si les corps chargés du débarquement étaient repoussés, ils courraient risque d'être culbutés dans le fleuve, mais, en même temps, il représentait que Dusseldorff, seulement défendu par des troupes palatines, céderait probablement à la crainte de l'incendie que vomiraient les batteries de la rive gauche du Rhin. « D'ailleurs, ajoutait Kléber, est-il rien de difficile avec des Français ! et doit-on renoncer à une opération dont le succès, après la prise de Dusseldorff, assurera le passage de l'armée tout entière. »

Cette confiance de Kléber a décidé Jourdan ; des bateaux se préparent, des batteries s'élèvent, Dusseldorff tremble, et l'armée de Sambre-et-Meuse, qui, dans d'autres circonstances, a donné tant de gages à la patrie, n'a jamais montré plus d'ardeur et de dévouement; aucun soldat enfin n'aurait voulu céder sa place dans une entreprise dont la gloire et l'importance étaient généralement appréciées.

Tilly reçoit l'ordre de faire relever à Creveld trois compagnies d'un bataillon de l'Yonne qui manquaient de baïonnettes. Désespérés de cette mesure, les Bourguignons furetent chez tous les fourbisseurs, trouvent l'arme désirée, et demandent en grâce à partir avec leurs camarades. Ce trait seul prouve qu'avec de pareils soldats, Jourdan, s'il n'avait pas été entravé dans ses opérations, pouvait espérer encore des victoires semblables à celle de Fleurus.

Enfin le signal est donné; la division de Lefèvre marche la première; Tilly la suit, et se place en seconde ligne, pour passer immédiatement après elle; six bataillons, aux ordres de Grenier, traversent le bras du fleuve qui sépare l'île d'Urdingen de la rive gauche, et y prennent position, tandis que Championnet se porte près de l'embouchure de l'Erfft, avec l'intention de déboucher dans le Rhin.

Mais déjà la rive droite a vu les Français; déjà Lefèvre a réuni les troupes du premier débarquement, et s'est porté sur la route de Duisbourg à Dusseldorff. Un combat s'engage, combat opiniâtre et meurtrier, où les Autrichiens sont battus malgré le feu de leur artillerie, et forcés de se replier sur le corps de Werneck, campé entre Wetzlard et Hoeckum.

Dix mille hommes d'infanterie et trois pièces d'artillerie légère secondent les efforts de Grenier, qui profite du désordre de l'ennemi pour faire débarquer les troupes de sa division.

Il fallait plus que de l'audace pour passer le Rhin en face même de Dusseldorff; c'est cependant ce que va faire Championnet, particulièrement chargé de l'expédition. Doué de cette ardeur guerrière qui brave tout obstacle, il sent de quelle importance est, pour le salut de l'armée, la prise d'une ville fortifiée défendue par deux mille hommes de garnison, protégée par un camp retranché où se trouvent douze à quinze mille Autrichiens, et par une citadelle dont les remparts sont hérissés de plus de cent bouches à feu.

Toutefois un événement singulier retarde le passage du fleuve. Tandis que Championnet parcourt les bords du Rhin pour reconnaître les postes autrichiens, il aperçoit un héron immobile au milieu du fleuve, vis-à-vis de l'embouchure de l'Erfft où devait s'opérer le débarquement. Incertain sur ce bon ou mauvais présage, un fils de Romulus se fût arrêté pour consulter les auspices; un jésuite eût feint de voir le doigt de Dieu en pareille occurrence, mais le général français marchant avec les lumières du siècle, conclut habilement de cette particularité que le fleuve, dans cet endroit, manque de profondeur. Des soldats aussitôt se jettent à la nage et reconnaissent un long banc de sable recouvert à sa surface de quelques pouces d'eau. Championnet change ses dispositions, fait remorquer deux lieues plus haut ses embarcations, dirige sur le Rhin l'artillerie qui doit le protéger, en fait prudemment empailler les roues, et s'adressant à ses soldats : « Camarades, leur dit-il, demain, au soleil levant, nous aurons pris Dusseldorff, ou nous serons morts pour la patrie. »

Quatorze compagnies de grenadiers entrent dans les nacelles. Championnet prononce la peine de mort contre quiconque fera feu durant le passage. Il fallait la recevoir sans la renvoyer à l'ennemi qui, à la faveur de la lune, levée depuis une heure, aperçoit les Français. Cette circonstance loin d'intimider les grenadiers, sert au contraire à exciter leur courage, et bientôt éclairera leur triomphe. Le feu commence : des deux côtés le bronze vomit la mort ; le Rhin semble rouler des eaux embrasées ; la surprise et l'ardeur des combattans, le danger de cette attaque sur un fleuve rapide, les cris des mourans, l'obscurité, succédant à la clarté produite par le salpêtre allumé, répandent quelque désordre dans la flotille. Plusieurs bateaux dérivent, d'autres s'engloutissent. Malheur inévitable, dans un moment où cent cinquante pièces de canon, tonnant à coups pressés, forment, avec les obus qui se croisent, le tableau le plus effrayant et le plus majestueux des horreurs de la guerre.

Deux barques touchent le bord opposé ;

dans l'une est Legrand : impatient de se voir aux prises avec l'ennemi, il se jette à l'eau et s'écrie : « Suivez-moi. » Penne s'élance sur ses traces avec les grenadiers qu'il commande. Un bataillon tout entier a mis pied à terre, et s'avance au pas de charge contre les Autrichiens qu'étonne une semblable intrépidité. Les Français fondent sur eux, les enfoncent et les culbutent en poussant des cris de victoire. Les mêmes cris retentissent sur les eaux. Le reste de la flotille arrive ; les grenadiers courent à la charge avec d'autant plus de fureur, qu'ils ont été plus long-temps obligés de se contraindre. Ils poussent les impériaux dans le bois, la baïonnette aux reins, s'emparent d'une batterie armée de quatre canons, et chassent entièrement l'ennemi de l'anse de Haneim.

D'Erbach, qui commande la partie de l'armée de Werneck, chargée de défendre les approches de Dusseldorff, fait vainement avancer sa réserve. Championnet porte la terreur dans ses rangs ; la frayeur la fait fuir ; la baïonnette achève sa défaite, et elle se trouve entraînée dans ce mouvement rétrograde avant même d'avoir combattu.

Quelques instans s'écoulent, et Dusseldorff

se trouve tout à la fois bloqué, canonné, bombardé, tandis que Legrand, qui, depuis le commencement de l'action, occupe les glacis de la place, somme avec énergie le gouverneur de la rendre. Ce dernier tergiverse et demande du temps; dix minutes lui sont accordées. Quelques boulets et des obus ébranlent sa résolution; Dusseldorff capitule, et sa garnison, composée de deux mille hommes, met bas les armes, et défile devant sept cents grenadiers français.

Pendant que Championnet et Legrand donnent des preuves si éclatantes de bravoure et d'habileté, l'infanterie de Lefèvre atteint successivement la rive droite, accompagné de deux pièces de canon, et d'environ cent hommes de cavalerie, et se porte en avant pour favoriser les efforts de Championnet. Les autres divisions, animées par le succès des premières, débarquent en toute hâte, et brûlent du désir de se mesurer à leur tour avec les Autrichiens. Tilly et Grenier se joignent à Lefèvre, et s'étendent ensemble de Wittach à Angermund. Ce nouveau débarquement, qui double tout à coup les forces des Français, augmente encore la terreur de l'ennemi. Werneck donne aussi tôt l'ordre de continuer la retraite; d'Erbach, débordé par ses deux extrémités, mais heureusement protégé par dix-huit cents hommes de cavalerie, s'empresse d'imiter cette manœuvre rétrograde, et est déjà hors de toute atteinte, parce qu'on manque de chevaux pour le poursuivre. Cependant telle est la promptitude que les Autrichiens mettent dans leur fuite, qu'ils abandonnent sept pièces de canon, un grand nombre de caissons et plus de cent prisonniers.

13 VENDÉMIAIRE. (*Paris.*)

III. Nous avons dit avec quelle bravoure et quel bonheur les Français avaient réussi à passer le Rhin à la vue d'un ennemi nombreux qui eût pu, avec plus d'audace, les culbuter dans le fleuve et s'opposer à la prise de Dusseldorff, que suivirent les passages de la Sieg, de la Lahn et l'entier investissement de Mayence.

L'armée de Sambre-et-Meuse continue glorieusement ses opérations, et bat l'ennemi partout où elle le rencontre. Près de la Sieg, Debelle dirige sur les Autrichiens un feu si vif et si meurtrier, que bientôt ils s'ébranlent : d'Hautpoult profite de cette irrésolution, fond sur eux à la tête de deux régimens de chasseurs, et rejette sur ses propres retranchemens la cavalerie autrichienne qui s'était avancée pour prendre les Français en flanc.

Hatry rejoint Jourdan; Bernadotte s'empare de Nassau, et Poncet doit agir contre Dietz. A son arrivée devant cette place, il trouve le pont coupé. Il fallait traverser la rivière pour marcher à l'ennemi, le vaincre et le disperser. Cette opération était d'autant plus difficile que les Autrichiens, campés sur l'autre rive, se croyant sûrs de la victoire, vomissaient la mitraille de toutes leurs batteries. Rien n'arrête Poncet: sous un feu roulant auquel répond le sien, il construit des radeaux. Les uns s'en servent; d'autres plus braves ou plus impatiens, se jettent à la nage et attaquent à la baïonnette. Effrayé de cet excès d'audace l'ennemi prend la fuite.

Championnet marche sur Limburg, et en occupe les faubourgs, en culbutant les troupes chargées de les garder; les villes de Veilburg et de Wetzlar se rendent, l'une à Grenier, l'autre à Lefèvre.

L'enthousiasme le plus vif anime les Français, et Jourdan, qui se trouve à la tête de forces considérables, dispose tout pour une action générale. Mais l'ennemi avait senti l'imminence des dangers qui le menaçaient en acceptant le combat, et le conseil des généraux autrichiens décida qu'une retraite prompte était le seul moyen de salut qui restât à leur armée.

Elle profita donc de la nuit pour opérer ce mouvement rétrograde, et quand, à la pointe du jour, les tirailleurs français se répandirent dans la plaine, ils ne rencontrèrent que les dernières colonnes impériales se retirant à marche forcée. Jourdan détacha aussitôt à la poursuite des fuyards, plusieurs régimens de cavalerie : mesure inutile; l'ennemi avait sur eux trop d'avance, et les cavaliers français ne réussirent qu'à ramasser quelques centaines de prisonniers et des déserteurs.

Désormais plus d'obstacles : les Allemands, en pleine déroute, disparaissent comme par enchantement; on leur croirait des ailes, et Jourdan conduit son armée victorieuse droit aux murs de Mayence dont le blocus, commencé dès la fin de l'année précédente, n'avait pu jusqu'alors être entrepris régulièrement.

Pendant que cette ville, objet de tant de désirs, allait enfin être investie sur la rive droite du Rhin, comme elle l'était déjà sur la rive gauche, une insurrection grave des sections de Paris, éclate contre le gouvernement conventionnel, en proie aux plus affreuses convulsions, et qui n'a plus pour lui qu'une majorité faible, indécise, tremblante, mal unie, et des armées séparées de la capitale par les plus longues distances.

L'étendard de la guerre civile est arboré, une nouvelle scène de déchiremens intérieurs se prépare, et le sang français va couler par les mains des soldats de la patrie : étrange amalgame ! les citoyens honnêtes s'unissent à des hommes perdus de réputation et de mœurs, entachés de crimes et d'infamie ! les royalistes suivent les bannières des jacobins, leurs ennemis les plus acharnés. Mais tous ces partis cherchaient également à se tromper, et si le succès eût couronné leurs efforts, sans doute on les eût vus ensuite lutter l'un contre l'autre et se disputer la victoire. Ainsi l'on ne pouvait sortir d'une révolution que pour tomber dans des troubles nouveaux.

A l'époque même où la France était parvenue par ses victoires à un très-haut degré de puissance et de gloire, ce beau pays se trouvait réduit à un état d'épuisement et de misère, tel que l'histoire en offre peu de semblables; et cet état, on le devait aux extorsions des agens de la terreur, au pillage qu'ils avaient organisé et à la dépréciation effrayante du papier monnaie. Paris, que menaçait la famine, n'était plus nourri aux dépens des départemens, comme il l'avait été sous l'ancien comité de salut public qui, pour flatter le peuple et se l'attacher, avait fait des sacrifices immenses pour entretenir l'abondance dans la capitale.

Le nouveau gouvernement, dans son système de modération, n'ayant plus d'intérêt à ménager les pauvres pour contenir les riches, laisse à la ville le soin de s'approvisionner elle-même par les moyens ordinaires.

Tout à coup les vivres sont rares et chers; on les cache, on les détourne de leur destination habituelle, et pendant plusieurs jours chaque habitant ne reçoit que deux onces d'un pain noir et malsain. Les murmures et le mécontentement éclatent de toutes parts; Boissy-d'Anglas, surnommé par les faubourgs *Boissy-Famine*, auteur de la mesure intempestive dont nous venons de parler, devient l'objet de la haine générale. Le commerce des blés n'a plus son cours ordinaire; on accapare les grains dans les campagnes; on tente la cupidité des fermiers et des propriétaires; la disette se fait sentir, et Paris, qu'on veut préserver d'un mal commun à la presque totalité des provinces, se voit en quelque sorte réduit aux extrémités d'une ville assiégée.

Excités par leurs meneurs habituels, les faubourgs se rendent en tumulte à la convention, forcent les portes de la salle des séances, inondent les galeries et les tribunes, et font retentir l'enceinte des cris : *Du pain, et la constitution de* 1793 ! La terreur glace la plupart des membres de l'assemblée. Ceux-là seuls, qui ont le secret de l'émeute, accueille ces furieux par des encouragemens, et applaudissent à l'orateur de l'insurrection. Porté à la barre par les flots des factieux qui l'entourent, il s'exprime en ces termes : « Vous voyez les hommes du 14 juillet, du 10 août et du 31 mai. Nous vous demandons du pain et la constitution de 93. Il est temps que la classe indigente ne soit plus la victime de l'égoïsme des riches et de la cupidité des marchands. » Puis, se tournant vers les constitutionnels, connus sous le nom de *montagnards*, parce qu'ils siégent sur les gradins les plus élevés : « O toi, montagne sainte, sois pour nous le Sinaï ! toi, qui si souvent as sauvé le peuple, montre-toi dans ce moment de crise ! nous sommes là pour te soutenir et défendre la liberté. Oui, répondent à l'instant les montagnards, en se levant tous par un mouvement spontané; oui nous te défendrons, peuple infortuné; mais, en retour, demeure fidèle à ceux qui sont ton appui. »

Déjà les pétitionnaires s'étaient mêlés avec les députés de leur parti; déjà, renforcés par ce mélange, les jacobins se préparaient à rendre des décrets; mais les hommes du 9 thermidor, revenus de leur premier effroi, avaient appelé et amené autour de la convention un grand nombre de jeunes gens parmi lesquels se trouvaient beaucoup de militaires, présens à ce moment à Paris.

Les séditieux de l'extérieur sont dispersés, et l'on cerne ceux qui avaient pénétré dans le lieu des séances. Instruits de ce qui se passe en dehors de la salle, ces derniers se troublent et se précipitent dans les passages qu'on leur a ménagés à dessein. Cet abandon subit frappe de stupeur les députés terroristes ; un morne silence succède à l'agitation tumultueuse de la montagne, et ceux qui y sont assis, attendent, non sans crainte, la détermination que va prendre l'assemblée sur une révolte qu'ils ont si manifestement secondée.

La convention prononce elle-même sur le sort de Billaud-Varennes, de Collot-d'Herbois et de Barrère de Vieuzac, qu'elle hésitait à mettre en jugement. Dix-sept députés sont envoyés en prison, et l'on arrête en même temps les chefs de la sédition, Pache, ex-ministre de la guerre, le limonadier Raisson, et l'ex-général Rossignol.

Pichegru qui se trouvait alors à Paris, fut chargé de protéger Wurmser ; il s'acquitta de cet emploi au gré de ses commettans, et à sa propre satisfaction, car depuis long-temps instruit de ce qui se passait dans la capitale, il savait qu'un parti très-considérable et très-prononcé n'attendait qu'un chef, et il espérait de l'esprit factieux et de l'humeur séditieuse qui régnaient à Paris, comme du mécontentement de son armée, la provocation de son entremise, et peut-être, (que n'ose pas l'ambition !) l'investiture d'un pouvoir qu'il garderait ou rendrait au roi, suivant les circonstances.

On pouvait croire qu'ayant échoué ainsi dans une première tentative, les jacobins attendraient au moins long-temps pour la renouveler; mais de tels hommes ne se laissent point abattre par des revers momentanés, et la modération que la convention avait montrée, en ne fesant point couler le sang des coupables, fut imputée à la crainte, et ne servit qu'à rendre la montagne encore plus audacieuse.

Le tocsin sonne tout à coup dans le faubourg Saint-Antoine, devenu le rendez-vous et l'asile des agitateurs. A ce signal, plus de trente mille hommes prennent les armes, et marchent contre la convention. Les mots de ralliement sont: *Du pain et la constitution de* 1793!

Avertie du danger qui la menace, la représentation nationale se hâte de se réunir et d'appeler autour d'elle ses défenseurs. Elle est investie et par ceux qui viennent l'attaquer, et par ceux qui volent à son secours. Une députation paraît à la barre; Boissy-d'Anglas préside l'assemblée; il répond à la pétition avec la prudence et la dignité convenables en pareille circonstance. Des factieux menacent d'exterminer tous ceux qui oseront repousser leurs demandes ; du fond des tribunes s'élèvent les plus épouvantables vociférations : Du pain, du pain, ou la mort !

Au même instant une des portes de la salle est enfoncée. Des flots d'hommes et de femmes furieux, entrent, sont repoussés, rentrent encore. Le sang coule ; et ce sang est celui d'un représentant du peuple, de Ferraud, qu'atteint une balle au moment où il veut faire un rempart de son corps au président, qui n'oppose à vingt fusils dirigés contre lui, que le calme stoïque du sage au milieu du renversement de la nature.

Boissy reste inébranlable à son poste. Fiers de leur assassinat, comme d'une victoire remportée sur leurs adversaires, les séditieux se jettent sur Ferraud, et l'entraînent dans le couloir pour lui trancher la tête. Un coup de sabre la sépare du tronc, une pique la reçoit, et les monstres rentrent dans la salle portant devant eux cet horrible trophée. A la vue de cet étendard du carnage, les députés, ennemis du crime, quittent leurs bancs, et fuient ce repaire de la terreur. Un seul homme demeure inaccessible à tout autre sentiment qu'à celui du devoir, c'est Boissy-d'Anglas, qui sent qu'en abandonnant le fauteuil, il laisse le champ libre aux fureurs des factieux.

Entouré par la horde homicide, on le couche en joue : les piques, les baïonnettes se croisent sur sa poitrine, et il n'abandonne le fauteuil que lorsque ses amis eux-mêmes l'en arrachent. Frappés du respect dont il a saisi leur âme, les assassins le laissent passer, sans qu'aucun d'eux puisse s'expliquer pourquoi il l'ont épargné.

Seuls maîtres de la salle des séances, les jacobins avaient déjà décrété le rétablissement de la constitution de 1793, la liberté des individus arrêtés après le 9 thermidor, et le réarmement de tous les habitans de Paris, lorsque les députés Legendre, Auguis, Kervelegan, Chénier et Bergouin, à la tête du bataillon de la Butte-des-Moulins, entrent à minuit, au pas de charge, le sabre en main, et s'écrient : *A bas les brigands! à bas les montagnards!* Ils fondent sur les séditieux, principalement sur les conventionnels restés dans la salle. Les femmes, et il y en avait un grand nombre, poussent des cris effroyables; quelques hommes du peuple rendent leurs armes; d'autres tombent aux genoux des assaillans, et demandent la vie. Il serait difficile de peindre l'immobile consternation des montagnards, qui, après avoir mis cette multitude en mouvement, en éprouvaient pour la seconde fois le honteux abandon.

Cependant les circonstances étaient graves; les habitans du faubourg Saint-Antoine bivouaquaient à côté de leurs canons, et les mèches étaient allumées. L'assassin de Ferraud avait été arraché à la force armée qui le conduisait au supplice, et ramené en triomphe au milieu de ses complices.

Cet excès d'audace pénètre d'indignation la représentation nationale; elle décrète le désarmement du faubourg rebelle, et charge le commandant de Paris de l'exécution de cette mesure, qui peut seule arrêter les troubles et sauver la capitale des horreurs d'une guerre civile.

A la tête d'un corps considérable, composé du peu de troupes qu'on rassemble à la hâte, de quelques militaires isolés, et des jeunes gens qui, l'avant-veille, avaient délivré la convention, Menou marche contre le faubourg, que Dubois-Crancé, encore plein apparemment du souvenir de ses hauts faits dans le département du Rhône (alors Rhône-et-Loire), voulait qu'on bombardât. Cette menace de bombes et d'obus effraie les rebelles que cernent plus de quarante mille hommes : le faubourg se soumet, livre ses armes et quelques chefs de la sédition.

Malgré ce triomphe remporté sur l'anarchie, les députés sentaient eux-mêmes toute la difficulté de leur position. En repoussant la constitution de 1793, il fallait en asseoir une nouvelle sur des bases moins incertaines, et présenter enfin au peuple français une garantie contre l'état d'anxiété qui l'avait tourmenté jusqu'alors.

La convention décrète donc sa prochaine dissolution, en promulgant un nouvel acte constitutionnel, ouvrage de Boissy-d'Anglas, qui établit, comme mode de gouvernement, un directoire exécutif, composé de cinq membres, et deux conseils de législature, au lieu d'un corps unique reconnu par les constitutions précédentes, et veut en même temps que les deux tiers de ses membres fassent nécessairement partie du nouveau corps législatif.

Cette violation manifeste du droit d'élection, et cette usurpation tyrannique du pouvoir, produisent un mécontentement général. Les assemblées primaires retentissent de déclamations virulentes contre la convention. Amateurs de nouveautés politiques, les jeunes gens se croyent appelés à changer la forme du gouvernement, et offrent leurs bras aux sections. L'effervescence est à son comble; on remarque dans Paris une agitation semblable à celle du 14 juillet 1789.

Présidée par Richer-Sérisy, homme hardi, entreprenant, écrivain, orateur éloquent, doué de presque toutes les qualités qui constituent un chef de parti, la section *Lepelletier*, auparavant des *Filles-Saint-Thomas*, si redoutable aux terroristes en 1793, est la plus animée contre la convention, point central de la conjuration; elle imagine de faire un pacte fédératif entre toutes les sections, et propose même de l'étendre aux villes voisines qui avaient montré le plus d'opposition au gouvernement conventionnel.

Des électeurs délibèrent dans la salle des Français; un décret leur ordonne de se séparer sur-le-champ, et un détachement de grenadiers, dits *de la Convention*, occupe le théâtre. Les sections se donnent des chefs militaires; ce sont Danican et Duhoux. Menou reçoit l'ordre de marcher contre la section *Lepelletier*, et se présente, à la tête d'une forte colonne de troupes de ligne, précédées de plusieurs pièces d'artillerie : sept à huit cents hommes seulement gardent cette section, refusent de se soumettre, et annoncent qu'ils se défendront jusqu'à la dernière extrémité.

Placé entre la nécessité d'obéir à la convention, et l'horreur que lui inspire un combat dont les victimes seraient des Français, Menou se retire. On le destitue ; Barras le remplace, et s'adjoint comme aide, comme conseil et comme guide, dans une entreprise au-dessus de ses moyens personnels, un général de brigade disgracié par le comité de salut public, c'était Bonaparte!.....

Nouvel Hercule, les premiers exploits du jeune guerrier sont autant de triomphes. Général en Italie, la victoire accompagne ses pas; consul, il mérite le titre de grand homme; mais empereur, après avoir fondé l'égoïsme, restauré la censure, imbu toutes les classes du venin de l'ambition, organisé le despotisme, et corrompu, par l'appât de l'or et des places, toutes les classes de la société, Bonaparte n'est plus que l'assassin des libertés publiques.

Despérières et Debar partageaient les sentimens de Menou; Barras les éloigne. Il établit des postes à toutes les avenues des Tuileries, désigne des réserves, et donne à chaque officier-général un ordre de commandement circonscrit, et des instructions particulières. Un parc d'artillerie se trouve au camp des Sablons, il le fait venir, et prend, pour le service, quelques canonniers dans le bataillon des patriotes de 89 et dans la gendarmerie. On place deux obusiers au Pont-Neuf et au Pont-Royal. On établit aux Tuileries et aux environs du château des magasins de vivres tirés de l'intérieur de Paris. On fabrique du biscuit, et des ordres sont donnés pour qu'une ambulance et des cadres se trouvent prêts au besoin, tant on craint d'être tenu long-temps bloqué par la population! Des éclaireurs se répandent sur les routes de Versailles, de Saint-Germain et de Saint-Denis. On place de nombreux détachemens, protégés par une artillerie formidable, aux Feuillans, aux rues de la Concorde et de l'Échelle, au Carrousel et au quai des Tuileries. Les postes déjà établis aux avenues de la place Louis XV sont encore augmentés; tout enfin annonce à la capitale que le sang ne tardera pas à couler dans ses murs.

La générale s'est fait entendre; une forte colonne de citoyens du faubourg Saint-Germain, commandée par Lafond, se présente devant le poste du Pont-Neuf, et Carteaux, se voyant assailli par des forces supérieures, se retire sans brûler une amorce, emmenant toutefois avec lui son artillerie. La section du Mont-Blanc arrête les subsistances que Barras fait venir à son quartier-général; celle de l'Arsenal s'empare des chevaux appartenant à l'état, et propose à la section dirigeante (Lepelletier), de se rendre à Essonne pour prendre possession des moulins à poudre qui s'y trouvent. La section Poissonnière en fait autant, et celle du Théâtre-Français, indépendamment des bataillons qu'elle tient sous les armes, envoie des circulaires à différentes communes pour engager leurs habitans à marcher au secours de Paris.

Cependant Barras, pour éloigner de lui tout l'odieux d'une première agression, semblait vouloir tenir ses troupes sur une stricte défensive; mais déjà les colonnes sectionnaires s'étaient formées et marchaient contre la convention. Le bataillon de la *Fidélité* attaque Devaux chargé de garder un dépôt d'artillerie, et est repoussé à la baïonnette, circonstance très-heureuse pour les conventionnels : si le poste eût été forcé, plusieurs pièces de canons avec leurs caissons remplis de munitions tombaient au pouvoir des insurgés.

Sur tous les points de la capitale, les partis sont en présence, mais les plus grands rassemblemens se trouvent dans les rues Saint-Honoré, de Richelieu, aux débouchés des rues du Dauphin, de l'Échelle et de Saint-Nicaise. Le bataillon de la Butte-des-Moulins occupe les degrés de l'église Saint-Roch, en face de cette même rue du Dauphin qui portait alors le nom de la Convention.

Les coups de fusils partent : sont-ce les sections, sont-ce les troupes de Barras qui ont commencé le feu? on l'ignore : quoi qu'il en soit, le sang coule et sert de prétexte à un engagement sérieux. Berruyer et Noël-Huart s'avancent contre le bataillon stationné sur les marches de Saint-Roch. Une grêle de balles les accueille : elles leur sont vomies de toutes les fenêtres de la rue Saint-Honoré, en même temps que le bataillon les fusille de front. Ils allaient être repoussés et cernés, lorsque Bonaparte accourt avec deux canons qu'il braque contre l'église, et contre la rue adjacente qu'occupe une colonne nombreuse.

Les détachemens de Berruyer et de Huard tournent à droite et à gauche dans la rue Saint-Honoré, pour démasquer les pièces; alors la mitraille vole dans les rangs des sectionnaires; le bataillon des patriotes de 1789 marche la baïonnette en avant; le poste de Saint-Roch est emporté. Blondeau, dans la rue Saint-Nicaise; Brune et Gardanne dans celles de l'Échelle et de Saint-Honoré obtiennent le même succès que Bonaparte; tout s'ébranle, tout se disperse; le désordre, le carnage sont affreux, et la mitraille poursuit encore les fuyards jusque dans les rues où la terreur les précipite.

Ce n'est pas seulement la rive droite de la Seine qui voit couler le sang des citoyens; à la gauche du fleuve les sectionnaires osent braver l'artillerie de Barras, et, réunis en colonne serrée, ils longent le quai Voltaire et se dirigent vers le Pont-Royal.

Ce poste, par sa situation, et par les dispositions qu'on avait prises, était précisément le plus difficile à emporter, et le quai des Tuileries, à partir du Louvre, se trouvait hérissé de canons. Carteaux, Verdières et Lestrange commandent des décharges à mitraille : les sectionnaires ne sont plus. Une autre colonne veut déboucher par le Palais-Bourbon, pour venir attaquer le pont de la Révolution : elle éprouve le même sort.

Des habitans de Saint-Germain accourent avec du canon au secours de Paris ; mais plus zélés que braves, incapables de résister à un simple piquet que Barras a fait placer près de l'allée des Veuves, ils prennent la fuite, abandonnent leur artillerie, et se jettent en désordre dans la grande rue de Chaillot, pour éviter plus sûrement la poursuite des soldats conventionnels.

Repoussés à Saint-Roch, dans les rues Saint-Honoré, Saint-Nicaise et de l'Échelle, les sectionnaires s'étaient ralliés sur les boulevards, et redescendaient par les rues de Richelieu et Vivienne, vers le Palais-Royal, dont ils étaient toujours les maîtres. Ils y furent forcés. Vainement ils voulurent se défendre au Théâtre-Français ; Brune fit tirer à boulets sur les portes d'entrée, et ils abandonnèrent ce poste. Convaincu enfin de l'inutilité d'une plus longue résistance, chacun se retira dans ses quartiers respectifs, et presque tous rentrèrent dans leurs maisons.

On eut la barbarie de faire feu sur des citoyens, au moment où ils ouvraient leurs portes. Ce crime atroce a été commis rue des Boucheries-Saint-Honoré. Ose-t-on le nier ? des témoins vivent encore.

Barras, pour prix de son zèle, fut unanimement choisi par la convention pour être un des cinq membres du directoire exécutif, au nombre desquels on ne peut raisonnablement compter avec estime que l'Aristide du siècle, l'incorruptible et immortel Carnot, que nous verrons plus tard, dans une circonstance grave donner un grand et mémorable exemple de désintéressement et de patriotisme.

CHAPITRE QUATRIÈME.

PRISE DE MANHEIM.

I. Pendant que l'armée de Sambre-et-Meuse montrait autant d'activité que de dévouement, celle de Rhin-et-Moselle restait dans une inaction complète. Jourdan servait franchement la patrie; Pichegru la trahissait en secret. Trop habile, tranchons le mot, et n'employons que l'expression propre, trop timide pour se compromettre, toujours environné des ombres du mystère, c'était par des tiers et *oralement*, qu'il correspondait avec les agens de l'étranger, et les princes français qui commençaient à ne plus désespérer de leurs destinées, depuis que le vainqueur de la Hollande avait laissé entrevoir qu'il était à marchander et à vendre.

Le refus constant de Pichegru de coopérer d'une manière utile aux mouvemens de Jourdan devait avoir un terme. Il sentait lui-même que sa conduite, plus qu'extraordinaire, provoquerait l'attention, serait nécessairement scrutée; et dès lors il résolut d'agir, pour au moins donner le change sur sa fidélité, que, par un effet de prestige dû à ses exploits antérieurs, on ne soupçonnait pas encore.

La partie de son armée cantonnée sur le Haut-Rhin reçoit l'ordre de descendre le fleuve et de se rapprocher de Manheim. Déjà maître de la tête du pont en avant de cette ville, Pichegru somme la place de se rendre, et le gouverneur, qui connaît les intrigues du général français, intrigues dont on ne fait point mystère dans le camp autrichien, se rend sur une seule sommation, sans coup férir, et quoiqu'à la tête de forces suffisantes pour soutenir un long siége.

L'occupation de cette clef du Rhin favorisait la jonction des deux armées, complétait l'investissement de Mayence, et mettait cette ville dans le plus grand péril si Pichegru eut été de bonne foi. Dix mille hommes seulement traversent le fleuve, quand des divisions entières auraient dû en occuper la rive droite, et telle est encore la confiance absolue qu'inspire le rival de Jourdan, que le comité de salut-public, par un arrêté spécial lui subordonne ce dernier général. Détermination funeste qui entraînera des suites désastreuses, et deviendra fatale aux succès de nos armes !

Pouvant présenter un effectif de soixante mille combattans, l'armée de Sambre-et-Meuse était capable de balancer seule les forces de l'Autriche, mais soumise à Pichegru, chez elle le physique altérait le moral, et le dénuement le plus absolu se fesait sentir; des hommes naguère si disciplinés n'offrent plus que le spectacle d'un ramas de barbares.

Pichegru en effet, dans le dessein de mécontenter les troupes, avait insinué au ministre de la guerre que les deux armées étant destinées à agir sur le territoire ennemi, il était facile de se passer de magasins et de continuer les opérations militaires sans qu'il en coutât rien à la république, en levant des contributions dans les pays conquis.

Ce conseil perfide devait être suivi par un gouvernement qui regardait comme une bonne fortune de n'être plus chargé du soin de subvenir à l'entretien de ses défenseurs. Depuis l'entrée en campagne, les deux armées avaient vécu de réquisitions ; Jourdan même et ses officiers supérieurs s'étaient réunis pour remédier à la coupable insouciance du comité de salut-public, et par le généreux sacrifice de leurs appointemens avaient empêché le pillage ; mais une fois sur la rive droite du Rhin, il ne fut plus possible d'arrêter le soldat que pressaient également et la faim et des besoins de toute espèce.

Le pays sur lequel l'armée de Sambre-et-Meuse avait manœuvré pour se rapprocher de Mayence, était entièrement dépourvu de ressources alimentaires. Les Autrichiens, en fuyant, avaient emmené ou détruit leurs magasins, et les habitans s'étaient hâtés de faire disparaître tous les objets susceptibles d'être enlevés sans paiement.

Ces circonstances extrêmement contrariantes jettent Jourdan dans le plus grand embarras ; il perd même l'espoir de faire venir des vivres de cette rive gauche du Rhin qui avait si long-temps nourri son armée, et pour comble de malheur, les chevaux de transport qu'il avait demandés, et qu'on lui avait promis, n'arrivant pas, le pain devient plus rare dans son camp que dans la place assiégée.

Bientôt l'insubordination se trouve à son comble, on pille ouvertement; partout règnent le désordre et l'impuissance de le réprimer. « Faites exécuter les lois, répond le comité de salut-public aux plaintes de Jourdan. » Et ces lois sont inexécutables au milieu des murmures, des émeutes même où l'on voit des guerriers, exaspérés par la misère, méconnaître leurs chefs et tourner leurs armes contre eux.

Cette déplorable situation dans laquelle les fausses mesures du gouvernement, trompé par un général perfide, avaient mise l'armée de Sambre-et-Meuse, auparavant célèbre pour sa bonne discipline autant que pour sa bravoure, était commune à l'armée du Rhin, et Pichegru, qui veut tout démoraliser, dans l'intérêt du grand œuvre qu'il médite, loin de s'affliger de cet état de choses, semble au contraire s'en applaudir, parce qu'il espère que le mécontentement des soldats leur fera haïr la république, et les rendra plus dociles à l'impulsion qu'il prétend leur donner. Quel fruit cependant retirera-t-il d'une conduite aussi contraire aux lois de l'honneur ? la honte d'une défaite, ses lauriers flétris, sa gloire détruite, son nom voué à l'ignominie, la haine du présent et le mépris de l'avenir, quand Jourdan, dont il a dévoilé les secrets et fait connaître les plans à l'ennemi, après une retraite honorable, restera digne encore du grand peuple qui lui a donné sa confiance.

Avec de pareils élémens de discorde, le succès était peu probable, et des revers sont réservés à nos troupes. L'armée de Sambre-et-Meuse attend que Pichegru lui fasse connaître ses intentions et agisse lui-même efficacement pour continuer le siége de Mayence. Jourdan ne reçoit aucun ordre, et Pichegru, fidèle au parti qu'il a pris, refuse opiniâtrement de faire passer au-delà du Rhin, d'autres forces que les dix mille hommes qui y sont déjà.

Jugeant que cette inaction peut entraîner les plus funestes conséquences, les commissaires de la convention invitent les généraux en chef à se joindre à eux pour conférer sur les opérations des deux armées. Ces commissaires sont Rewbell, Joubert, Rivaud et Merlin de Thionville. L'arrêté qu'ils prennent porte que Jourdan restera avec quarante mille hommes dans sa position sur le Mayn, et sera chargé du siége de Mayence, en même temps que Pichegru inquiétera l'ennemi dans les environs de Manheim, sans pour cela négliger des tentatives sur le Haut-Rhin.

L'investissement de Mayence commence enfin sous les ordres de Kléber. Mais pour attaquer une ville d'un développement aussi considérable, il faut beaucoup d'artillerie, et trente-cinq pièces de canon seulement se trouvent disponibles. Ne pouvant rassembler assez d'outils pour armer les travailleurs, on est privé des moyens les plus urgens, pour tracer des lignes, ouvrir des tranchées et se mettre à couvert des boulets que lancent incessamment et les forts et les camps retranchés qui avoisinent la place.

Ce manque absolu des objets de première nécessité pour entreprendre un siége, Marceau l'éprouve devant Chrenbrestein, et faute de transports, de gros calibre et de munitions, il voit échouer devant la forteresse, tout ce qu'avait préparé, pour la réduire, et son génie et son activité.

L'état de faiblesse et d'inertie où se trouvent les armées françaises, accroît tout à coup l'audace de l'ennemi qui semble redoubler d'efforts pour les écraser. Clairfayt se joint à Wurmser; Dufour attaque les Autrichiens, perd quinze cents hommes et est fait prisonnier. Le reste de ses troupes se replie sur Manheim.

Déterminé à reprendre l'offensive, Clairfayt, qu'ont renforcé de nombreux détachemens envoyés par Wurmser, conçoit et exécute le projet de tourner la gauche des républicains, et de les contraindre, par leur seule position, à se replier à la hâte.

Craignant de s'engager avec des chances défavorables, Jourdan lève le blocus de Mayence et bat en retraite. Cette retraite n'est que faiblement troublée par les Autrichiens qui redoutent, même dans le malheur, des hommes qui les ont battus et les battront si souvent encore. Quelques engagemens ont lieu entre leurs tirailleurs et l'arrière-garde française ; mais ils sont sans résultats sérieux, et ne nuisent en rien au mouvement général des troupes.

Un seul accident pensa devenir funeste au corps de Kléber, et cet accident provenait de l'inadvertance d'un officier français, sans que les Autrichiens y eussent eu la moindre part; Kléber avait donné l'ordre à Marceau de faire mettre le feu à tous les bateaux qui étaient sur la Sieg, au moment où il jugerait que le gros de l'armée aurait passé le pont de Neuwied, et

Souhait, qui en était chargé, ayant mal calculé les instans, avait apporté trop de précipitation dans l'exécution de cet ordre

Entraîné par le courant, les barques arrivent au moment où les premières colonnes allaient passer le pont, et l'embrâsent. Ainsi acculée au Rhin, et poursuivie par les Autrichiens, la division française n'a d'autre ressource que celle de combattre. Désespéré d'un événement qu'il se reproche, Marceau prend un pistolet et va se brûler la cervelle, lorsque Maugars, son aide-de-camp et son ami, saisit l'arme fatale et arrête le suicide. Kléber fait appeler le chef des pontonniers: « Combien vous faut-il de temps pour jeter un nouveau pont? — Vingt-quatre heures. — Je vous en donne trente, et vous m'en répondez sur votre tête. » L'arrière-garde résiste à Clairfayt; l'artillerie, en batterie et en ligne sur le bord de la Sieg, porte la mort dans ses rangs; jour et nuit on se canonne; le pont est réparé; les Français traversent le fleuve sans obstacle, et le vaillant général met le dernier le pied sur ce même pont qui vient de s'élever comme par enchantement.

Jourdan veut garder la tête de pont de Neuwied; mais les travaux n'étant pas assez avancés pour s'y maintenir avec avantage, Kléber la fait évacuer. On conserve seulement l'île, où sont établies des batteries formidables; on met Dusseldorff en état de défense; on couvre la place par un camp retranché, et l'on en construit un autre dans l'anse de Hamm, dont les deux ailes, appuyées au Rhin, protégent le pont de bateaux.

Convaincu alors de l'inutilité de suivre Jourdan sur Neuwied et sur Dusseldorff, sa retraite assurée, Clairfayt laisse un corps d'observation sur la Sieg, arrive à Mayence, et attaque la division de Schall qui en garde les lignes. Ces lignes sont occupées par les divisions de Rhin-et-Moselle, aux ordres de Pichegru, qui, paraissant ne faire aucune attention à la retraite de Jourdan, semble au contraire jouir de la plus grande sécurité, et réussit à l'inspirer à ses soldats, toujours pleins de confiance en lui, quand les dangers les environnent de toutes parts.

En s'approchant de Mayence, Clairfayt avait compris que le succès pour lui dépendait des premières attaques contre des troupes habituées depuis long-temps à demeurer paisibles dans leurs retranchemens. Ce qu'il conçoit, il l'exécute; de toutes parts les Français sont cernés;

la garnison sort de la place sur trois colonnes; l'Anglais Williams, qui commande une flottille, remonte le Rhin, débarque un corps autrichien et décide la déroute. Soldats, généraux, cavalerie, infanterie fuient pêle-mêle et confondus, n'ayant tous qu'un seul but, celui d'échapper à une destruction complète. Quatorze escadrons, en effet, détachés sur cette masse effrayée et à la débandade en font un horrible carnage.

Un seul homme, dit-on, dans cette affreuse circonstance (ce que nous croyons devoir noter), Marmont sut garder le sang-froid toujours si nécessaire au milieu du désordre. Intrépide à la tête de sa compagnie, il tint ferme et ne céda que quand, menacé d'être enveloppé, il fut obligé de suivre le torrent et de partager une fuite dont les Français, jusque-là, avaient donné bien peu d'exemples.

Attaqué le premier, Schall avait vainement écrit à Pichegru pour l'instruire de la position de l'armée: sa dépêche était restée sans réponse, et, ne recevant point d'ordre, il avait fait lui-même les dispositions qu'il crut indispensables; mais les Français avaient été tellement surpris, que tous les efforts furent superflus, et cette armée du Rhin, dont une partie avait conquis la Hollande, voyait tout à coup flétrir ses lauriers par ce même général qui lui avait donné une si grande illustration.

En paraissant travailler dans l'intérêt des puissances, Pichegru s'était flatté que du moins ses troupes seraient épargnées. Calcul faux. Dans tous les temps, et chez tous les peuples, il y a eu des traîtres; mais toujours on les a méprisés. En les employant on fait bien; en les sacrifiant, après s'en être servi, on fait mieux encore. Aussi, du moment où l'Autriche fut en état d'obtenir par elle-même les résultats que Pichegru lui fesait lentement espérer, elle oublia ses promesses, et ne se fit point de scrupule de battre et d'exterminer un guerrier déloyal, qui pouvait trahir ses complices comme il trahissait son propre pays.

Dans tout état de choses, Pichegru est d'autant plus blâmable, que le désir de détruire la république ne déterminait pas uniquement son astucieuse conduite. Les lauriers de Fleurus, antérieurs à ceux de la Hollande, l'empêchaient de dormir, et la lâche jalousie qu'il portait à Jourdan, se joignit d'une manière trop visible à l'amour que lui inspiraient les Bourbons, pour que les royalistes puissent, aujourd'hui surtout que l'histoire a prononcé son irrévocable arrêt, lui savoir quelque gré de ses efforts.

Et voilà l'homme dont on veut réhabiliter la mémoire! et l'on feint d'ignorer, ou plutôt on ose méconnaître cette éternelle maxime du simple bon sens : que quels que soient le nombre et l'éclat des services rendus à la patrie, celui-là se déshonore qui dirige le conseil de ses ennemis ou qui porte les armes contre elle.

Une statue à Pichegru! Quel ciseau français pourrait seulement en ébaucher le marbre? Canova seul aurait été digne de sculpter ce chef-d'œuvre. Mais où le placer? au Panthéon? Ce monument n'existe plus que dans le souvenir des braves. On a effacé l'inscription vraiment nationale qui en décorait le fronton :

« AUX GRANDS HOMMES LA PATRIE RECONNAISSANTE. »

Aux Invalides? ceux qui furent ses frères d'armes auraient trop de reproches à lui faire. A Mayence? le Mont-Tonnerre indigné le frapperait de la foudre. Sur le Rhin? furieux, on verrait ce fleuve le rouler dans ses ondes, comme autrefois on vit le Tibre entraîner les monumens du successeur de Romulus et le temple de Vesta. A Arbois, la Franche-Comté l'a depuis long-temps rayé de la liste de ses compatriotes.

BATAILLE DE LOANO.

II. Après avoir continuellement harcelé et battu l'ennemi, Kellermann permit à l'armée des Alpes de prendre des quartiers d'hiver, devenus d'ailleurs indispensables, et par l'extrême rigueur du temps, et par les glaces qui rendaient les chemins impraticables, et par l'abondance des neiges qui obstruaient tous les cols des montagnes. Pour lui, toujours dans le dessein de favoriser les opérations de l'armée d'Italie, il était allé à Barcelonette et à Briançon, y avait ordonné et dirigé les différentes attaques projetées de ces points importans, les plus rapprochés de la ligne offensive de Schérer, et, par l'ensemble, l'habileté et la multiplicité de ses manœuvres, avait réussi à empêcher les Piémontais de dégarnir aucune de leurs places fortes, pour donner du secours aux Autrichiens.

Avant que les divisions de l'armée d'Espagne eussent opéré leur jonction avec l'armée d'Italie, Miollis avait déjà chassé les ennemis de leur camp, qu'il brûla, et s'était emparé d'un magasin à poudre, pendant que Masséna ordonnait à Victor d'attaquer leur avant-garde, établie sur un mamelon, en face de Borghetto, et de détruire les retranchemens qu'ils avaient commencés pour y élever des batteries de gros calibre : deux colonnes cernent aussitôt le mamelon, et quatre cents hommes, grenadiers et chasseurs, empêchant qu'on ne vienne à son secours, les fortifications sont emportées, et tout ce qui s'y trouve est impitoyablement passé au fil de l'épée.

Cette fusion de deux armées également braves en une seule ne pouvait qu'avoir les plus heureux résultats; aussi les soldats des Alpes et des Pyrénées, familiarisés avec les mêmes genres de fatigues, de périls et de gloire, ne tardèrent pas à se lier par une espèce de confraternité, qui, tout en laissant subsister le puissant mobile de l'émulation, devait les rendre forts en les tenant unis.

En recevant le commandement des mains de Kellermann, Schérer avait eu le bon esprit d'adopter ses plans; et cette déférence pour les conseils de son prédécesseur prépara les palmes de Loano.

Placé sur un théâtre difficile, qu'il n'a pas encore eu le temps d'étudier, le général en chef cherche à s'entourer des lumières de tous ceux qui ont occupé les premiers rangs dans l'armée d'Italie, et les suffrages unanimes du conseil lui désignent Masséna, que ses camarades se plaisent eux-mêmes à proclamer le plus habile d'entre eux, à cause de la connaissance profonde qu'il avait du pays, et de son expérience dans la guerre de montagnes. Schérer lui confie donc le plan d'attaque; mais Masséna veut, qu'avant de rien entreprendre, on fasse une reconnaissance générale de toutes les positions austro-sardes. Charlet, qu'on charge de cette expédition, parcourt avec autant de bonheur que d'habileté tout le front de la ligne ennemie, et n'est arrêté que par un seul obstacle qui lui procure l'avantage de combattre, de vaincre et de prendre trois canons, quatre cents fusils et cinq cents hommes.

Sur son rapport, Schérer et Masséna règlent définitivement leurs opérations ultérieures, et, voyant les soldats, malgré l'infériorité du nombre, sans pain, sans souliers, manquant de tout, demander avec instance qu'on les conduise au feu, l'offensive est résolue, et tout sera tenté pour établir les communications avec Gênes, la véritable et seule mère nourricière de l'armée.

Dieu protège la France : un petit bâtiment trompe les croisières ennemies et débarque un approvisionnement de souliers. Distribués aux troupes, elle sentent d'autant mieux le prix de ce bienfait, que, décidées à attaquer, quoique sans chaussures, elles se préparaient à s'envelopper les pieds avec des lanières tirées des sacs à peau. Cet heureux événement ajoute à leur gaîté, les pénètre d'une nouvelle ardeur, et les chansons commencent.

On arrête définitivement que trois attaques auront lieu, une fausse et deux véritables. Serrurier commande la gauche, Schérer la droite de l'armée. Le premier doit tenir l'ennemi en échec ; le second agira avec vigueur au commencement de l'action, pour lui donner le change, tandis que Masséna dirigera ses principaux efforts sur son centre, aux ordres d'Argenteau.

Déjà l'on est près d'en venir aux mains ; les pièces sont en batterie, les lances s'allument, le fer étincelle, et dans quelques minutes la terre sera jonchée de cadavres. Masséna harangue ses troupes; et les paroles qui sortent de sa bouche rappellent cet énergique discours d'un illustre guerrier : « Vous êtes Français; voilà l'ennemi, marchons ! » En avant ! marchons ! répètent à l'envi les soldats.

Ces cris, précurseurs de la victoire, se font entendre dans tous les rangs. Conduite par Laharpe, Charlet, Cervoni, Saint-Hilaire, Mercier, Chabran, Bizanet et Joubert, les colonnes aussitôt s'ébranlent. Attaqués à la baïonnette, entamés et culbutés, les Austro-Sardes prennent la fuite et abandonnent toute leur artillerie. C'est en vain qu'Argenteau cherche à les rallier sur les rives de la Bormida ; leur frayeur est telle, qu'ils n'osent tenir devant les Français, et qu'ils font leur retraite dans le plus grand désordre.

Laharpe et Charlet s'étaient emparés de Rocca-Barbena ; Masséna avait pris Malsabeno, Banco et Bardinetto ; Cervoni occupait Melogno, tandis que l'ennemi, menacé sur sa droite, enfoncé sur son centre, était attaqué avec succès par Schérer sur tout le front de son aile gauche, depuis la mer jusqu'aux montagnes.

Neuf chaloupes cannonières, armées de gros calibre, s'embossent à portée du flanc gauche de la ligne ennemie; au signal convenu de deux fusées parties du Saint-Esprit, elles font une décharge générale de toute leur artillerie, et cette première bordée, en semant la mort, sème aussi l'épouvante parmi les Austro-Sardes.

Rusca gravit, au pas de charge, et seulement avec dix-sept cents hommes, les trois mamelons retranchés en avant de Loano. Deux redoutes sont prises d'assaut en moins de vingt minutes, et l'autre, qui est la plus forte, se défend avec acharnement, malgré le feu meurtrier d'une pièce de trente-six, et d'un obusier placé à mi-côte du Saint-Esprit.

Étonné de cette résistance, Schérer allait la faire cerner par Victor, quand, effrayés des mouvemens des Français et désespérant de se maintenir, les Piémontais franchissent les retranchemens, et se retirent vers le centre de la ligne autrichienne en arrière de Loano.

Barnel, suivi de deux mille cinq cents hommes, traverse Tuirano, disperse les troupes qui s'y trouvent, et gagne sur-le-champ les hauteurs. Mais au milieu de l'action, que la lutte opiniâtre de l'ennemi rend très-animée, ce général, combattant vaillamment à la tête de ses braves, tombe frappé d'un boulet. Lannes prend aussitôt sa place, et, secondé par Rusca, il emporte successivement cinq positions retranchées, garnies de canons, et placées les unes derrière les autres. C'est en vain que les Austro-Sardes tentent de se défendre, la valeur des Français est telle, qu'il est impossible de leur résister.

Un feu de file, nourri et soutenu, partant des bâtimens d'une chartreuse, placée dans la gorge et sur le flanc de Tuirano, fait soupçonner que les Austro-Sardes, chassés de ce village, se sont refugiés dans cette position. Dammartin s'y porte avec une réserve de trois bataillons et un obusier. Les préparatifs qu'il voit faire d'un assaut, intimident l'ennemi, et pour échapper à ce nouveau danger, il se hâte de capituler. Un général, un colonel, cinquante officiers, et plus de huit cents soldats, mettent bas les armes et restent prisonniers.

Forcées d'évacuer la petite place de Loano, les bandes d'Argenteau, après s'être refugiées d'abord à mi-côte du Mont-Carmelo, paraissent vouloir se rallier à quelque distance, et revenir à la charge. Témoin de ce mouvement, qui peut leur faciliter les moyens de reprendre une offensive sérieuse, Schérer marche contre elles à la tête de son aile droite, et ordonne à Suchet, qui venait de s'emparer des hauteurs presque inaccessibles du Mont-Calvo, d'en descendre pour prendre la droite de l'aile gauche des Autrichiens. Incertain toutefois de ce qui s'était passé à l'aile gauche et au centre de l'armée française vers Rocca-Barbena et Bardinetto, il éprouve quelques mouvemens d'hésitation, et borne sa manœuvre à serrer de près l'ennemi, lorsque des signaux, convenus avec Masséna, lui apprennent les succès du centre, et l'instruisent que les deux divisions victorieuses, en se rapprochant, et en menaçant l'Apennin, vont prendre position entre les états du roi de Sardaigne et les troupes alliées.

Schérer aussitôt commande à trois bataillons de se réunir à Suchet, et lui-même s'avance à la tête de la ligne tout entière contre le front ennemi.

C'en était fait des Austro-Sardes, et la victoire la plus complète allait couronner les efforts des Français, quand un orage affreux, mêlé de grêle, suspend aussitôt le combat. On s'arrête; on bivouaque à un quart de lieue l'un de l'autre. Cet obstacle imprévu redouble l'ardeur de vaincre, et l'on se prépare à faire, le lendemain, une attaque vigoureuse; mais, au point du jour, on s'aperçoit que les Piémontais et les Autrichiens, profitant de l'obscurité de la nuit pour se replier sur Finale, leur quartier-général, ont abandonné et leur artillerie, et leurs effets de campement.

Voulant du moins troubler cette retraite, Schérer détache, à la poursuite des fuyards, Augereau, qui, se mettant à la tête de quelques troupes légères, gravit la montagne de Finale, atteint leur arrière-garde, l'attaque avec impétuosité, et la force à faire volte-face pour se défendre. Déjà un grand nombre de prisonniers embarrassait les vainqueurs fatigués de carnage; Masséna paraît à l'improviste, porte le coup décisif et mérite les honneurs des deux journées, dont les résultats sont immenses pour les Français, qu'ils rendent maîtres de tout le pays, auparavant occupé par les Austro-Sardes, et surtout de Finale, de Vado et de Savonne, magasins généraux des approvisionnemens de guerre et de bouche de l'ennemi. La victoire de Loano, enfin, leur ouvrait le Milanais, et, lorsque Schérer remit à Bonaparte le commandement de cette brave armée, il put dire qu'il lui remettait aussi la clef de l'Italie.

PREMIÈRE CAMPAGNE D'ITALIE.

III. Ici commence une ère nouvelle; c'est l'acte additionnel aux triomphes de la France. Le passé garantit le présent, garant lui-même de l'avenir, et l'on doit tout attendre de l'enthousiasme des troupes, sur un sol où l'on est moins frappé des miracles de Rome ancienne, que des merveilles qu'on voit s'y renouveler chaque jour. Tout ce qui va suivre en effet dans cette rapide énumération de victoires et de conquêtes, ne peut guère être considéré que comme une longue promenade militaire dont les sites varieront à l'infini, suivant le temps, les lieux, les événemens, et dont les scènes seront toujours accompagnées de canons, de mitraille, de bombes, d'obus, de boulets, de blessés, de mourans et de morts.

Il était difficile de croire que l'homme qui avait rendu de grands services à son pays, et qui n'avait nul intérêt à le trahir, pût se porter à une telle infamie. C'est cependant ce que fit

Pichegru, qui, cédant à de vaines promesses, et se laissant entraîner à l'appât de l'or, préféra jouer en Europe le rôle infâme qu'avait autrefois joué, en Amérique, dans la guerre de l'indépendance, Arnod, dont le nom est encore un objet d'horreur pour la Pensylvanie.

Étrange aveuglement! au lieu de la reconnaissance nationale, Pichegru choisit la honte et le remords, et commet de sang-froid (comme l'a rappelé Charles Lacretelle, alors que les murs du Palais de Justice ne redisaient point encore aux passans l'affaire Saint-Légier), le crime atroce de laisser dans Manheim, neuf mille Français destinés à tomber sous le fer autrichien.

Sorti de la place avec mille hommes seulement, il alla rejoindre et rassembler les débris de son armée vaincue à Mayence. Son intention était de profiter du découragement du soldat, du défaut de paie, du manque de vivres, et de se porter sur Strasbourg où il avait des intelligences. Ce plan aurait réussi, si Condé, dont l'impatience à cet égard était excessive, n'eût persisté dans son entêtement à vouloir qu'on lui livrât Huningue.

Jamais peut-être forteresse n'a été désirée

avec plus d'ardeur et demandée avec plus d'instance : et cependant, que pouvait-on se promettre militairement de la position de cette ville. Qu'on se figure un carré de quelques mille toises entouré de murailles garnies de canons, borné par le Rhin, la Suisse et les Vosges, sans débouchés, sans communications; voilà Huningue. C'est ce que Pichegru, pour combattre son opiniâtreté, ne cessait de faire observer à Condé qui, dans un moment d'humeur, s'écria : « Il ne manquait plus à la révolution que ce phénomène, de voir la noblesse française commandée par un général de la république ! »

Ce général, notre plume répugne à en rappeler la hideuse célébrité, et nous le passerions désormais sous silence, si nous n'éprouvions le besoin de le faire servir d'ombre au tableau dont nous allons tracer un léger crayon.

Ce fut indirectement, par pur hasard, et non d'une manière officielle, que Jourdan connut l'évacuation des lignes de Mayence. Oubliant aussitôt tout ce qui lui est personnel, ne voyant que la France et les dangers du soldat, il ordonne à Marceau de se porter sur-le-champ avec quinze mille hommes sur le Hunsdruck, afin de faire une diversion puissante en faveur de l'armée du Rhin. Ces ordres sont fidèlement exécutés, et Marceau, qu'anime un patriotisme égal à celui de Jourdan, attaque Clairfayt dans les gorges de Stromberg, et, malgré le feu d'une nombreuse et formidable artillerie, les escarpemens et les sinuosités qui les protègent, il parvient à en déposter les Autrichiens et les met en fuite après une heure d'un combat meurtrier, dans lequel ils laissent aux vainqueurs le champ de bataille couvert de morts et de blessés. Nouvelle preuve de la confiance dans les chefs; l'enthousiasme des troupes avait été tel, que comptant pour rien les difficultés locales, elles avaient attaqué l'ennemi à la baïonnette, et bravé impunément les balles, les biscaïens, les boulets et la mitraille.

Suivant leur coutume, les Français marchaient en avant, lorsque le lendemain ils se virent attaquer par les Autrichiens. C'étaient les hommes de la veille, on les repoussa. Un grand nombre de prisonniers et la possession de Creutznach furent le fruit de ce nouvel avantage; mais l'ennemi ayant reçu un renfort de dix-huit bataillons et de trente escadrons, ne tarda pas à reprendre l'offensive, et eut assez de bonheur pour réussir sur presque tous les points.

Pichegru, qui a tant ménagé et Clairfayt et Wurmser, ne les en voyant pas moins acharné à sa poursuite, pense à une retraite sérieuse, et gagne pendant la nuit (un Français profiter des ténèbres!) l'Elsbach, d'où il prend ensuite la ligne du canal de Frankenthal. C'est alors qu'il regrette les neuf mille hommes qu'il a abandonnés dans Manheim, dont le bombardement poussé avec vigueur, occasione la reddition, malgré la bravoure et les généreux efforts de Montaigu qui rejette toute proposition de capituler, et ne cède qu'après avoir vu détruire plus de la moitié de ses braves, et des quartiers entiers de la ville, en proie à l'incendie, embrâsés de toutes parts.

Tandis que Pichegru fuyait vers l'Alsace, Jourdan s'était vainement efforcé d'attirer sur lui une partie de l'armée victorieuse, pour dégager celle de son rival; mais Clairfayt se contentant de faire observer le corps de Marceau, et d'en contrarier les opérations, poursuivit ses succès, certain qu'après la dispersion des troupes de Pichegru, il lui serait plus facile de tenir tête aux divisions de Sambre-et-Meuse, et de les forcer à rétrograder.

Jourdan, qui avait pénétré les intentions secrètes du général autrichien, s'était empressé de faire tous ses préparatifs de défense dans le Hunsdruck où il voulait se maintenir. Des ponts furent jetés sur la Moselle, à Mulheim et à Trarbach, afin qu'au besoin l'armée pût se retirer sur la rive gauche de cette rivière, et le quartier général s'établit à Simmern. Mais les troupes n'arrivèrent que lentement au rendez-vous, arrêtées sans cesse dans leur marche par le défaut de magasins et de moyens de transport, et pour surcroît d'obstacles, par le mauvais état des chemins impraticables à l'artillerie.

Divers engagemens eurent lieu; et Bernadotte battit les Autrichiens qui forcèrent, à leur tour à se replier sur Kirn, Marceau, que Jourdan avait laissé exposé aux attaques de l'ennemi, et trop éloigné du gros de l'armée pour pouvoir espérer d'en être secouru à temps.

Quelques jours s'écoulent : Marceau prend sa revanche. Les Autrichiens sont attaqués et vaincus; Nalèche les force d'évacuer Scheffweiler, et Poncet les repousse jusques au-delà de Bronscheid.

Cependant, malgré toutes les combinaisons de l'art militaire et les efforts de Jourdan pour se soutenir avec honneur dans le Hunsdruck, et empêcher l'ennemi de pénétrer plus avant, les Impériaux n'en font pas moins des préparatifs immenses pour passer le Rhin au-dessous de Coblentz. Kléber instruit Jourdan de ces mouvemens hostiles, et ces deux généraux s'attendaient à être attaqués vigoureusement, lorsque, à leur grande surprise, un parlementaire, envoyé par Clairfayt, vint proposer un armistice.

Une suspension d'armes, dans un moment où la victoire et la supériorité du nombre donnaient tant d'avantage à l'Autriche, devait en effet surprendre les chefs de l'armée française. Cet armistice fut accepté sur-le-champ ; mais comme il n'était offert qu'à la seule armée de Sambre-et-Meuse, à l'exclusion de celle que commandait Pichegru, Jourdan, toujours généreux, ne voulut rien conclure avant que d'être assuré qu'il serait commun à tous les deux. Clairfayt fit d'abord quelque difficulté d'accorder ces conditions, et certes, les motifs étaient fondés, puisqu'après le désastre de Mayence, vaincue dans toutes les rencontres, l'armée de Rhin-et-Moselle était incapable d'opposer aucune résistance. Cependant, chose inouïe! Pichegru refusait toute espèce d'accommodement, et ne se rendit qu'à la sollicitation de ses officiers. Ce fut alors qu'apparut clairement, et à n'en point douter, tout ce que pouvait sur son âme haineuse la jalousie qu'il portait en toute occasion à son illustre rival.

Il manquait, pour rendre extraordinaire cette fin de la campagne de 1795, de voir Jourdan blâmé par son gouvernement. C'est ce qui arriva; et ce général qui venait de rendre à sa France un service signalé, en fesant un arrangement qui permettait aux troupes de prendre des quartiers d'hiver, vit sa conduite prudente désapprouvée par le directoire, sous le frivole prétexte que les généraux français ne pouvaient conclure d'armistice sans violer la constitution. Pensée sublime! raisonnement profond! comme avec des mots qu'ils ont crus magiques les cabinets de l'Europe se sont fourvoyés depuis trente ans, en voulant se préparer des droits à l'admiration de la postérité!

Hé bien! servez les républiques: des milliers d'exemples attestent l'oubli des services rendus, trop heureux encore quand on ne paie pas de sa tête et son zèle et son dévouement, et quelquefois le sacrifice de toute sa fortune ! Servez les rois : l'histoire à chaque page, rappelle leur ingratitude. Que faire donc dans cette inévitable alternative? Imiter Jourdan, modeler sa conduite sur la noblesse de la sienne, ne voir comme lui que l'intérêt et la gloire de la nation, l'estime de ses concitoyens et la certitude de vivre honorablement dans la mémoire des hommes.

Tel était l'état des affaires, lorsque le génie du mal rallumant les torches de la guerre civile, étend ses ailes funèbres, passe le détroit, s'abat sur la France, traverse la Vendée, remonte la Loire, et porte dans le Berri la dévastation, le carnage et la mort.

Stofflet et Charette avaient été fusillés, le premier à Angers, le second à Nantes, ou, pour nous servir d'un mot de Cicéron, si éloquemment cité à la tribune par le ministre Pasquier, et depuis si plaisamment employé par l'Anacréon de la gloire nationale dans ses chants immortels, tous deux *avaient vécu*, sans que leur mort eût entièrement fait perdre aux ennemis de la tranquillité publique l'espoir d'égarer et de soulever une province qui n'oubliera jamais les leçons de concorde, d'union, de paix, d'amour du prochain qu'elle reçut du vénérable Grégoire, alors qu'au milieu de ses habitans, ce vertueux prélat rappelait si bien par ses utiles prédications, par sa mission volontaire et désintéressée, la conduite de Las-Casas, dans l'Amérique du Sud.

Indociles aux leçons de l'expérience, ce que n'ont pu dans d'autres temps et avec d'autres moyens, ni le courage de Stofflet, ni les proclamations de Bernier, ni le génie, ni les talens de Charette, quatre hommes vont l'exécuter : ce sont Rochecotte, Phélippeaux, Hyde-de-Neuville et Dupin.

Convaincus de l'impossibilité de recommencer la guerre dans le Poitou, tant que Hoche y dirigerait les opérations militaires, les agens des princes français tournèrent leurs vues d'un autre côté, et la France vit avec le plus grand étonnement la province la mieux connue par le caractère paisible de ses habitans, donner le signal de la révolte.

Jeune, actif, plein d'énergie, royaliste enthousiaste, Rochecotte avait tracé le plan d'une vaste insurrection. Embrassant le centre de la France, et se rattachant aux chouans de la Bretagne et de la Normandie, elle devait commencer par le Maine, s'étendre dans la Touraine, l'Orléanais et le Berri, remonter ensuite par le Bourbonnais et l'Auvergne, et gagner même le territoire de Besançon, où l'armée de Condé, apparaissant tout à coup, opérerait sa jonction avec Besignan qui, ayant un grand nombre de partisans dans cette ville, promettait d'en livrer la citadelle, et d'y faire entrer le prince par la porte de secours, à la faveur des buis qui couvrent la montagne de ce nom.

Quoique gigantesque, le projet fut approuvé, et les effets ne tardèrent pas à suivre la conception de ce nouveau plan de soulèvement.

Excités par leurs prêtres et par leurs anciens seigneurs, les paysans du Berri courent aux armes. Le parti se recrute et se grossit incessamment de tous les déserteurs républicains que récèlent les forêts dont la Loire est bordée depuis Orléans jusqu'à Nevers. Gagnés par l'espérance de voir bientôt s'établir un gouvernement qui ne les forcera pas à porter les armes contre leur gré, ces déserteurs se sont décidés à servir une cause pour laquelle la plupart d'entre eux ont d'ailleurs peu d'attachement, et les chefs royalistes désirent d'autant plus les fixer sous leurs drapeaux, que ces hommes déjà instruits dans le service militaire peuvent leur être d'un grand secours pour exercer au maniement des armes les paysans des villages qui leur sont dévoués, et qu'ils se proposent d'enrégimenter.

On prépare des cadres, on choisit des chefs, on improvise un état-major tiré de la noblesse ou de la haute bourgeoisie; chaque gars se croit soldat, parce qu'il porte une cocarde et que son bras est chargé d'une pique ou d'un fusil, comme Lacretelle se croit historien depuis qu'il a usurpé le honteux privilége d'outrager la vérité dans ses fastidieuses et mensongères annales. Tout prend une attitude guerrière; le tocsin va sonner; les couleurs blanches reparaissent; et une proclamation au nom de Louis XVIII, que Phélippeaux a fait imprimer secrètement, tapisse les murailles de toutes les communes où doit éclater l'insurrection.

Faite en 1814, quand la France entière était fatiguée de courses et de triomphes, le succès de cette proclamation aurait été assuré; mais en 1796, les chances étaient douteuses, et le moment mal choisi. Quoiqu'il en soit, répandue avec profusion, elle ne tarda pas à faire soulever un grand nombre de partisans secrets de la royauté qu'avait persuadés l'éloquence entraînante du curé de Soesme, petit bourg de la Sologne, et dont l'influence sur l'esprit des habitans de ces contrées presque sauvages fut tel qu'il réussit à réunir à lui seul, près de sept à huit cents hommes.

Des émissaires parcouraient en tout sens le département du Cher, et les communes limitrophes de l'Indre, de la Creuse, du Loiret, de la Nièvre et de l'Yonne. C'était la nuit qu'ils visitaient les habitans qui leur semblaient disposés à les écouter favorablement, et qu'ils les préparaient à la révolte en colportant les bruits les plus déraisonnables, mais d'autant mieux reçus par ces hommes simples et confians qu'ils étaient plus absurdes. L'un de ces émissaires, Allemand de nation, se fesait passer pour un prince étranger, et par cette ridicule imposture, gagnait plus de partisans qu'il ne l'eût pu faire par les meilleurs motifs possibles.

On peut avancer sans crainte d'être démenti que si, comme l'a dit un ancien, les livres ont une destinée, les provinces et les villes ont aussi la leur. Le Berri en effet paraît avoir donné naissance à la crédulité. C'est, s'il est permis de s'exprimer ainsi, la patrie de la bonté dans toute l'étendue du mot, et cette assertion n'aura rien de paradoxal pour tout homme de bonne foi qui voudra bien se rappeler non l'auto-da-fé, dans sa capitale, de Voltaire et de Rousseau, mais ce sergent-major espagnol qui, naguère encore, trompant les prêtres eux-mêmes, célébrant les saints mystères dans tous les lieux de son passage, recevant des bas de soie d'un horloger de Châteauroux, prenant à toutes mains l'argent et le linge des beates, et croquant les massepains des nonnettes sucrées d'Issoudun, osa se dire archevêque de Tolède, officier pontificalement, et pousser même l'impiété jusqu'à conférer l'ordre de la prêtrise dans la cathédrale de Bourges.

Les nouvelles annoncées par les émissaires de Dupin et de Phélippeaux, la hardiesse de leurs discours et de leurs promesses avaient fini par inspirer à leurs fauteurs une confiance presque sans bornes, et aux républicains la crainte de les voir réussir. Ajoutez que la conduite équivoque, tortueuse et embarrassée du directoire, en augmentant les craintes des uns et les espérances des autres, laissait entrevoir que la rentrée des Bourbons pouvait bien n'être pas éloignée. Aussi les chefs de l'insurrection n'attendaient que le moment de déclarer hautement leurs projets. Ce moment toutefois arriva plus tôt qu'ils ne l'avaient désiré, car Phélippeaux qui voulait temporiser, fut forcé de précipiter la levée de boucliers qu'il avait l'intention de reculer pour que les mesures fussent si bien prises, que le tocsin sonnât dans toutes les paroisses à la fois.

Réunis depuis plus de trois mois dans les bois qui couvrent le village de Jars, s'impatientant de voir que le moment de sortir de leur retraite n'arrivait pas, tremblant d'être découverts, ce qui les conduisait infailliblement à la mort, irrités surtout de ce que, dans la dernière assemblée des chefs berrichons, il avait été décidé de retarder l'entrée en campagne, les déserteurs, dont nous avons parlé plus haut, se mutinèrent, forcèrent la main à Phélippeaux, et le siége de Sancerre fut résolu.

L'ordre est aussitôt envoyé aux chefs royalistes de rassembler leurs partisans, et de se réunir aux déserteurs dont le nombre montait à environ cinq cents. En moins de six heures mille hommes se trouvent au rendez-vous : ils s'ébranlent, arrivent à Sury-en-Vaux, et se grossissent de tous ceux qu'ils rencontrent, et que Buchet-Martigny avait enrôlés d'avance. Armés de piques, de fusils de chasse, de pistolets et même de fourches, de broches et autres instrumens hostiles, les insurgés prennent la détermination de marcher sur Sancerre et de s'en emparer, s'il était possible. Deux mauvais canons, traînés par des chevaux de labour, les précèdent et augmentent leur audace.

Sancerre est investi. Deux partis divisent la ville : on s'assemble, on discute, on pérore, et les avis varient suivant les opinions. Les uns, et c'est le plus grand nombre, parlent de se rendre à la première sommation, et insistent sur ce que la place est entièrement dépourvue de moyens de défense ; les autres, au contraire, prétendent profiter de l'avantage des lieux et tenir jusqu'à la dernière extrémité.

Le directoire sera-t-il renversé? la légitimité triomphera-t-elle enfin ? Louis XVIII occupera-t-il le trône de Henri IV, ce roi citoyen dont le peuple a gardé la mémoire ? fermera-t-il l'abîme de la révolution? rétablira-t-li l'ancien régime, le fisc, le pouvoir absolu, leurs aménités, leurs graces et leurs charmes, ou maintiendra-t-il la constitution de 1791, solennellement et volontairement acceptée et jurée par Louis XVI ? Telles étaient les questions que se fesaient mutuellement les autorités, et dans le doute ne voulant pas se brouiller ouvertement avec la république en cas de non succès de la part des assiégeans, ni avec les royalistes s'ils venaient à avoir le dessus, on décide que pour se mettre à couvert, et concilier tant d'intérêts divers, on feindra de se défendre.

Les portes sont aussitôt barricadées ; quelques hommes sont placés de distance en distance sur les remparts, et l'on met en batterie deux canons montés sur des affûts vermoulus, et presque en aussi mauvais état que ceux des insurgés. A la première approche de l'ennemi, les Sancerrois font à toute volée, une décharge de cette misérable artillerie, et quelques coups de fusils, hors de portée sont également tirés, mais Phélippeaux ayant fait sommer la place, on voit tout à coup cesser ce simulacre de résistance ; les royalistes triomphans entrent dans Sancerre aux cris de *vive le roi !* et la joie qu'ils font paraître démontre assez combien ils sont satisfaits de n'avoir pas été obligés de monter à l'assaut.

Le drapeau blanc flotte aussitôt sur tous les édifices de la ville ; on chante un TE DEUM en actions de grace de la victoire que le dieu des armées vient de procurer à la bonne cause ; on arrête les caisses de la république ; on brûle les papiers des administrations ; on coupe les arbres dits de la liberté ; une forte contribution de guerre est frappée sur ceux des habitans qu'on sait être attachés au gouvernement directorial ; et, comme c'est d'ailleurs la partie obligée de toutes les réactions de donner dans l'excès, et de justifier une sottise par une autre sottise, de commettre l'injustice en rappelant l'injustice, on leur impose l'obligation de loger et de nourrir seuls les soldats de cette nouvelle armée royale et catholique. Il est vrai que Phélippeaux n'ayant encore ni magasins ni approvisionnement, il lui était impossible de faire camper ses troupes et de les astreindre à une discipline réglée.

Vainqueur sans coup férir, que fera le chef heureux d'une expédition couronnée par un succès complet? sentira-t-il que l'avantage qu'il vient d'obtenir est de la plus haute importance pour ses projets ultérieurs ? Aura-t-il la prudence de garder Sancerre et de s'y fortifier, Sancerre assis sur le sommet d'une montagne qui domine tout le cours de la Loire, et la position la plus désirable que pussent choisir des hommes qui voulaient organiser la guerre civile dans ces contrées ? non. Au lieu d'appliquer tous ses soins à assurer sa conquête, Phélippeaux se laissa séduire par l'ambition d'en faire une plus éclatante, et c'est la capitale du Berri que dans son délire il destine à être le théâtre de ses exploits.

Ainsi donc, négligeant les facilités qu'il a de s'emparer de Nevers, de la Charité, de Cosne, où se trouve une fonderie de canons, et d'où il peut s'étendre dans le Nivernais, le Morvan, la Puisaye, la Bourgogne, et même une partie de la Champagne, il oublie qu'une fois maîtres du pont de la Charité, centre des intelligences de Hyde-de-Neuville, les royalistes auront à leur disposition les deux rives de la Loire, et que remontant à volonté et descendant le fleuve, soit vers le Forez, soit du côté de l'Auvergne, au moyen de l'Allier, soit vers Orléans qui leur a promis des secours, ils pourront lier leurs opérations avec celles de la grande insurrection dont Rochecotte ne cesse de s'occuper.

Tout entier à sa chimère, ne rêvant que Bourges, trompé par les rapports que lui font passer les partisans assez nombreux qu'il a dans cette ville, Phélippeaux évacue Sancerre, et vient camper à Sens-Beaujeu, au milieu d'un pays dont les terres grasses et les chemins mal tracés à travers des bois épais, rendent l'approche et la sortie également difficiles.

C'était de cette position mal choisie, que cherchant à réaliser des espérances illusoires, ce chef inhabile prétendait diriger ses forces et s'emparer de Bourges; mais lorsqu'il comptait sur l'apathie présumée des républicains, Hoche recevait du directoire l'ordre de faire filer des troupes sur le Berri, et de veiller à ce que la tranquillité publique ne fût point troublée dans le département du Cher.

Déjà Devaux et Canuel, Canuel, ce civique ennemi des Vendéens et des chouans, dont le sabre révolutionnaire a immolé tant de victimes, dans l'Aunis, le Saumurois et l'Anjou, s'avancent à la tête de trois mille combattans, et sont bientôt suivis de grenadiers et de chasseurs à cheval partis d'Orléans. Quinze cents hommes, infanterie et cavalerie venant de Paris, ne tardent guère à les rejoindre : des troupes et des canons sont placés sur les bords de la Loire; et les gardes nationales de la Nièvre et de l'Indre doivent se tenir prêtes à partir au premier signal ; tout enfin est disposé pour écraser les royalistes dans l'instant même où ces derniers se flattent de surprendre et d'anéantir les colonnes républicaines.

Tandis que Desenfant qui commandait le département du Cher, envoyait un détachement pour rendre nulles les machinations de Dupin dans le département de l'Indre, il avait été décidé au quartier-général que le reste des troupes marcherait sur Sancerre dont on ignorait l'évacuation. On savait bien que Sens-Beaujeu était occupé par des insurgés; mais rien n'avait encore fait connaître que l'armée royale et catholique tout entière y fût réunie. Canuel l'apprend, et aussitôt il marche sans s'arrêter sur le point indiqué. La colonne qu'il commande et celle de Desenfant arrivent presque en même temps à Sens-Beaujeu, au milieu de la nuit.

Que fesait alors Phélippeaux? triste et maladroit émule des Sapineau, des Laroche-Jacquelin, des Charette, des Sombreuil, des d'Hervilly, héros moissonnés avant l'âge, dont les belles actions ont été si grotesquement défigurées dans les ridicules romans d'Alphonse de Beauchamp, le chef des royalistes, plus propre à conduire une intrigue qu'à commander une armée, au lieu de rassembler ses troupes et de les serrer en masse, les avait dispersées dans les villages. Imprudence inconcevable! il a négligé jusqu'aux moindres préparatifs de défense. Le désordre le plus absolu règne dans ce qu'on appelle son état-major. Le jeu et la table, la table et le jeu semblent être la seule et unique occupation de ces hommes qui veulent renverser la république, et rendre à Louis XVIII le trône de ses pères. A peine quelques sentinelles, éparses çà et là, veillent autour d'eux; ils dorment sur un volcan, et la foudre gronde sur leur tête!

Guidé par les patriotes de Sancerre, Canuel avait marché toute la nuit. Arrivé à Sens-Beaujeu, le pas cadencé des chevaux, le cliquetis des armes, les soldats s'avançant à travers les ténèbres, réveillent en sursaut quelques royalistes, qui, moitié endormis, moitié habillés, parviennent à se réunir. Au *qui vive?* qui se fait entendre, les républicains répondent *roya-*

listes, et s'approchent en trompant ainsi leurs adversaires, que des feux de peloton et les cris de *vive la liberté!* arrachent à une trompeuse sécurité, et tirent bientôt de leur fatale erreur.

Attaqués à l'improviste, les insurgés courent aux armes, se rassemblent, se pressent, se mettent en défense. Le plus brave d'entre eux, Rosticelly l'aîné les commande, et la résistance qu'il oppose, en donnant aux siens le temps de le secourir, contenait un peu les assaillans, lorsque frappé d'une balle, il tombe et meurt en criant *vive le roi!* Son jeune frère le remplace et brûle de le venger. Vains efforts! à cet instant de trouble et d'effroi qu'augmente encore l'obscurité qui environne les combattans, la colonne de Desenfant entre dans Sens-Beaujeu et prend en queue les royalistes que Cannel presse de front. L'épouvante est à son comble; fusillés à bout portant, « nous sommes coupés, » s'écrient les insurgés, et aussitôt la déroute commence. Spectacle vraiment digne de commisération! tous ces soldats éphémères qui n'avaient qu'à jeter leurs armes rouillées et grossières pour redevenir paysans, courent en foule se cacher dans des taillis épais, et, contens de ce premier essai d'un courage sans expérience, maudissent les hommes imprudens qui les ont engagés dans cette échauffourée.

Il restait aux républicains à s'emparer de Sens-Beaujeu : on le cerne ; on pénètre dans l'intérieur du village, et, rendus sur la place, le premier objet qui frappe les regards des soldats est le curé Buchet-Perrière, premier aumônier de l'armée, monté sur un cheval et revêtu de ses habits sacerdotaux. Atteint du plomb homicide, il apprend, trop tard pour sa conscience, que dans les discordes civiles, le poste du prêtre est le temple du Seigneur, et que c'est là, et là seulement, que, prosterné aux pieds des autels, loin de prêcher l'effusion du sang, acte criminel qu'abhorre l'Église, il doit invoquer le dieu de paix en faveur d'insensés qui s'égorgent entre eux.

La mort de Buchet décide la fuite des royalistes, le désordre se met dans leurs rangs que même, dès le commencement de l'affaire, ils n'ont pas su garder, et, saisis comme d'une espèce de vertige, ils se précipitent sans armes au milieu des bataillons républicains dont l'obscurité leur dérobe la vue ; mais ces républicains sont hommes et Français, et quoique vainqueurs, ils plaignent les vaincus, et, dédaignant de les frapper ou de les faire prisonniers, ils favorisent leur fuite.

On n'en voulait qu'aux chefs de l'insurrection : c'était eux surtout qu'on recherchait avec le plus grand soin; et la personne de Phélippeaux qui, nu en chemise, venait, par une issue secrète conduisant hors du bourg, de se sauver de la maison de madame Gressin-Bois-Girard, était spécialement recommandée aux patrouilles chargées de visiter Sens-Beaujeu et d'en fouiller les habitations. Précaution inutile ! la terreur avait gagné les royalistes qui y étaient cantonnés; elle s'était même étendue aux environs, et tous, pour éviter la rencontre des troupes de Canuel s'étaient dispersés sans qu'il fût besoin de les combattre.

Cependant Dupin, qui s'était retiré dans le département de l'Indre, était loin d'imiter la confiante sécurité de Phélippeaux. Convaincu que l'insurrection projetée ne pourrait réussir qu'autant qu'elle éclaterait dans tout le Berri à la fois, il avait de lui-même précipité le soulèvement des paysans qu'il devait commander.

Déjà près de quatre mille hommes enrégimentés sont soumis à ses ordres, et chaque jour voit s'augmenter le nombre de ses partisans, lorsqu'il apprend que le détachement envoyé de Bourges par Desenfant, arrive à Châteauroux, et se dispose à marcher contre lui.

Dupin à cette nouvelle, se hâte de concentrer ses troupes dans une forte position, qu'en habile tacticien il a su choisir auprès de Palluau, et emploie les moyens les plus persuasifs pour les engager à opposer à l'ennemi une vigoureuse résistance.

Les effets ne tardèrent pas à prouver qu'il suffit toujours de savoir bien conduire des Français pour leur inspirer du courage. Les républicains trouvèrent les paysans berrichons rangés en ligne de bataille, et préparés à les bien recevoir ; mais méprisant une armée qu'ils regardaient comme un ramas d'hommes étrangers à l'art militaire, ils se jetèrent sur eux à l'étourdie, s'imaginant qu'ils allaient fuir à la première décharge. Combien ils se trompaient ! les Berrichons essuyèrent leur feu sans se déconcerter, et, tirant à leur tour, ils les surprirent par leur audace, et les forcèrent à se replier pour réparer le désordre qu'à leur grand étonnement ils voyaient dans leurs rangs. Honteux d'être repoussés par des paysans qui n'avaient pour armes que des fusils en mauvais état, les soldats de Canuel, de Devaux et de Desenfant arrivent deux fois à la charge, et deux fois inutilement.

Présent partout, vous eussiez cru que Dupin possédait l'art de se multiplier, tant était grande la promptitude de ses mouvemens, et la vitesse avec laquelle excitant, encourageant, haranguant les royalistes, il fesait passer dans leur âme l'énergie dont la sienne était pénétrée ! enfin une troisième charge eut lieu, et les républicains se précipitèrent avec tant de fureur sur les insurgés, qu'ils furent enfoncés et contrains d'abandonner un champ de bataille également couvert de morts et de mourans des deux partis.

C'est en vain que Dupin avait pu rallier ses soldats un peu au-delà de Palluau : poursuivi par les républicains, il fut acculé sur les bords de l'Indre, et attaqué avec vigueur. Devant lui se trouvait l'ennemi, derrière lui était la rivière qu'il ne pouvait espérer de passer faute de ponts et de moyens de transports ; vaincre ou mourir était donc la seule ressource qui restait aux malheureux royalistes, ils le sentaient, et se battirent avec la rage du désespoir. Mais que pouvaient désormais les Berrichons affaiblis par le dernier combat? Un grand nombre fut taillé en pièces, plusieurs se noyèrent dans l'Indre, en cherchant à la traverser à la nage; d'autres, plus heureux, réussirent à se sauver par des sentiers qu'eux seuls connaissaient; et, le reste, au nombre de près de cinq cents, parmi lesquels se trouvait le chef du rassemblement Dupin, qui, dans cette journée mémorable donna de nombreuses preuves de courage et d'habileté, tombèrent au pouvoir des *bleus*.

Ainsi se termina cette lutte inégale qui n'offrit qu'une seule fois, et faiblement encore, l'image d'un combat soutenu; dans laquelle d'infortunés paysans, des pères de famille, plus dignes de pitié que de courroux, égarés par le fanatisme nobiliaire et sacerdotal, trompés au nom d'un Dieu de qui émane toute vérité, arrachés aux travaux agricoles, aux habitudes domestiques, furent dupes d'un zèle trop ardent pour une cause alors désespérée, et sacrifiés à des intérêts qui n'étaient pas les leurs.

Ces événemens ruinèrent le plan d'insurrection générale dont Rochecotte était l'auteur, et lui-même reconnaissant l'impossibilité du succès, prit sagement le parti de renoncer à ses projets et de s'expatrier. Le pays situé entre la

Loire et la Seine cessa de redouter les chouans, on voyagea sans craindre d'être attaqué sur les grandes routes ; les soldats de la patrie, garnison ambulante, ne se virent plus hissés en sentinelles perdues sur l'impériale des diligences, les torches de la guerre civile s'éteignirent dans le Morbihan, la Manche, le Calvados et l'Orne; on oublia la révolte organisée dans le Mont-Blanc, et celle qui avait éclaté dans l'immense contrée renfermée entre Tours, Châteauroux et Nevers fut, et est encore aujourd'hui comme si elle n'avait jamais existé.

Libre désormais de toute inquiétude au sujet du nord-ouest, de l'ouest et du sud-ouest de la France, le directoire porte ses regards au-delà des Alpes, regards avides qui doivent donner un démenti formel à ce vers d'un de nos tragiques :

Le ciel pour les Français n'a point fait l'Italie.

On compte pour rien les leçons du passé ; les désastres de Charles VIII sont effacés de tous les souvenirs ; on a perdu de vue et l'enlèvement projeté de ce prince par les Suisses à propos d'un traité signé avec Ludovic ; on ne se rappelle plus et le sort des Français dans le royaume de Naples, et les manœuvres ténébreuses et l'éloquence entraînante du cardinal de Sion auprès de misérables montagnards qui regardèrent Louis XII comme leur tributaire ou leur caissier : les lauriers de Ravenne, le triomphe de Marignan effacent la honte de la Bicoque et les revers de Pavie.

Bonaparte est nommé général en chef. Arrivé à Nice, il prend le commandement de l'armée. Il s'attache d'abord à gagner le cœur du soldat, et à capter la confiance et l'estime des généraux employés sous ses ordres. Après avoir pourvu aux besoins les plus indispensables des troupes, et pris connaissance des positions de l'ennemi, il ouvre la campagne, et remporte à Montenotte une victoire signalée sur les Autrichiens commandés par Beaulieu. L'ennemi perd de quatre à cinq mille hommes, dont moitié demeurent prisonniers.

Nouvelle victoire à Millesimo. On fait à l'ennemi huit mille prisonniers, au nombre desquels est le général Provéra.

Victoire de Dego. L'ennemi perd encore deux mille hommes.

Victoire de Mondovi. L'ennemi perd dix-huit cents hommes, dont treize cents prisonniers. On s'empare de vingt drapeaux, parmi lesquels quatre des gardes du corps du roi de Sardaigne. Ce prince demande la paix au directoire. Bonaparte lui accorde un armistice, et occupe Coni, Ceva, Tortone et toute la partie du Piémont en de-çà de la Stura et du Tanaro.

Les Français passent le Pô, à la poursuite de Beaulieu, et le battent ensuite à Fombio.

Le général en chef accorde une suspension d'armes au duc de Parme, qui demande aussi la paix au gouvernement français.

Bataille de Lodi. L'armée française passe l'Adda sur un pont de cent toises, défendu par trente pièces de canons autrichiens, et en prend vingt. L'ennemi perd trois mille hommes, tant tués que blessés ou prisonniers. Beaulieu fuit avec les débris de son armée. Pizzighitone se rend aux vainqueurs, et Bonaparte écrit : « Toute la Lombardie appartient à la république française. » Six semaines enfin sont à peine écoulées, et déjà le duché de Modène, une partie des états vénitiens, le Bolonnais, le Mont-Ferrat, le Piémont et le duché de Parme ont changé de maître.

Forcés que nous sommes par la nature et le

titre même de cet ouvrage d'en serrer la matière, nous n'avons pu qu'esquisser sommairement la longue série des premières victoires en Italie, que nous avons annoncées comme une promenade militaire. Quel eût été en effet le terme de notre narration, si, entrant dans tous les détails, et peignant à grands traits les belles actions de nos guerriers, nous avions minutieusement accordé à chacun d'eux la part de gloire qui lui revient de droit. Il nous aurait fallu remonter à l'époque où, victorieuse de Jourdan et de Pichegru, l'Autriche avait senti qu'il lui importait de tourner son attention vers l'Italie, menacée par la défaite de ses généraux à Loano ; rappeler les trois mois d'hiver employés par elle à concentrer et à accroître ses moyens de défense ; montrer ses agens, suscitant au directoire de nouveaux ennemis ; les rois de Sardaigne et de Naples, le chef de l'Église lui-même, mais qui, cette fois, n'en fut pas quitte pour des prières, des indulgences gratuites et des distributions d'*agnus*, entraînés dans une nouvelle coalisation ; les ducs de Parme et de Modène, trop voisins du théâtre de la guerre pour s'exposer aux dangers d'une déclaration publique en fournissant des troupes, voulant au moins prouver leur zèle par des contingens en argent et en munitions ; Gênes et Venise retranchées derrière la politique, toujours vile, toujours lâche, toujours odieuse et criminelle, quel que soit son but, attendant l'événement; établir d'une manière invariable, à l'aide de contrôles fixes, les forces décuples de l'ennemi ; faire connaître enfin le successeur de Dewins, Beaulieu, qui se croit déjà à la tête de plus de deux cent mille hommes. Vieillard délirant, parce que dans les campagnes précédentes, et surtout à la bataille de Fleurus, il a par une conduite courageuse et quelques actions d'éclat donné une haute idée de ses talens militaires, les vues les plus gigantesques exaltent son imagination. Déjà chassés par lui, des conquêtes qu'ils ont faites l'année précédente, les républicains repassent les Alpes ; c'est, à l'entendre, l'entreprise la plus facile et la moins digne de ses efforts. Bientôt, à son tour, descendant des montagnes, jadis si audacieusement franchies par Annibal, et depuis plus audacieusement encore par les vainqueurs de Marengo, il pénètre en conquérant dans le midi de la France. Les troupes, qui fuient au seul bruit de son nom, se trouvent dans un état de dénuement si complet, et sont si faibles, comparativement avec l'armée coalisée, que toutes les chances de succès favorisent les alliés.

Telles étaient au moins les espérances dont il se repaissait incessamment et qu'il s'étudiait à faire partager au cabinet de Vienne et aux puissances de l'Italie.

Le voile est déchiré ; le prestige a disparu, l'ange exterminateur a sonné la défaite de Beaulieu, et la journée de Montenotte apprend au présomptueux Autrichien qu'il a trouvé son vainqueur dans un jeune homme à peine connu parmi les généraux français ; mais hâtons-nous de dire que ce jeune homme avait sous ses ordres des troupes aguerries, pleines d'audace, de courage, de confiance en leurs chefs, et, pour les commander, Berthier, Laharpe, Masséna, Augereau, Cervoni, Joubert, Ménard, Serrurier, Causse, Victor, Lanusse, etc., parmi lesquels se trouvait Despinois, célèbre dans Milan par une proclamation brûlante de républicanisme, sans compter une foule de braves, novices encore au métier des armes, qui n'attendent que l'occasion de développer leurs talens, et dont les hauts-faits fatigueront et le burin de l'histoire et les trompettes de la renommée.

C'est ici qu'il faut voir le doigt de Dieu, et se soumettre respectueusement aux décrets de l'éternelle providence! deux d'entre eux, ceignant le bandeau royal, montèrent sur le trône et donnèrent des lois, l'un à la Sicile, l'autre aux petits-fils des anciens sujets de Gustave-Wasa, de Christine et de Charles XII, qui le reconnurent pour leur souverain légitime, après toutefois qu'il eut abjuré la religion de Rome pour embrasser celle que l'on suit en Suède.

Quoique Bonaparte n'ait guère que trente-quatre mille hommes à opposer aux soixante mille que commande Beaulieu, il n'en annonce pas moins le dessein de reprendre l'offensive, et de pousser la guerre avec toute l'activité dont est susceptible la valeur française.

Colli avait proposé à Beaulieu de rassembler le gros de son armée aux sources de la Bormida, et d'attaquer les hauteurs de San-Giacomo et d'Altare, afin de culbuter la gauche des Français, et de couper leur droite; mais informé que Laharpe s'avançait de Voltri sur Gênes, et que l'avant-garde de sa division occupait déjà San-Pietro d'Arena, un des faubourgs de la ville, Beaulieu rejeta l'avis de Colli, et se rapprocha de la mer pour communiquer plus facilement avec l'escadre anglaise qui croisait devant le port.

Digne émule de l'Angleterre, qui ne s'est jamais battue à forces égales, ni sur l'Océan, ni dans l'ancien, ni dans le Nouveau-Monde, l'Autriche commence les hostilités. Beaulieu met en mouvement son aile gauche, qu'il partage en deux colonnes. Pittony, à la tête de la première, prend la route de Conegliano, et marche sur Voltri; Sebottendorf, qui commande la seconde, quitte Ovada, prenant la même direction, passe par Campo-Freddo et Masone.

Cervoni est attaqué dans ses positions : canonné sur sa droite par les chaloupes anglaises, et tourné par sa gauche, il rejoint Laharpe à la Madona di Savone. Deux bataillons, que le général en chef a prudemment disposés sur les hauteurs de Varaggio, viennent à son secours et protègent sa retraite.

L'occupation de Voltri donnait à Beaulieu l'avantage de rétablir ses communications avec Gênes et la mer; mais ce succès, prévu par

Bonaparte, n'eut pas, pour le général ennemi, le résultat qu'il s'en était promis.

Habile à profiter de cet événement, Bonaparte prend la résolution de diriger vers le centre des alliés la masse de ses forces réunies depuis Altare jusqu'à Montenotte ; et, tandis que Beaulieu, qui s'était rendu à Voltri pour conférer avec Nelson sur les opérations ultérieures, y était à peine arrivé, le canon, dans les deux armées, se fait entendre sur tous les fronts de bandière.

Le général français avait senti la nécessité de frapper un coup décisif, dès l'ouverture de la campagne, et c'était là le motif qui lui avait fait rassembler la presque totalité de ses troupes sur un même point. Beaulieu s'aperçut alors de la faute qu'il avait commise en affaiblissant le centre de l'armée coalisée, et déjà même le peu d'opposition qu'il avait rencontré à Voltri, lui avait fait connaître qu'un grand effort aurait lieu dans les montagnes, et que le mouvement sur Gênes n'était pas aussi sérieux qu'il l'avait d'abord présumé. Il s'empressa donc d'envoyer des renforts vers l'endroit attaqué, et de s'y rendre lui-même ; mais il était trop tard.

D'après les instructions qu'il a reçues, Argenteau, suivi de douze mille hommes, s'avance contre la division qu'il sait occuper les hauteurs de Montenotte et de Monte-Legino. Le combat commence à quatre heures du matin. Argenteau réussit à enlever assez rapidement les positions d'avant-garde ; un seul obstacle se présente : c'est la redoute de Monte-Legino, dernier retranchement de la ligne, et que commande l'intrépide Rampon, dont plus tard la peinture, animant la toile, rendra l'héroïque valeur, en l'offrant debout au milieu des braves que son exemple encourage, à la reconnaissance comme à l'admiration publiques, alors que, fils de la victoire et fruit de la conquête, nos musées, nos cabinets et nos bibliothèques ne seront point encore devenus l'illégitime proie du rapace étranger qu'a soldé l'Angleterre.

Douze cents Français sont attaqués par la brigade entière de Rocavina. A la vue des forces supérieures qui le menacent, et par un de ces élans qui caractérisent une âme grande et généreuse, Rampon fait prêter à sa troupe le serment de mourir dans la redoute avant que d'y laisser pénétrer les assaillans. De longues files d'Autrichiens tombent renversées par la mitraille que vomit l'artillerie, et la grêle de balles qui les couvrent de toutes parts. Impassible, Rocavina n'est point effrayé de tout ce carnage ; ces pertes le touchent peu, et, ne pensant qu'aux premiers avantages qu'il a obtenus, il presse sa marche et arrive au pied du retranchement. Tout est prêt pour l'assaut. Les palissades cèdent aux efforts de ceux qui les ébranlent, et la redoute va être enlevée, lorsque, transportés d'un nouvel enthousiasme, les Français, électrisés par leur digne colonel, s'écrient unanimement, et d'une voix éclatante : « Mourons tous dans ce poste ! »

Les munitions leur manquent. Le feu vif et soutenu qu'ils ont fait sans interruption, a vidé les gibernes et épuisé jusqu'au dernier paquet de cartouches en réserve dans les poches; mais, à défaut de poudre et de plomb, la baïonnette leur reste : nul ne recule. Ils se serrent en masse, et présentent un front menaçant. La barrière d'acier qu'ils opposent devient plus formidable que des bastions dont les boulets défendent l'approche. Vainement Argenteau a paru lui-même, pour ajouter, par sa présence, à l'ardeur du soldat; les baïonnettes françaises, teintes du sang autrichien, ont repoussé la plus impétueuse agression, et l'attaque se serait prolongée jusques dans la nuit avancée, si, frappé du grand nombre d'hommes qu'il avait perdus, Rocavina n'eût fait cesser une tentative désastreuse, et pris position en arrière de la redoute.

Tandis que Rampon et les glorieux restes du bataillon de la vingt-unième et des trois compagnies de grenadiers de la cent dix-septième demi-brigade, goûtent, et toujours sous les armes, quelques instans d'un repos qu'ils doivent à leur courage, et à l'épuisement de l'ennemi, Bonaparte prend des mesures efficaces pour rendre nulles les nouvelles entreprises de l'ennemi, et faire succéder au triomphe de Montenotte, les immortels lauriers que cueille son armée à Millesimo, à Déjo, à Vico, à Mondovi, au passage du Pô, à Fombio, à Lodi, à Milan, aux rives du Mincio, à Borghetto, à Vérone et à Peschiera.

CHAPITRE CINQUIÈME.

AFFAIRE D'ALTENKIRCHEN.

I. Pendant que l'armée d'Italie poursuivait ses succès, l'armée de Sambre-et-Meuse, aux ordres de Jourdan, se préparait à offrir au monde de non moins étonnantes merveilles. L'armistice est rompu; le Rhin voit réunie sur ses bords une masse de près de trois cent trente mille hommes, également disposés à combattre. Le soin de diriger les troupes destinées à agir sur la rive droite du fleuve, est confié à Kléber. Ce général passe l'Agger, s'avance sur la Sieg et rencontre la première avant-garde ennemie qu'il combat et met en déroute. Lefebvre se rend maître du pont de Siegberg; malgré la vigoureuse résistance des bataillons chargés de le défendre. Il est vaillamment secondé par Collaud, et tous deux, pressant et sur le front et sur le flanc gauche les avant-gardes autrichiennes, les contraignent à se replier sur Kerath, où elles trouvèrent un détachement amené à leur secours, d'Altenkirchen, par le duc de Wurtemberg. La perte de l'ennemi fut considérable, et la cavalerie française poursuivit les Autrichiens jusques au défilé du Wart.

Des deux côtés les vedettes s'observent, et des reconnaissances sont poussées pour s'assurer des positions respectives. Elles donnent lieu à quelques affaires insignifiantes entre des tirailleurs ; mais Kléber a pris la résolution d'attaquer sérieusement le duc de Wurtemberg, et le duc de Wurtemberg sera attaqué et vaincu, quoique le poste qu'il occupe soit naturellement très-fort, et rendu plus formidable encore par les ouvrages dont on l'a entouré.

A quatre heures du matin, le corps de Kléber se met en mouvement, et part de Jungrath pour attaquer l'ennemi. Lefebvre marche en tête ; Colland le suit, à une demi-lieue de distance, et prêt à le soutenir dès qu'il aura commencé le feu. Brunet, Soult, Prost, Leval, d'Hautpoult et Ney conduisent les colonnes. L'attaque est ordonnée, le canon se fait entendre; et les Français fondent sur les Autrichiens avec cette ardeur et cette intrépidité dont ils ont donné tant de preuves dans les campagnes précédentes.

La cavalerie de Lefebvre traverse le ravin devant Altenkirchen, et disperse les escadrons qui lui sont opposés. Cette charge brillante, où d'Hautpoult est blessé à l'épaule, produit l'effet le plus avantageux. Frappée en effet d'une sorte de stupeur, l'infanterie autrichienne fait un mouvement pour se retirer; mais d'Hautpoult la gagne de vitesse, charge avec vigueur ces fantassins déjà ébranlés, et les force à s'arrêter et à mettre bas les armes.

Kléber nomme Richepanse sur le champ de bataille, général de brigade. Blessé au bras d'un violent coup de sabre, et ayant eu deux chevaux tués sous lui, Richepanse s'était élancé sur celui d'un chasseur, et avait continué de se battre avec la plus rare intrépidité.

Soult, de son côté, s'avance sur Kroppack, afin de tenir en échec la réserve du duc de Wurtemberg, et trop faible pour s'exposer aux chances d'un engagement sérieux, il se borne à empêcher cette réserve de secourir les troupes entamées par Lefebvre, et, par cette conduite prudente, contribue au succès de cette journée, où l'Autriche perdit trois mille hommes tués, blessés ou prisonniers, et où les Français s'emparèrent de quatre drapeaux, de douze pièces de canon, d'une grande quantité de caissons, et de la meilleure partie des équipages du corps du duc de Wurtemberg.

Kléber affirma dans son rapport que la perte des Français ne s'était pas élevée au-dessus de cent vingt hommes, tout compris; et c'est probablement de cette époque que devrait dater l'invention des bulletins officiels, dont on a fait depuis un si bel usage, si Quinte-Curce, dans son historique roman des exploits d'Alexandre-le-Grand, n'avait le premier, donné le sot et ridicule exemple d'un écrivain assez passionné pour ne pas voir qu'en exagérant, soit l'ineptie, soit le manque de courage du vaincu, il porte, par cela même, à la gloire du vainqueur les plus funestes atteintes.

A la tête d'un détachement volant, Ney tourne les Autrichiens par la gauche, passe la Wiedbach, et se jette sur les communications ennemies. Plusieurs fois entouré par les troupes légères, il les repousse et s'empare même de Dierdorf, où il trouve, ainsi qu'à Montabau, d'immenses magasins d'approvisionnemens.

L'avantage remporté à Altenkirchen, fut suivi des combats de Wetzlar et d'Uckerad; mais les Français, malgré la bravoure qu'ils montrèrent dans ces deux actions, ne furent pas heureux, et Jourdan, forcé de battre en retraite, ne tarda pas à se retrouver sur les bords du Rhin, dont Bernadotte protégea le passage avec toute la cavalerie de trois divisions, et la trentième demi-brigade que commandait Darnaud.

Les premières opérations de l'armée de Rhin-et-Moselle amenèrent l'affaire de la Rehbach, que les Français franchirent, ayant de l'eau jusques à la ceinture, et sous le feu le plus vif. Voulant masquer son projet de passer le Rhin à Kehl, Moreau avait cru devoir faire une tentative sur les positions retranchées de Wurmser, dans lesquelles ce général se confiait entièrement.

La division Delmas marche sur trois colonnes. Neuhoffen est emporté de vive force; un corps de croates, culbuté et mis en déroute se retire au-delà de la ferme de Kolhof; Desaix pénètre jusque dans la plaine de Mutterstadt, où il repousse la cavalerie ennemie; Beaupuy s'avance par la grande route de Neustadt à Manheim, et trouve, en avant du village de Danstadt, cette route défendue par de fortes batteries et des inondations très-profondes. Ces obstacles toutefois, n'arrêtent point l'ardeur et la bravoure du soldat; ils sont surmontés; et les Autrichiens, chassés de tous les retranchemens formés pour protéger les inondations, se retirent par échelons, sur le village de Rheingenheim, sous la protection d'un camp retranché, et avec une perte de six à sept cents hommes tués ou blessés, et deux ou trois cents prisonniers de guerre.

Quelques personnes ont blâmé Moreau de n'avoir pas poussé plus loin l'avantage qu'il venait de remporter sur la Rehbach; mais ceux qui lui ont fait ce reproche, n'avaient pas réfléchi que son but était de donner le change à l'ennemi sur ses véritables intentions : et d'ailleurs, il avait attaqué les Autrichiens assez vigoureusement, pour que ces derniers pussent croire l'entreprise sérieuse. Moreau, au reste, en cherchant à forcer les retranchemens devant Manheim, ne pouvait plus s'occuper exclusivement du projet bien plus important qu'il méditait, le passage du Rhin, un peu au-dessus de Kehl.

Déjà l'on s'occupe avec activité des préparatifs de cette expédition. On pense à la facilité que l'on a de pouvoir rassembler secrètement dans Strasbourg tous les bateaux et agrès nécessaires, et de les conduire par eau le long du canal de navigation jusque dans le bras Mabille, et de là, dans le grand canal du Rhin, circonstance qui avait déterminé le choix de ce passage.

Cependant de nombreux obstacles se présentent à la réflexion. Pour arriver à la terre ferme, les troupes ne pourront aborder qu'à des îles marécageuses et très-fourrées, et il leur restera encore à traverser différens petits bras non guéables, et à déboucher dans une plaine coupée de digues et de fossés, que l'ennemi devra nécessairement faire servir à sa défense.

On cherche, pour empêcher les Autrichiens de réunir contre l'attaque principale des forces capables de culbuter les premières troupes, quatre endroits au-dessus et au-dessous de Kehl. On veut y faire des débarquemens peu nombreux, dont les mouvemens et l'artillerie inquiètent l'ennemi, et le mettent dans l'incertitude du point où il doit diriger ses forces. On en désire aussi d'autres intermédiaires, d'où l'on puisse faire diversion par des attaques moins importantes. Il faut enfin que les lieux de débarquement soient tels, que les bateaux arrivent par eau, à l'abri de quelques îles protectrices, et sans être aperçus par l'ennemi. Il était difficile de faire marcher d'ensemble tant de conditions essentielles au succès de l'entreprise : aussi ne fut-ce qu'après un grand nombre de reconnaissances pénibles et minutieuses qu'on parvint à asseoir une détermination fixe et définitive.

On décide que la fausse attaque supérieure aura lieu vis-à-vis le village de Messenheim. Les bateaux provenant de la rivière d'Ill, et les nacelles nécessaires, pourront y être conduits d'Erstein, par la rivière de Graffst, qui communique de l'Ill au Rhin par un bras de ce fleuve, qui sépare l'île de Schaffley de celle du Point-du-Jour. C'est dans ce bras même qu'embarqueront les troupes.

Les embarcations destinées à l'attaque principale de Kehl, viendront de Strasbourg, doubleront facilement la pointe de l'île des Épis, traverseront de là le grand Rhin, et se jeteront sur les îles de la rive droite qui, très-rapprochées, ne se trouvent séparées du continent que par d'étroits intervalles.

Tout est également prévu pour l'attaque inférieure, qui, quoique secondaire, a pour but de porter sur la rive droite un corps de dix mille hommes, chargés d'occuper la route de Rastadt, et d'intercepter les secours que l'ennemi pourrait recevoir du Haut-Rhin; et, pour attirer, ou plutôt pour diviser l'attention des Autrichiens par un grand feu d'artillerie, afin de retarder la réunion de leurs forces contre les points principaux, des démonstrations auront lieu, et on tirera du canon sur toute la ligne, depuis Huningue jusques à Herdt.

Abatucci, Decaen, Montrichard et Bellavesne restent à Strasbourg pour être à portée d'étudier encore mieux les localités, et pour accélérer les préparatifs de l'expédition. Indépendamment de tous les moyens dont ces officiers s'étaient entourés pour en assurer le succès, la disposition de l'armée autrichienne, disséminée çà et là, en petits postes le long du Rhin, et le corps de Condé, dispersé entre Vieux-Brisach et Kappel, favorisaient encore singulièrement ce projet de passage.

Afin de tenir toujours l'ennemi occupé devant Manheim, et lui faire croire que l'armée tout entière était encore près de lui, Moreau ordonna une forte reconnaissance contre le camp retranché de la tête du pont, et y employa un nombre considérable de troupes qu'il fit soutenir par un feu d'artillerie des plus vifs et des mieux nourris.

Foudroyée par la mitraille, la cavalerie autrichienne chercha son salut dans la fuite ; l'infanterie française prit tout ce qu'elle attaqua ; la démolition des redoutes emportées de vive force fut sur-le-champ ordonnée par les généraux, et toutes les troupes ennemies, qui campaient en dehors de leurs lignes, y furent rejetées en désordre.

Cependant on fait partir de nuit, pour les environs de Strasbourg, les brigades destinées aux premiers embarquemens qui doivent opérer le passage du Rhin ; et toujours, afin de tromper l'ennemi, et de garder dans son entier le mystère de l'entreprise, ces troupes ont, en apparence, l'ordre de se rendre en Italie. Enfin, pour rendre cette nouvelle plus vraisemblable, on a soin de faire préparer leurs vivres sur la route de Besançon.

Moreau était tellement convaincu que le succès dépendait du secret le plus inviolable, que les chefs et les généraux eux-mêmes ignoraient la cause véritable de ces mouvemens. Le départ et la marche des colonnes, étaient calculés et combinés de manière que les différens corps devaient tous arriver près de Strasbourg, le même jour et à la même heure, au soir. Les troupes employées à la reconnaissance du camp retranché de Manheim, se mirent elles-mêmes en marche, aussitôt après l'action, pour rejoindre celles qui étaient parties la nuit précédente, et se rendre à la même destination.

Tout à coup les portes de Strasbourg sont fermées, et l'on s'occupe en toute hâte des derniers préparatifs, différés jusques alors, pour que le secret en fût plus sûrement gardé. On expédie d'abord les embarcations destinées aux fausses attaques, et on les dirige sur les points où elles doivent se rendre.

On compte au polygone et sur les glacis de la citadelle seize mille hommes, aux ordres de Férino, et douze mille, près de Gambsheim, sous le commandement de Beaupuy. Moreau nomme Desaix chef de l'expédition.

Tout s'ébranle : déjà les embarcations ont filé hors de la ville par le canal de navigation, et sont arrivées à l'écluse du Péage. Le second bataillon de la cinquième demi-brigade d'infanterie légère et le premier de la seizième montent les premiers bateaux. Un ordre admirable préside à cette opération : la bonne volonté du soldat, la gaîté française et l'ardeur des chefs sont du meilleur augure.

Cependant le canon des fausses attaques (inférieure et supérieure) se fait entendre, et l'on craint que cette circonstance, en donnant l'éveil aux postes de la rive droite, n'augmente le danger des premiers abordages. Mais l'effroi qu'éprouvent les avant-gardes autrichiennes, à l'aspect des Français, démontre bien vite qu'ils étaient loin de s'attendre à cette surprise qui les jette dans le plus grand étonnement.

Enfin les bateaux légers étant complètement chargés, Desaix donne le signal du départ. Ils remontent le long de la rive gauche, jusque vers la batterie de Custine, pendant qu'on continue à remplir les grosses barques qui doivent les suivre, et les soutenir, et qui elles-mêmes se mettent en marche à mesure qu'elles ont reçu leur poids.

On traverse le Rhin, on touche la rive qui regarde l'Alsace, précisément aux points respectifs qui avaient été désignés. Le bonheur égale l'adresse; pas une seule avarie, pas un seul bateau ne chavire, nul dont on ait à regretter la perte.

Quoique le canon des fausses attaques gronde dans toutes les directions des Haut et Bas-Rhin, les troupes de Souabe, loin de se tenir sur leurs gardes, ne se laissent pas moins surprendre. Les Français sautent à terre, avec leur audace accoutumée, sans tirer un coup de fusil, et emportent à la baïonnette les postes ennemis qui n'ont que le temps de faire leur première décharge et de prendre la fuite. L'effroi qui les saisit est tel, qu'ils ne songent pas même à couper le petit pont de communication qui se trouve sur le bras du Rhin, et qui sépare encore les républicains de la terre ferme.

Deux mille cinq cents Français environ occupent la rive droite; mais pour s'y maintenir, il faut enlever les deux redoutes du Cimetière, et des Trous-de-Loup (cette dernière ainsi nommée, parce qu'elle est ouverte à sa gorge et entourée de trous-de-loup, espèce de fosse ronde et creuse au milieu de laquelle sont plantés des pieux aiguisés par le bout), et soutenir le choc des troupes que l'ennemi détachera infailliblement du camp de Wilstadt pour essayer de les culbuter.

On prépare un pont volant; mais en attendant son entière confection, retardée par la hauteur des eaux et la rapidité du fleuve, Desaix rappelle sur la rive gauche, pour opérer un second débarquement, les bateaux qui ont servi au premier; et cette manœuvre procure aux Français le moyen de doubler leurs forces, par les convois successifs de ces barques de transport.

Dès que Desaix juge que les troupes qu'il a réunies sont assez nombreuses, il les dirige sur Kehl, place alors démantelée. La redoute du Cimetière est emportée presque sans coup férir; mais l'attaque de celle des Trous-de-loup sera plus sérieuse. Quoiqu'elle ne soit défendue que par trois cents hommes d'infanterie et cinq pièces de canon, son commandant, le brave Raglowich débute par un feu roulant soutenu auquel les Français répondent avec une vivacité égale, et ces derniers ne restent maîtres du terrain qu'après avoir perdu beaucoup de monde.

Les Autrichiens n'opposent plus qu'une résistance presque nulle; Condé, avec sa cavalerie, charge une compagnie de grenadiers; mais il est repoussé avec perte et obligé de se retirer. Les tirailleurs se portent alors sur le village et le fort de Kehl, et en chassent l'ennemi qui songe à peine à se défendre. Ils s'emparent du vieux pont, que les troupes de Souabe ont négligé de détruire, et la petite redoute de l'Étoile, sur la Kintzig, tombe également en leur pouvoir. Maîtres de tous les postes, les Français poursuivent l'ennemi sur la route d'Offenbourg, et la communication entre les deux rives est solidement établie et assurée au moyen d'un pont jeté sur le Rhin, consistant en quarante-sept bateaux, dont trente sur le grand courant, et dix sur le bras de Kehl.

DÉSASTRE DE LUGO.

II. Mantoue investie, faute de l'attirail nécessaire pour en former le siége régulier; Bonaparte appelé à développer toute l'activité de son génie dans une contrée où l'on ne reconnaissait plus l'esprit qui y régnait aux quinzième et seizième siècles; les noms des Médicis, des Sforce, des Borgia, des Farnèse, des Urbins en quelque sorte effacés de tous les souvenirs; les descendans de ces grandes maisons dégénérés dans les loisirs d'une longue paix, oubliés ou méconnus; la splendeur du commerce éclipsée; Rome, Rome elle-même, ne pouvant plus offrir à l'admiration des voyageurs que ses imposantes antiquités, ses musées, ses ruines parlantes, et son délicieux climat; les sciences, cultivées avec assez de succès, d'une manière cependant moins remarquable qu'en France et en Angleterre; la politique de Machiavel négligée, mais remplacée par la dissimulation, fille du cloître et de l'état de servitude, et à laquelle le peuple s'était façonné sous une longue succession de maîtres et de conquérans étrangers; la population peu capable de cette énergie qui repousse l'invasion et surmonte les obstacles; le fanatisme ravalant l'homme au niveau de la brute, telle était alors l'Italie, et la moindre occasion, le plus frivole prétexte auraient peut-être suffi pour allumer l'incendie, si la conduite des Français, et surtout le respect que leur général en chef affectait pour l'opinion dominante, n'avaient paralysé dans l'esprit des Italiens les premières impressions communiquées par les nobles et les prêtres.

Cependant la classe moyenne des citoyens, par conséquent la plus instruite, commençait à se persuader que l'armée française pouvait bien être venue, en effet, dans le dessein d'établir la liberté en brisant les entraves imposées par le despotisme et la superstition des successeurs du peuple-roi. L'imagination des fiers Lombards s'était exaltée par la communication avec les républicains, et ces derniers avaient acquis un grand nombre de partisans ; mais la masse du peuple, plus attachée à ses préjugés, se refusait toujours à calculer les avantages qui pouvaient résulter pour elle du nouvel ordre de choses, et si la présence et les derniers succès des Français avaient été seuls capables de contenir ces nombreux auxiliaires des ennemis déclarés de la révolution dans cette partie de l'Italie, Bonaparte avait toujours à redouter les effets de la haine que portaient à ses soldats les habitans fanatisés des contrées où l'armée n'avait pas encore pénétré, et où les préjugés subsistaient dans toute leur force. Venise, Naples et Rome, étaient les trois états qui renfermaient le plus d'ennemis de la France républicaine. C'était aussi ceux de toute l'Italie où l'ignorance crasse, l'aveugle superstition, 'aristocratie et le despotisme exerçaient un empire plus absolu.

Les fiefs impériaux se révoltent; on les pacifie. Des arrangemens sont pris avec Naples, Rome et la Toscane; Livourne est occupée, plus de quarante bâtimens anglais seraient tombés au pouvoir des Français, si des espions n'avaient pas surpris le secret de l'expédition. Une seule frégate était encore dans le port, et si Vaubois et Murat eussent mis plus de célérité dans leurs mouvemens, ils s'en seraient infailliblement emparés.

La capitulation du château de Milan suit de près la prise de Livourne. En vain Lami demande une suspension d'armes pour instruire son gouvernement de la situation où il se trouve. Despinois renvoie pour toute réponse, une capitulation, avec injonction de l'accepter sur-le-champ, si la garnison veut éviter d'être passée au fil de l'épée. Cette menace produit l'effet attendu, et Lami s'empresse d'acquiescer à la demande impérative du général républicain, qui, par un article exprès, exige que les déserteurs et les émigrés, présens dans la place, seront livrés aux Français.

Un incident fâcheux, dont les résultats furent terribles, et dont le récit même fait encore frémir d'horreur, vint troubler l'espoir que donnait à Bonaparte, pour ses entreprises ultérieures, la reddition du château de Milan. Au moment où il allait se rendre au camp devant Mantoue, il reçut la nouvelle que, au mépris de l'armistice demandé et obtenu par le pape, les habitans de la Romagne s'étaient insurgés, et s'étaient portés, envers les Français, aux plus horribles excès. Lugo était leur place d'armes, et ils avaient fait précéder la levée de boucliers par la proclamation suivante :

« Les circonstances critiques dans lesquelles se trouve le peuple lugois, par l'invasion des Français dans l'état pontifical, l'enlèvement des subsistances, les insultes faites aux personnes, l'ont porté à prendre les armes pour la défense de ses saints protecteurs, du souverain de l'état et de la patrie. Tous doivent concourir au salut commun, dans le commun péril. Il espère que tous, animés par le zèle pour la religion, l'attachement pour Sa Sainteté, leur légitime souverain, et l'amour de la patrie, travailleront de concert au succès d'un si beau dessein, en se rangeant sous les glorieuses bannières de l'Église. »

Promptement instruit de cette invasion, Augereau donne trois heures aux Lugois pour poser les armes, les menaçant, en cas de refus, de mettre leur ville à feu et à sang. Ceux-ci méprisent la menace, et, ayant appris que soixante dragons avec huit officiers se dirigent sur Lugo, ils dressent une embuscade pour les massacrer. Ce premier acte d'hostilité réussit. A un signal convenu, les dragons essuyent un feu très-vif : cinq d'entre eux tombent morts à la première décharge; les autres prennent la fuite. Les têtes des dragons tués sont coupées et portées en triomphe dans Lugo par des forcenés qui ignorent qu'ils promènent l'arrêt de leur propre condamnation. Cet horrible trophée d'une victoire facile est exposé sur la maison commune de la ville.

Les soldats français sont transportés de fureur; tous veulent tremper leurs mains dans le sang des fanatiques assassins. Augereau, cependant, désire essayer encore les voies de la modération. Cappelletti, chargé d'affaires d'Espagne, se rend au foyer de la sédition, et exhorte les habitans de Lugo à la soumission et à la confiance envers l'armée française, disposée à leur pardonner les excès commis; mais il ne peut rien obtenir de ces furieux, égarés par les conseils les plus perfides. Augereau se décide alors à employer la force, et fait filer, sur Lugo de l'infanterie, de la cavalerie, du canon et des caissons bien approvisionnés.

Organisés en bandes, les insurgés, sous la dénomination d'*armée catholique et papale*, sortent de la ville au nombre de plusieurs mille. Les partis sont bientôt en présence. Pourailler, commandant de l'expédition, tente un dernier effort pour épargner le sang des paysans aveuglés, et leur envoie un officier de grenadiers, qu'il charge de leur offrir la paix. Cet officier s'avançait vers eux, lorsqu'il est tout à coup accueilli par une grêle de balles. Ce fut le signal d'une horrible mêlée.

Furieux de l'obstination des Lugois, et de ce dernier acte de trahison, les Français se précipitent sur cette masse de fanatiques, qui se défendent avec intrépidité, animés qu'ils sont par la rage du désespoir, et par la présence de plusieurs ministres de la religion, en habits sacerdotaux, qui se trouvent dans leurs rangs. Ce fut moins un combat qu'une affreuse boucherie : à la fin le désordre se mit parmi eux; une grande partie fut taillée en pièces, et plus de deux mille morts couvrirent le champ de bataille. Les vaincus s'enfuirent vers la ville; mais Pourailler, malgré la perte qu'il avait éprouvée, ne donna point aux fuyards le temps de s'y retrancher.

Tous entrent pêle-mêle dans Lugo, et alors commence un nouveau carnage : la vue des têtes de leurs camarades, encore exposées sur la maison commune, redouble l'animosité des Français, qui se portent à tous les excès de la vengeance. Lugo est livré au pillage pendant trois heures. Les individus rencontrés dans les rues, ou trouvés dans les maisons, sont impitoyablement massacrés; nul enfin n'échappe à la mort que des misérables ont attirée sur cette populace, déplorable victime d'un aveugle fanatisme.

Augereau, pour retenir dans les bornes de la soumission ceux des habitans du Ferrarais et du Bolonais, qu'une vengeance aussi prompte n'aurait point épouvantés, fit publier une proclamation conçue en ces termes :

« Vous venez de voir un exemple terrible : le sang fume encore à Lugo.... Lugo, calme, tranquille, aurait été respectée comme vous : elle aurait joui de la paix. Des mères n'auraient point à pleurer leurs fils, des veuves leurs maris, des orphelins les auteurs de leurs jours ! Que cette épouvantable leçon vous instruise, et vous apprenne à apprécier l'amitié des Français ! c'est un volcan quand il s'irrite ; il renverse, il dévore tout ce qui s'oppose à son irruption. Au contraire, il protège, il caresse quiconque cherche en lui un appui, mais il faut acquérir sa confiance par quelque acte qui lui assure qu'elle ne sera point trahie. Depuis long-temps, et trop souvent, on a abusé de sa bonne foi. Voilà ce que sa sûreté exige maintenant de vous, et ce que j'ordonne en conséquence :

« 1. Toutes les communautés seront désarmées de toute espèce d'armes à feu, lesquelles seront déposées à Ferrare. — 2. Toute personne qui, vingt-quatre heures après la publication de la présente, n'aura pas déposé ses armes à feu, sera fusillée. — 3. Toute ville ou village, où se trouvera un Français assassiné, sera livré aux flammes. — 4. Si un habitant est convaincu d'avoir tiré un coup de fusil sur un Français, il sera fusillé et sa maison brûlée. — 5. Si un village s'arme, il sera brûlé. — 6. Il est défendu de s'attrouper, avec ou sans armes ; tout chef de révolte ou d'attroupement, sera puni de mort. »

La vengeance tirée de la ville de Lugo, et les mesures arrêtées par Augereau, produisirent l'effet désiré. Le calme se rétablit dans les légations de Ferrare, de Bologne, et dans la Romagne ; et les troupes françaises, désormais inutiles au maintien de la tranquillité publique, purent alors rejoindre celles qui étaient rassemblées autour de Mantoue pour en former le siége.

Mobiles comme l'armée dont nous retraçons les hauts-faits, subordonnés aux événemens, quittons un instant l'Italie pour l'Allemagne, et portons notre plume guerrière des bords du Mincio aux champs de bataille de Renchen et de Rastadt.

La Tour, en apprenant la nouvelle du passage du Rhin par l'armée de Moreau, n'avait vu dans ce mouvement qu'une fausse manœuvre dont le but était de faire quitter au gros de l'armée autrichienne les fortes positions que cette dernière occupait dans les environs de Manheim ; mais bientôt détrompé, lorsque de toutes parts on vint lui assurer que l'entreprise des Français avait été sérieuse, il sentit qu'il avait commis une faute de la plus grave conséquence, en laissant la plus grande partie de ses troupes disséminées le long du fleuve, et Frœlich, avec dix mille hommes dans le Brisgaw, tandis que les républicains pouvaient à tout instant écraser le peu de monde qu'ils avaient devant eux.

Déjà maîtres, après un combat opiniâtre, où Starray fut vaincu, de la rivière et de la ville de Renchen, les Français cueillirent de nouveaux lauriers à Rastadt, lauriers toutefois ensanglantés par l'accident arrivé à Bellavesne, que ses talens militaires et ses qualités sociales rendaient cher à l'armée, et qui devint victime du zèle qu'il montra dans cette circonstance. Au moment, en effet, où ce brave fesait les plus grands efforts pour rétablir l'ordre parmi ses troupes découragées, il fut atteint d'un boulet qui le renversa de cheval, et lui emporta la jambe. Nous reviendrons dans le paragraphe suivant, sur les opérations ultérieures de l'armée de Rhin-et-Moselle.

L'armée de Sambre-et-Meuse reprend l'offensive. En attirant sur elle la plus grande partie des forces autrichiennes, et s'exposant à être battue, pour faire triompher une autre armée française, l'armée de Sambre-et-Meuse avait bien mérité de la patrie, et elle ajoutera encore à sa gloire sous les murs de Neuwied.

Séparé de l'ennemi par le fleuve, Jourdan ne pouvait savoir que très-imparfaitement quelles étaient les forces et la position des Autrichiens. Il n'ignorait pas que l'archiduc s'était mis en marche sur le Haut-Rhin ; mais le nombre des troupes qu'il avait emmenées avec lui, et par conséquent celui des régimens restés sur le Bas-Rhin, aux ordres de Wartensleben, lui étaient inconnus.

Quoiqu'il en soit, des ordres sont donnés pour effectuer le passage du Rhin à Neuwied. Championnet réunit sa division en arrière de Weisenthurn, et celle de Bernadotte se rassemble près de Saint-Sébastien. Poncet se place en réserve derrière le château de l'électeur. Cette position rapprochée donne aux Français la facilité de s'embarquer presque au même instant. Finck, qui n'a que cinq mille hommes, est le seul qui puisse opposer d'abord de la résistance ; et Staader, son unique appui, dispose à peine de quelques bataillons.

Plein de confiance donc dans la bonne volonté des troupes, Jourdan comptait sur un succès complet, puisqu'elles étaient composées des mêmes soldats qui avaient déjà franchi le fleuve avec autant d'intrépidité que de bonheur, l'année précédente, à Dusseldorf.

Neuf compagnies de grenadiers de la division de Championnet, s'avancent sous le commandement de Damas, s'embarquent derrière l'île de Weisen-Thian, et abordent à la rive droite du Rhin. Vingt-quatre pièces de canons, placées sur la rive gauche, dans une position favorable, font taire l'artillerie autrichienne, et favorisent le passage. Chanchard saute le premier à terre, s'élance à la tête de trois compagnies de grenadiers, et se précipite au pas de charge dans Neuwied. En vain l'ennemi essaie de résister : les Français culbutent, dispersent les bataillons autrichiens, et Neuwied devient le prix de leur intrépidité. Maréchal réunit sa troupe à celle de Chanchard, et ces deux braves, marchant aussitôt contre une redoute qui appuyait la droite de l'ennemi, la redoute est emportée tandis que Winten attaque, avec non moins de valeur, le village d'Heddersdorf, et s'en empare.

Jourdan avait ordonné qu'on mît à la disposition de Bernadotte assez de bateaux pour transporter, d'une seule fois, au moins huit cents hommes de sa division. Soit erreur, soit négligence de la part de ceux qui furent chargés de rassembler ces bateaux, au moment d'embarquer, ils n'en continrent pas plus de quatre cents. Ce contre-temps pouvait faire échouer l'entreprise ; mais la bravoure et l'intrépidité surent suppléer au défaut de la force numérique.

Quatre cents grenadiers seulement s'embarquent à Saint-Sébastien, sous la conduite de Mireur, et abordent sur la rive droite, malgré le feu de deux pièces de gros calibre, placées dans une redoute en avant de Bendorf. Intrépide, Mireur fait trois colonnes de son détachement. Maison commande celle de droite, et marche sur Bendorf ; il est soutenu par celle du centre aux ordres de Maurin, et Mireur, accompagné de Conroux, aide-de-camp de Bernadotte, se porte rapidement, avec celle gauche, sur la redoute. Dix minutes suffisent aux Français pour enlever le village et la redoute, et les défenseurs de Bendorf cherchent leur salut dans la fuite.

Cependant, revenu de sa terreur panique,

'ennemi, qui s'était aperçu du petit nombre des Français, et auquel cette découverte inspirait quelque confiance, s'était rallié à une faible distance du village, et renforcé de deux bataillons et de quatre escadrons, s'avançait sur Bendorf, dans l'espérance d'accabler les républicains et de les culbuter dans le Rhin.

Attaqués avec fureur, les quatre cents grenadiers de Mireur se défendent pendant six heures, avec une bravoure et un acharnement qui font l'admiration de leurs adversaires, et ils auraient probablement été dépostés, sans les deux pièces d'artillerie dont ils s'étaient emparés en prenant la redoute. Mireur les fait braquer sur les Autrichiens, et Couroux dirige le feu avec tant de justesse, que, tout coup portant, l'ennemi, pris en écharpe, se retire avec une perte qui atteste la belle et valeureuse conduite des quatre cents grenadiers français.

Malheureusement il avait été impossible de rassembler assez de bateaux pour jeter, à la fois, sur la rive droite un plus grand nombre de troupes, et surtout quelques escadrons de cavalerie, car alors il est très-probable, qu'attaqué en même temps, à droite et à gauche, et ne pouvant que difficilement être secouru, le corps entier de Finck aurait été obligé de mettre bas les armes.

Le passage du Rhin à Neuwied fut suivi du combat de Wildendorff, et du passage de la Lahn, dans cinq endroits différens, par Dauriez, à Nassau ; par les divisions de Bernadotte et de Championnet à Limburg; par Grenier à Weilburg ; par Bonnard, à Lein; par Collaud, à Wetzlar, et par Lefebvre, à Giessen. Viennent ensuite les affaires, extrêmement brillantes de Camberg, de Butzbach, de Friedberg, et l'occupation de Francfort, remarquable par cette sommation de Kléber, envoyée aux magistrats : « Le sort de votre ville, messieurs, est entre vos mains ; si, au coucher du soleil, les troupes que je commande n'en trouvent pas les portes ouvertes, toutes mes dispositions sont prises pour la réduire en cendres. »

BATAILLE DE CASTIGLIONE.

III. Quoique ce soit ici, suivant l'ordre des dates et des événemens, le lieu de parler des premières opérations du siége de Mantoue, et de la levée de ce siége, par Bonaparte, nous ne quitterons point l'Allemagne, et nous suivrons Moreau, s'avançant jusques au Necker; Saint-Cyr s'emparant de Stuttgard; Laroche combattant et triomphant à Esslingen, ainsi que Taponnier à Canstatd. Il en sera de même de l'aile droite de l'armée de Rhin-et-Moselle, aux ordres de Ferino, et, rentrant en Italie, nous appellerons l'attention du lecteur sur les journées de Salo, de Lonato, et particulièrement sur la bataille de Castiglione, et ses suites glorieuses qui amenèrent l'engagement de Peschiera, dans la vallée de l'Adige.

La détermination prise par le cabinet de Vienne, d'envoyer une seconde armée en Italie, au secours de celle qui avait été vaincue sous le commandement de Beaulieu, avait moins pour objet de reconquérir les possessions perdues, que d'empêcher la prise de Mantoue, et de s'opposer aux efforts que feraient les Français pour déboucher, par les gorges du Tyrol, dans les états héréditaires, et venir ensuite sous les murs de la capitale, opérer leur jonction avec les deux armées qu'ils avaient en Allemagne.

Frappé de stupeur par les revers multipliés qu'il avait essuyés, Beaulieu, pour recevoir plus promptement des renforts, trop lents à arriver jusques à lui, exagéra les dangers de sa situation. Humilié d'avoir été battu par un général très-jeune encore, et auquel il n'avait pas supposé, d'abord, un génie aussi transcendant, Beaulieu, privé de toute énergie, sollicitait son rappel. La lettre qu'il écrivit, à ce sujet, au conseil aulique, est trop curieuse, pour que nous nous refusions le plaisir d'en citer quelques fragmens. « Je vous avais demandé un général, et vous m'avez envoyé Argenteau. Je sais qu'il est grand seigneur, et qu'en récompense des arrêts que je lui ai ordonnés, on va le faire feld-maréchal de l'empire. Mais je vous préviens que je n'ai plus que vingt mille hommes, et que les Français en ont soixante mille; que je fuirai demain, après demain, tous les jours, *jusques en Sibérie, s'il prend envie à ces diables de m'y poursuivre.* Mon âge me donne le droit de tout vous dire : en un mot, dépêchez-vous de faire la paix, à quelque condition que ce soit. »

Trente mille Autrichiens quittent le Rhin, se dirigent vers l'Italie, et Wurmser, qui remplace Beaulieu, ne tarde pas à les suivre, plein de l'idée qu'il lui suffira de se montrer, pour écraser Bonaparte et ses formidables légions.

Sauret reçoit l'ordre de marcher sur Salo, pour délivrer Guyeux, renfermé, avec un seul bataillon, dans un bâtiment qu'il défendait avec la plus étonnante bravoure. Pendant ce temps, Dallemagne devait attaquer le général Ocskay dans Lonato, et le chasser de cette ville, à quelque prix que ce fût. Sauret réussit dans son entreprise, repousse l'ennemi de Salo, lui prend deux drapeaux, deux pièces de canon, et lui fait deux cents prisonniers. Guyeux et son bataillon se sont couverts de gloire : Ils ont combattu pendant quarante-huit heures, sans vivres et sans un seul moment de relâche.

Ocskay prévient Dallemagne, sort de Lonato, et engage un combat des plus opiniâtres. Long-temps indécis, l'avantage reste enfin aux Français. Les Autrichiens sont défaits ; le champ de bataille est jonché de morts et de blessés, et six cents prisonniers tombent au pouvoir du vainqueur. Ce fut à ce combat de Lonato que la trente-deuxième demi-brigade mérita que Bonaparte dît d'elle, dans le rapport qu'il adressa au directoire : « J'étais tranquille, la trente-deuxième était là ! » quel éloge d'un corps digne d'une pareille confiance !

Cependant Wurmser marche sur Mantoue, et y entre aux acclamations de la garnison et des habitans, qui saluent en lui un libérateur. Imprudent ! au lieu de poursuivre les Français dans la position hasardeuse où ils se trouvent, Wurmser, glorieux d'avoir réussi à dégager Mantoue, et regardant cette opération comme un triomphe, s'amuse à faire entrer dans la place, avec un grand appareil, tout l'équipage de siége et les approvisionnemens abandonnés dans des ouvrages à peine commencés ! Ainsi, après la bataille d'Jena, nous verrons, plus tard, Moncey, précédé d'un char rempli de drapeaux victorieux dans la guerre de sept ans, et conquis en sept jours, traverser la rue Saint-Honoré, et déposer aux Invalides l'épée de Frédéric-le-Grand.

Mais pourquoi faut-il qu'au moment où l'armée française, portée sur la Chièse, à la rencontre du corps autrichien battu à Salo, à Lonato et à Brescia, contraint Wurmser à reconnaître son erreur, et le punit de sa présomption, l'impassible histoire soit forcée à consacrer dans ses fastes immortels comme elle, un trait de lâcheté inouïe d'un général français ?...

Valette, avec dix-huit cents hommes, gardait le poste de Castiglione. Il avait reçu de Bonaparte l'ordre de le défendre jusques à la dernière extrémité, afin de retarder le plus long-temps possible la marche de Wurmser.

Par une faiblesse inexcusable, Valette, à la vue des avant-gardes autrichiennes, abandonne Castiglione, et vient à Monte-Chiaro, jeter l'alarme et l'épouvante parmi les troupes d'Augereau, en annonçant qu'une partie de son monde est tombée au pouvoir de l'ennemi. Indigné d'une pareille conduite, Augereau accable Valette de reproches, et commande à Robert de rallier les troupes fugitives et de les ramener à Monte-Chiaro. Cependant les détachemens abandonnés dans Castiglione, et que Valette prétendait avoir été pris par l'ennemi, s'étaient battus courageusement, et avaient réussi à opérer leur retraite en bon ordre sur Ponte-San-Marco, où ils s'étaient réunis à la division Masséna.

Instruit que Valette a abandonné Castiglione, Bonaparte hésite dans la continuation de son plan d'attaque, et fait part à Augereau du dessein qu'il a de se retirer sur le Pô. Augereau combat fortement ce projet, en s'appuyant surtout de la bonne disposition des troupes sous ses ordres, et qui, sans doute, est commune aux autres divisions de l'armée. « Venez dans nos camps, disent les officiers supérieurs à Bonaparte, et là vous jugerez de l'esprit du soldat. » — Savez-vous mes amis, reprit le général en chef, que vous avez devant vous vingt-cinq mille hommes des vieilles bandes autrichiennes, commandés par Wurmser ? — Qu'importe ! s'écrièrent à l'instant, et d'une voix unanime, les vainqueurs de Montenotte : « Général, nous n'avons jamais compté nos ennemis, reposez-vous sur nous. Aux Pyrénées, nous avons vaincu les ennemis de la France, nous saurons encore les vaincre en Italie. »

Bonaparte se rend au camp devant Monte-Chiaro. Les troupes d'Augereau sont rangées en bataille sur le front de bandière, les armes en faisceaux. On l'accueille aux cris de *vive la république !... A l'ennemi !... point de retraite !...* Des soldats s'élancent hors des rangs, et, montrant à Bonaparte les hauteurs de Castiglione, lui dirent : « C'est là que nous jurons

de remporter la victoire ou de périr tous. »
Ces expressions du plus noble enthousiasme
fixent l'irrésolution du général en chef, qui, se
tournant vers Augereau, lui dit, visiblement
ému : « Oui, je dois croire qu'avec des braves
comme ceux-là, il est impossible d'être jamais vaincu. »

Wurmser est attaqué : la fortune d'abord
semble favoriser les Autrichiens, qui, fiers
d'un succès éphémère, s'étendent dans la
plaine, avec l'intention d'envelopper leurs
adversaires. Ce mouvement ne peut effrayer
Bonaparte. Son œil exercé embrasse les forces
dirigées contre lui, et, jugeant que les Autrichiens s'affaiblissent en se prolongeant ainsi,
il pense avec raison qu'il leur sera difficile de
résister au choc des masses qui s'avancent
contre eux. Bonaparte avait vu juste. Lonato
est enlevé; les hulans d'Ocskay sont chargés
par le quinzième de dragons, et l'on reprend
trois pièces d'artillerie légère perdues au commencement de l'action. Tout s'ébranle et se
disperse. Junot, à la tête de la compagnie des
guides à cheval de l'armée, poursuit les
fuyards, atteint le régiment de hulans, que
commande Bender, fait un détour sur la

droite, charge de front ce régiment, et en blesse le colonel. Mais bientôt entouré par un gros de ces mêmes hulans, culbuté dans un fossé, et frappé de cinq coups de sabre assez profonds, après avoir tué six hommes de sa main, Junot courait risque de tomber au pouvoir de l'ennemi, lorsque fort heureusement les guides, accourus en toute hâte, vinrent le dégager.

L'ordre est donné par Augereau d'attaquer les hauteurs à la droite de Castiglione. Beyrand exécute cet ordre, tandis que Verdier, à la tête des grenadiers réunis, attaque le château. Des deux côtés le combat s'engage très-vivement; les Autrichiens résistent avec opiniâtreté; mais Augereau a juré de vaincre, et l'ennemi cède aux efforts des républicains.

Maître du village, Augereau attaque le pont de Castiglione avec une partie de sa réserve renforcée d'un bataillon de la quatrième légère, que Bonaparte a détaché de Lonato. Le combat devient général sur la ligne. Le pont est emporté, et la division Liptay, qui forme l'avant-garde de Wurmser, obligée de se replier sur le corps d'armée. Quatre officiers supérieurs du plus rare mérite tombent, à la fleur de l'âge, sur le champ de bataille. Ce sont Beyrand, Pourailler, Bourgon et Marmet.

Ainsi s'exécutait heureusement le vaste plan de Bonaparte, et les journées de Lonato et de Castiglione étaient les premiers gages des succès qu'il pouvait en espérer. Le sort de l'Italie toutefois n'était pas encore décidé, et les forces des Autrichiens étaient trop considérables pour que Bonaparte n'eût point calculé toutes les chances.

Un incident extraordinaire faillit déranger les combinaisons du général en chef, et même compromettre sa liberté. Occupé des dispositions de la bataille qu'il se proposait de livrer le lendemain, Bonaparte s'était rendu à Lonato. Tout à coup on lui annonce un parlementaire qui le somme de se rendre. « Vous êtes cerné, lui dit-il, et les Français qui se trouvent ici n'ont d'autre parti à prendre que de mettre bas les armes. »

Le général en chef n'avait avec lui dans Lonato, que mille à douze cents hommes, et l'on venait de l'avertir qu'en effet des avant-gardes ennemies s'approchaient de la ville, et que la route de Brescia était déjà interceptée à Ponte-San-Marco.

La situation de Bonaparte est éminemment critique ; mais bientôt revenu d'un premier mouvement de surprise, sa présence d'esprit le tire de ce pas dangereux. Il calcule, avec la promptitude de l'éclair, que la troupe qui se présente ainsi par la route de Brescia, ne peut être qu'un débris de celle qui avait été battue la veille, poussé sur Dezenzano et sur le lac de Garda. Il juge donc qu'après avoir erré pour chercher à rejoindre Quasdanowich, cette colonne trouvant les passages fermés par Guyeux et Despinois, essayait de gagner l'armée de Wurmser, en passant par Lonato. Puis, adressant au parlementaire des paroles mêlées de colère et de dignité : « Par quel motif osez-vous venir ainsi sommer un vainqueur, au milieu de son quartier-général, et entouré de son armée. Allez dire à celui qui vous a envoyé, que s'il a prétendu faire une insulte à l'armée française, je suis ici pour la venger : qu'il est lui-même mon prisonnier, ainsi que ses soldats. Je sais que sa troupe n'est qu'une des colonnes coupées par les divisions qui occupent Salo et la route de Brescia à Trente. Si dans huit minutes il n'a pas mis bas les armes, et si une seule amorce est brûlée, je le fais fusiller lui et ses gens. » S'adressant ensuite aux officiers qui avaient amené le parlementaire : « Qu'on ôte à monsieur le bandeau qui lui couvre les yeux. Voyez, continua-t-il, le général Bonaparte au milieu de son état-major et de l'armée républicaine. Rapportez à votre chef qu'il lui est loisible de faire une bonne capture. »

Très-étonné d'apprendre que Bonaparte et son état-major se trouvent dans Lonato, le général autrichien demande, à son tour, à capituler. « Non, répond Bonaparte, avec une fierté qu'augmentait encore la démarche de l'ennemi, je ne capitule point avec mes prisonniers. » L'Autrichien insistant, Bonaparte ordonne une démonstration d'attaque; le commandant ennemi ne veut pas en attendre les effets, se rend sans condition, et trois mille hommes, vingt hulans, trois drapeaux et quatre pièces de canon tombent au pouvoir des Français.

L'événement de Lonato devient l'entretien de l'armée; on admire la fortune du jeune guerrier que l'on considère comme l'*homme du destin*, et chefs et soldats, dont l'ardeur et l'enthousiasme sont portés au plus haut degré d'exaltation, préparent gaîment leurs armes pour la bataille qui doit décider du sort des armées française et autrichienne.

Il luit enfin, ce jour d'éternelle mémoire, objet des désirs impatiens de Bonaparte et de ses braves. Le signal est donné. Augereau se forme sur deux lignes en avant de Castiglione. A sa droite est la réserve de Kilmaine, placée en échelons ; et à sa gauche, se trouve la division de Masséna, dont une partie est déployée, et l'autre en colonne.

L'armée ennemie se forme également sur deux lignes ; sa gauche touche le mamelon de Medolano, et sa droite dépasse le village de Solferino.

Augereau, Masséna et Verdier commencent le feu. L'engagement ne tarde pas à devenir général. Des deux côtés on fait des prodiges de valeur, et l'on oppose la résistance la plus opiniâtre. Marmont commande douze pièces d'artillerie. Elles sont pointées avec tant de justesse, que non seulement elles font beaucoup de mal à l'ennemi, mais qu'encore les boulets portent dans la redoute qui couvre son flanc. Verdier s'avance sous la protection de ce feu redoutable, et se rend maître de la redoute, après un combat dans lequel les Autrichiens se défendent avec un courage presqu'égal à celui des assaillans. Beaumont, à la tête de la cavalerie, marche dans la direction de San-Canziano, sur les derrières de la ligne ennemie, et cette habile manœuvre, aussi bien exécutée qu'elle était bien combinée, assure la jonction avec la division Serrurier, qui, conduite par Fiorella, débouche, presque à point nommé, de Guidizzolo, et se trouve placée de manière à prendre à revers la ligne autrichienne.

La marche rapide de Fiorella avait tellement mis en défaut la prévoyance de Wurmser, que l'avant-garde française, composée de cavalerie légère, s'avança sans obstacle jusqu'au quartier du maréchal, et y pénétra sans trouver de résistance. Entouré tout à coup par les hussards du septième régiment, Wurmser serait tombé au pouvoir des Français, sans des dragons autrichiens, qui, heureusement pour lui, se trouvant à portée de le secourir, chargèrent à propos, et par là lui procurèrent la faculté de monter à cheval. Étrange fatalité! et à quel faible fil tient la destinée de l'homme! Dans le court espace de vingt-quatre heures, les deux généraux en chef des armées autrichienne et française faillirent être pris, pour avoir négligé des précautions qu'ils ne supposaient pas nécessaires.

L'infanterie de Fiorella, qui suivait de près l'avant-garde, parut bientôt, et cette subite apparition de forces, que Wurmser ne soupçonnait pas, renversa tout son plan, et l'obligea à changer ses dispositions.

Bonaparte a deviné le général ennemi; tout est prévu pour paralyser ses mouvemens, et les ordres sont donnés en conséquence. Augereau et Masséna s'ébranlent à l'instant. Le premier attaque le centre des Autrichiens; le second cherche à pénétrer entre ce point et l'aile droite, tandis que Fiorella, continuant sa marche rapide, pousse sur Cavriana, les troupes qui lui sont opposées. Leclerc emporte les hauteurs et la tour de Solferino, et ce dernier succès précipite le mouvement de retraite que Wurmser crut devoir commander, lorsqu'il se vit menacé d'être culbuté dans l'angle formé par le Mincio et le lac Garda, vers Peschiera. La bataille en effet était perdue pour l'Autriche. L'armée de Wurmser, vivement poursuivie par Beaumont et Fiorella, dut son salut à la précaution qu'avait prise, de couper les ponts, son général en chef, qui lui-même ne s'arrêta qu'à Valeggio.

Cette bataille de Castiglione, eut la plus grande influence sur les suites de la campagne. Elle assura le sort de l'Italie, et amena tous les revers que l'armée autrichienne allait essuyer, et les malheurs dont Wurmser fut accablé peu de temps après.

« Voilà donc, écrivit Bonaparte au directoire, voilà donc en cinq jours, une autre campagne finie. Wurmser a perdu, dans ces cinq jours, soixante-dix pièces de canon, tous ses caissons d'infanterie, douze à quinze mille prisonniers, six mille hommes, tués ou blessés, et presque tous des troupes venues du Rhin. Indépendamment de cela, une grande partie est encore éparpillée, et nous les ramassons en poursuivant l'ennemi. »

CHAPITRE SIXIÈME.

BATAILLE DE NERESHEIM.

1. La défaite des Autrichiens à Castiglione, n'ôtait point à Wurmser la liberté de continuer sa retraite. Il occupait la ligne du Mincio, qu'il avait repassé, et sa position était à peu près la même que celle de Beaulieu avant le combat de Borghetto ; mais Bonaparte était trop prudent pour lui laisser le temps de réunir ses troupes, et d'élever de nouvelles fortifications. Aussi, dès le lendemain même de la bataille, Augereau reçut-il l'ordre de s'avancer sur Borghetto, pour canonner Valeggio, et de faire la démonstration d'un passage de vive force sur le Mincio. Pendant ce temps, Masséna, marchant sur Peschiera, devait traverser cette ville, et attaquer le camp que l'ennemi commençait à retrancher devant la place. Un prompt succès fut le résultat de ces mesures.

Les troupes de Bayalitsch et de Liptay, furent culbutées, et les travaux détruits. Victor se distingua particulièrement dans cette affaire.

Cet échec, éprouvé à la droite de son armée, fit craindre au vieux maréchal de perdre ses communications avec la vallée de l'Adige, et de ne pouvoir plus opérer facilement sa retraite sur le Tyrol. Il se détermina donc à quitter les bords du Mincio, qu'il était dans l'impossibilité de garder après le mouvement de Masséna, sans se voir contraint à un engagement sérieux, dont les chances pouvaient lui devenir fatales : c'est ce qui arriva.

Immédiatement après le combat de Peschiera, Masséna s'était mis en marche sur Rivoli et Castel-Novo, pour y reprendre les positions qu'il occupait avant le premier mouvement offensif des Autrichiens, et Augereau, après son utile démonstration sur Valeggio, s'était rabattu sur Peschiera, dans l'intention d'y passer le Mincio, et de se porter ensuite sur Vérone.

Ne pouvant plus effectuer leur retraite sans être vivement inquiétés par le vainqueur, les Autrichiens voient partout leurs arrière-gardes entamées. Une d'elles veut tenir dans Vérone, assez long-temps pour favoriser la retraite au gros de l'armée. En conséquence les ponts de la ville sont levés et les portes fermées. Bonaparte arrive à dix heures du soir, suivi de la division Serrurier, et fait sommer la place de se rendre. Le provéditeur vénitien demande un délai de deux heures ; pour toute réponse, le général en chef ordonne à Dammartin d'enfoncer les portes à coup de canon. Cet ordre est aussitôt exécuté : les grenadiers français se précipitent, la baïonnette en avant, dans les rues de la ville. Cette brusque et nocturne irruption jette parmi les habitans l'effroi et la consternation. Cependant ils n'ont pas à se plaindre, autant qu'ils l'ont craint, de la conduite généreuse des assaillans qui se contentent de faire main basse sur les Autrichiens, et de s'emparer de leurs bagages.

L'occupation de Vérone fut suivie de divers engagemens dans la vallée de l'Adige. Tous furent à l'avantage des Français. Nous glisserons sur leur détail, la marche des événemens nous rappelant en Allemagne, et nous passerons de suite à la bataille de Nereshcim, qui précéda le combat de Kamlach, entre les Français républicains et les Français émigrés.

Après quelques engagemens de peu d'importance, où Saint-Cyr et Desaix culbutent l'ennemi, les deux armées se trouvent très-rapprochées, et les avant-postes français touchent presque ceux des autrichiens. Instruit que Wartensleben, trop faible pour résister à Jourdan, se voit obligé de se replier sur la Bohême, l'archiduc craint, en temporisant devant Moreau, de ne pouvoir plus être à même de donner la main à son lieutenant. Il prend donc l'initiative de l'attaque ; mais le général républicain, dont la retraite est assurée par la position avantageuse qu'il occupe, n'a rien à redouter de son adversaire, qui ne peut, en cas d'échec, se sauver que par des vallées inégales et profondes, et des chemins impraticables, à quoi il faut ajouter que le prince Charles, non affranchi alors de la routine autrichienne, avait commis la faute de disposer ses troupes, par corps morcelés, sur une ligne de dix lieues d'étendue, et de les faire arriver sur l'ennemi en cinq colonnes qui devaient encore se subdiviser.

Enfin la bataille commence, mais d'abord avec quelque hésitation. Des tirailleurs sont envoyés contre Saint-Cyr. Decaen les repousse. Des escarmouches insignifiantes ont lieu durant plus de quatre heures, et l'on doit attribuer le peu de franchise de l'attaque à la difficulté des chemins, qui retarde l'arrivée et la mise en batterie des canons de l'archiduc. Cependant, tandis qu'on s'amuse à échanger des coups de fusil, et que Desaix cherche à prendre l'offensive sur la gauche, le prince Charles se décide à agir avec plus de vigueur. Dischingen, le Barenberg et Dunstelkingen sont attaqués; des batteries croisées foudroyent le dernier village que nous venons de nommer, et des obus y mettent le feu.

Voulant profiter du désordre qu'il supposait devoir être produit par cet incendie, l'archiduc fit marcher une colonne contre Dunstelkingen, pour s'en emparer. L'infanterie autrichienne traversa la vallée qui séparait son champ de bataille du Barenberg, et commença à gravir cette hauteur, défendue par la division Taponnier. La vingt-unième légère, les trente-unième, quatre-vingt-quatrième et cent sixième demi-brigades de ligne, commandées par Lecourbe et Laroche, montrèrent dans cette occasion une bravoure et un dévouement qui furent admirés du prince Charles lui-même.

Convaincu que toute tentative de front

était désormais inutile, le général en chef autrichien, voulut recommencer son attaque par le flanc gauche de la montagne du Barenberg, et déjà ses premiers bataillons défilaient par les bois qui avoisinent cette dernière, sous la protection des batteries dirigées contre le village, et maltraitaient les troupes placées derrière, lorsque Moreau fit avancer sa réserve et la déploya entre Dunstelkingen et Hofen. Faite à propos, cette manœuvre réussit; les batteries autrichiennes sont en partie mises hors de service par l'artillerie légère des Français, et l'archiduc, inquiet à son tour, sur sa droite, qui se trouvait ainsi compromise, fit cesser le feu du canon, et il n'y eut plus jusques à la nuit, que de faibles démonstrations entre les tirailleurs des deux partis.

Moreau cependant se trouvait dans une position critique : il hésita même entre l'intention de se retirer, et celle de bivouaquer en présence de l'ennemi. Toutefois, pensant que les Autrichiens, moins nombreux que les Français, et pour le moins aussi fatigués, ne lui opposeraient pas une résistance aussi forte qu'on pouvait d'abord le présumer, il se détermina à attaquer l'archiduc le lendemain.

Idée heureuse ! car au moment où les colonnes allaient s'ébranler, on s'aperçut que le prince Charles, profitant des ténèbres, avait commencé son mouvement de retraite.

Telle fut l'issue de la bataille de Neresheim où les succès furent balancés, où la victoire resta indécise, et dans laquelle, des deux côtés, les combattans, qui perdirent trois mille hommes, déployèrent un courage et une intrépidité dignes des plus grands éloges. Mais revenons aux opérations de l'aile droite de Moreau, aux ordres de Ferino, et suivons les mouvemens des corps de Frœlich et du prince de Condé.

Ferino s'était avancé sur deux colonnes. La première avait longé les villes frontières, et s'était emparé, chemin fesant, de Lindau et de Bregentz ; la seconde se trouvait près de l'Iller, vers Memmingen, et son avant-garde, commandée par Abattuci, venait d'atteindre l'arrière-garde du prince de Condé, en deçà de Westterheim. L'engagement commence par une canonnade assez vive, qui ébranle d'abord les émigrés. Une charge, du quatrième régiment de dragons, porte le désordre dans cette arrière-garde. Elle fuit, poursuivie et sabrée, jusques au camp d'Erckeim. Condé fait avancer d'autres troupes, sous le commandement du jeune duc d'Enghien, qui, victime infortunée de la violation du droit des gens, tombera à Vincennes sous le plomb assassin. Le canon gronde de nouveau, et le combat se soutient pendant quelque temps avec un succès balancé. Déplorable fatalité! ce sont, hélas! des Français qui égorgent des Français! Le flanc des émigrés est menacé; on manœuvre pour le couper, mais d'Enghien, devinant l'intention de l'ennemi, ordonne la retraite. Abattucci les fait poursuivre une seconde fois par le quatrième de dragons, et ils ne s'arrêtent qu'au delà de Kamlach.

Campé sur les hauteurs de Mindelheim, Condé s'aperçut bientôt qu'il lui était impossible de se maintenir dans cette position. La prudence lui conseillait de continuer sa retraite, mais, soit qu'il eût reçu de Frœlich, un ordre ou une invitation contraire, soit qu'il eût l'intention de prouver à l'Autriche que les braves qui servent dans son corps, sont toujours dignes de la France, cette noble patrie qui les a vus naître, le prince ne se retirera pas sans engagement. « Bourbon marche devant! » Ces mémorables paroles d'un héros de sa famille, tombé glorieusement, et les armes à la main, sous les murs de Rome sont présentes à sa mémoire; Condé veut combattre, et Condé fait bien.

L'attaque est résolue pour la nuit même. On tente d'unir la ruse à la force. Quelques émigrés ont ordre de s'introduire, à la faveur de l'obscurité, dans les rangs des républicains, et de jeter le trouble parmi eux, au moment où l'on en sera venu aux mains. Deux colonnes d'infanterie noble quittent en silence les hauteurs de Mindelheim, et s'avancent l'arme au bras, sur le village de Kamlach; Solency et Hoffelize sont à leur tête. La cavalerie suit immédiatement; Ecquevilly la commande. Condé marche avec la colonne de droite; Enghien avec celle de gauche.

Les avant-postes de la troisième demi-brigade légère sont abordés aux cris de *vive le roi! vive Condé!* La réponse à ces vociférations est une fusillade assez bien nourrie pour prouver aux émigrés qu'ils ne sont porteurs ni du mot d'ordre, ni du mot de ralliement des troupes républicaines. Cependant, assaillie vigoureusement par des hommes d'élite exaspérés, la troisième demi-brigade est obligée de se replier jusques auprès du bois de Kamlach, où elle trouve la quatre-vingt-neuvième de ligne, qui s'ébranle à l'instant pour venir à son secours. Le combat s'engage de nouveau, au milieu des ténèbres, et devient bientôt une affreuse mêlée. Les Français des deux partis se pressent corps à corps, et c'est alors que plusieurs gentilshommes de l'armée du prince, qui sont parvenus à se glisser derrière les rangs des républicains, essayent d'y porter le désordre et le découragement en criant: *Nous sommes trahis, coupés; sauvons-nous, sauve qui peut!*

Cette manœuvre, qu'eussent désapprouvée, comme déloyale et indigne du caractère français, les Duguesclin, les Bayard et les Turenne, obtient momentanément quelque succès. Étonnés d'entendre des cris aussi insolites, les soldats républicains hésitent, vacillent; mais bientôt détrompés par leurs officiers qui ont reconnu la voix de ceux qui veulent les faire tomber dans le piége, ils se jettent furieux sur les émigrés qui ont osé s'introduire dans leurs rangs, les assomment à coups de crosse de fusil, fondent à la baïonnette sur l'infanterie noble, et la mettent en fuite.

Condé, accouru au secours de son petit-fils, se voyant repoussé, ordonne la retraite. Abattucci, à la tête de l'infatigable quatrième régiment de dragons et de la compagnie d'artillerie légère du capitaine Foi, se met à la poursuite des émigrés, et les conduit jusques à Mindelheim, en les sabrant et en leur fesant des prisonniers. Dix-huit officiers supérieurs, et plus de cinquante chevaliers de Saint-Louis, trouvés parmi les morts, sont honorablement enterrés sur le champ même où ils ont combattu.

Le combat de Kamlach fut le dernier qui eut lieu entre l'aile droite de l'armée française et l'aile gauche de l'armée autrichienne, et dès ce moment, Frœlich se trouva réuni à l'archiduc, ainsi que le prince de Condé qui, après son échauffourée, s'était retiré sur Landsberg.

L'étranger a cessé de menacer la France, et c'est même loin de la frontière, que le bruit des armes retentit sur son propre territoire. Wurmser, se précipitant des bords du Rhin pour s'opposer aux progrès toujours croissans des Français en Italie, avait reconnu à Castiglione combien il était difficile de lutter contre un rival aussi redoutable que Bonaparte, et il n'avait point oublié sans doute la réponse que lui avait faite Lasalle, à une question sur l'âge du jeune guerrier dont le nom était depuis quelque temps dans toutes les bouches : « L'âge qu'avait Scipion, lorsqu'il vainquit Annibal. » En Allemagne le prince Charles avait échoué dans ses entreprises contre Moreau, et Jourdan, à la tête de l'armée de Sambre-et-Meuse, poussant devant lui Wartensleben, avait forcé les Autrichiens à passer la Nidda, et à se réfugier derrière le Mayn : chaque entreprise des armées républicaines, enfin, était marquée par un nouveau triomphe.

Wurtzburg est occupé : les Français y trouvent près de deux cents pièces de canon, y compris celles que les Autrichiens ont abandonnées en se retirant.

Lefebvre fait capituler Konigshofen, et s'empare de soixante-neuf bouches à feu.

Championnet et Grenier se rendent maîtres de Bamberg, après un combat sanglant soutenu dans les rues mêmes de la ville.

Ney somme Forchheim d'ouvrir ses portes. Soixante-deux pièces d'artillerie, dont cinquante-deux en bronze, sept cents bombes, quatre cents obus, seize mille boulets, six cents fusils, trois cents quintaux de poudre, et une quantité considérable de vivres et d'objets d'équipement et d'habillement tombent en son pouvoir. Ney, à cette occasion, est nommé général de brigade sur le champ de bataille. Il somme également Rothenberg de se rendre, et n'éprouve aucune difficulté. Cette ville docile renferme quarante pièces de canon, quarante obusiers et cinq mortiers. On y prend, en outre, quarante quintaux de poudre.

Entraîné par la fougue de l'âge et un courage bouillant et indompté, Ney, sans compter le nombre des ennemis, engage imprudemment le combat de Sulzbach. Fatigués, harassés, de part et d'autre, on bivouaque sur le champ de bataille, et la nuit empêche les Français de profiter du peu d'avantage qu'ils ont obtenu.

La supériorité numérique des Autrichiens ne peut empêcher les Français d'entrer dans Wolfering. Chassés de ce poste, une seconde charge leur rend leur premier avantage; mais, repoussés de nouveau, le village, pris, repris et brûlé, reste au général Kray.

Quoique peu considérable, et insignifiant en lui-même, ce succès des Autrichiens n'en est pas moins le prélude des revers que vont essuyer en Allemagne les Français, habitués jusque-là à des triomphes presque continuels. Le prince Charles opère sa jonction avec Wartensleben. En vain Bernadotte attaque les Autrichiens à Teining et à Telwang, les défait, et coupe leurs communications avec l'avant-garde de Nauendorf; en vain à Neumarck, il montre la plus grande prudence et le plus grand sang-froid; en vain Ney, sous les murs d'Amberg, entraîné par son impétuosité ordinaire, oppose une résistance héroïque aux efforts dirigés contre lui, et, forcé de céder au nombre, se fait jour le sabre à la main. L'armée de Sambre-et-Meuse, qui a quitté les bords de la Nab, se retire sur Schweinfurt.

Quelque avares que nous soyons de digressions qui entravent toujours la marche de la narration, nous croyons cependant devoir rapporter ici un fait d'armes trop honorable pour être passé sous silence. L'infanterie qui accompagnait Ney, et qu'il avait été contraint d'abandonner, ne pouvant la protéger plus long-temps, consistait en deux bataillons de la vingt-troisième demi-brigade, commandés par Deshayes. Au lieu de mettre bas les armes-

ils veulent se défendre jusqu'à la dernière extrémité. Formés en carré, et s'animant les uns les autres, ils prêtent entre les mains de leur généreux chef, le serment de mourir plutôt que de se rendre. La cavalerie autrichienne charge plusieurs fois, mais inutilement, cette masse inébranlable. Un feu terrible repousse les assaillans, et jonche la terre d'hommes et de chevaux. Dans sa situation désespérée, Deshayes, ce digne émule de Rampon, se fait un rempart des cadavres qui l'entourent, en les amoncelant les uns sur les autres. Les Autrichiens sont obligés de faire avancer de l'artillerie pour battre en brèche cette horrible forteresse. Le canon a bientôt écarté l'obstacle qui s'oppose au choc de la cavalerie, et éclairci les rangs de ces guerriers magnanimes. Weruneck, alors, suivi d'un régiment de cuirassiers, entame une nouvelle charge, enfonce le carré, et sabre tous ceux que le canon a épargnés. Sept cents braves, la plupart criblés de blessures, couverts de sang, et dans l'impossibilité de se défendre davantage, tombent au pouvoir de l'ennemi, et leur valeureux commandant meurt, quelques jours après, du regret de se voir entre les mains de ceux qu'il a juré de vaincre, et de survivre à la plus glorieuse des défaites, emportant dans la tombe la plus haute estime des ennemis qu'il a si vaillamment combattus.

RETRAITE DE MOREAU.

II. Moreau n'avait pas tiré de l'avantage de Neresheim tout le parti convenable. En restant plusieurs jours sur le champ de bataille, dont il était le maître, plutôt que de continuer à poursuivre l'ennemi qui lui cédait le terrain, il exposait par cette irrésolution, résultat d'une tactique fausse, Jourdan à être écrasé, et compromettait puissamment le salut des deux armées en Allemagne. « Que Moreau aille jusqu'à Vienne, peu m'importe, pourvu que je batte Jourdan, » avait dit le prince Charles à Latour, et telle était en effet la pensée de l'archiduc, qu'après avoir forcé l'armée de Sambre-et-Meuse à se retirer vers le Rhin, il ne lui serait pas difficile d'obtenir le même résultat sur l'armée de Rhin-et-Moselle.

Mais laissons Moreau passer le Danube et le Lech; livrer à Friedberg un combat où l'ennemi fut battu; faire une trouée insignifiante en Bavière; courir à Geisenfeld la chance d'une défaite, que prévinrent toutefois Desaix et Beaupuy, et retournons sous les murs de Mantoue, où nous appellent de nouvelles victoires.

L'armée d'Italie venait d'être renforcée par quelques détachemens que le directoire avait tirés de l'intérieur, notamment de l'armée de Hoche, et par environ trois mille prisonniers français, échangés contre un pareil nombre de prisonniers autrichiens, à la suite d'un cartel consenti entre Wurmser et Bonaparte.

Réparties entre les différentes divisions, ces troupes leur donnèrent une organisation nouvelle, et le repos momentané que les dispositions du général en chef leur avaient procuré, en les délassant d'une campagne aussi active, ne leur avait rien enlevé de l'énergie et de l'ardente soif de gloire que tant de succès, que des triomphes aussi rapides, aussi multipliés, ne pouvaient abattre ni éteindre.

Wurmser, de son côté, après avoir rétabli l'ordre dans son armée, l'avait placée dans des positions assez avantageuses pour être en mesure de pouvoir attendre, pendant quelque temps, sans trop craindre d'être inquiété, les renforts dont il avait besoin avant d'essayer de reprendre l'offensive.

Cependant l'armée française, employée au blocus de Mantoue, s'était fortifiée autour de cette place. Peu resserrée d'abord, la garnison autrichienne avait conservé quelques postes aux environs de la ville. Sahuguet reçoit l'ordre de les faire attaquer. Ce sont les ponts de Governolo et Borgoforte. Après une longue et vive canonnade, les ponts sont emportés, et Sahuguet, à la tête des grenadiers, refoule dans Mantoue les troupes qui les défendent. D'Allemagne marche contre Borgoforte, mais, prévenu par les Autrichiens qui s'aperçoivent de son mouvement, il les repousse dans un combat qui a lieu en avant du village. La douzième demi-brigade de ligne, aux ordres de Lahos, fait des prodiges de valeur. Borgoforte est abandonné, et les troupes qui le gardent, rentrent précipitamment dans Mantoue.

Pendant que Pigeon et Victor battent l'ennemi, l'un à Serravalle, l'autre à Roveredo, et que Masséna s'empare de la ville de Trente, Jourdan, avec seulement trente-deux mille Français qu'il a la témérité d'engager contre soixante mille Autrichiens, perd la bataille de Wurtzburg, et l'armée de Sambre-et-Meuse continue sa retraite jusque sur la Lahn. Mais si la victoire abandonne nos armes sur les bords du Mayn, elle reste fidèle à nos étendards dans la vallée de la Brenta, à Covolo, à Bassano, à Castellaro et à Legnano, dont Augereau fait la garnison prisonnière de guerre, et rend à la liberté cinq cents Français qui l'ont perdue au combat de la Cerca.

Les courageux, mais inutiles efforts de l'armée de Sambre-et-Meuse n'ont point suspendu la retraite de Jourdan sur la Lahn, et ce mouvement rétrograde va être imité par Moreau, qui cependant a menacé d'envahir les états héréditaires, et flatté le directoire de l'espérance qu'il irait, à travers les montagnes du Tyrol, faire sa jonction avec les phalanges victorieuses de l'armée d'Italie.

L'aile gauche de l'armée de Rhin-et-Moselle passe le Danube à Neuburg, et se porte sur Aischstadt. Le centre passe également le fleuve, et prend une position intermédiaire à Unterstadt. La division Delmas reste sur la rive droite, vers Zell, pour couvrir Neuburg. L'aile droite se retire sur la Paar, en avant de Friedberg, afin de se rapprocher du centre et de couvrir les ponts sur le Lech. Instruit de ces mouvemens, Nauendof marche sur Desaix, qu'on l'assure avoir été détaché dans la direction de Nuremberg. Latour fait avancer les corps de Mercantin et Deway sur Neuburg, et vient camper lui-même à Schrobenhausen et Reichertshofen. Le prince de Condé se porte de Munich à Aicha, et Frœlich s'avance sur Landsberg, dans l'intention d'y passer l'Iser, et de menacer les derrières de l'armée française.

Si Latour avait réuni, ainsi que la prudence et l'expérience du passé semblaient le lui commander, ses troupes dispersées, pour tomber sur le centre et la droite des Français, qui tenaient une ligne trop étendue et divisée par le Danube, Moreau, peut-être, eût porté la peine méritée du mouvement plus que hasardé qu'il avait fait faire à son aile gauche; mais aucune des combinaisons qu'aurait saisies un général habile pour profiter de la faute de son adversaire, n'entra dans l'esprit du général autrichien. Nauendorf suivit seul Desaix, et manœuvra pour intercepter ses communications, et Latour voulut tenter ce qu'il n'aurait dû faire qu'avec toute son armée, c'est-à-dire forcer le centre de Moreau à Neuburg. Les troupes de Mercantin furent seules employées à cette opération.

Profitant d'un brouillard épais qui dérobe leur marche, les Autrichiens se jettent à l'improviste sur six bataillons de Delmas, établis à Pruck et dans la plaine de Zell; ils les culbutent. Delmas envoie la cavalerie qu'il commande pour rallier cette infanterie et la ramener au combat. Oudinot, à la tête du dixième de dragons et du septième de hussards, charge vigoureusement la colonne ennemie, et l'arrête un moment; mais Mercantin, fesant déployer les escadrons à ses ordres, attaque, à son tour, Oudinot avec tout l'avantage que lui donne la nature du terrain, légèrement incliné du côté des Français. Delmas et Oudinot font bonne contenance; mais étant blessés l'un et l'autre, leurs troupes commencent à s'ébranler, et tout présage une déroute, lorsque Duhesme, que Moreau a rappelé de la rive gauche du Danube, arrive avec sa division au secours de Delmas. Les Français, ainsi renforcés, reprennent l'avantage. Trois bataillons de Duhesme attaquent en flanc les troupes ennemies, tandis que deux autres, réunis à Delmas, marchent sur le front de la ligne de Mercantin. D'abord repoussé, l'ennemi abandonne la plaine; mais parvenu au village de Pruck, les Français sont contraints à rétrograder devant des forces supérieures. Quoique blessé, Oudinot protège la retraite avec ses deux régimens, et fait même plusieurs charges qui contiennent les Autrichiens ; mais il ne peut réussir à leur arracher quelques centaines de prisonniers tombés en leur pouvoir.

Latour connut alors combien il avait eu tort de ne point réunir plus de forces pour écraser cette portion du centre de l'armée française, et quels avantages il aurait pu tirer de cette dernière mesure.

Cependant Desaix, parvenu jusqu'à Heydeck, ne tarda pas à être informé que la route de Nuremberg était interceptée. Il en instruisit Moreau, qui, de son côté, ayant appris les résultats de la bataille de Wurtzbourg, s'était déterminé à rappeler l'aile gauche, et avait déjà envoyé à Desaix l'ordre de rétrograder et de se rapprocher de l'armée.

Le centre et la partie de l'aile gauche, qui n'était point avec Desaix, repassent le Danube, et prennent position entre Rornfels et Neuburg. Les Autrichiens sont attaqués dans les bois de Zell et de Pruck, et repoussés jusques à Weihering. Condé fait replier jusques à Sinning, un détachement français posté à Pottmes, et les hussards autrichiens, pénétrant sur la route de Rain à Neuburg, enlèvent plusieurs officiers et courriers, et un certain nombre de munitions et de vivres.

Desaix a repassé le Danube, et la totalité de l'armée de Rhin-et-Moselle se trouve sur la rive droite du fleuve, vers Neuburg et Walden. Menacé sur sa droite par Frœlich, et sur sa gauche par Nauendorf, Moreau sent combien il lui importe de prévenir la marche de ce dernier sur Ulm, quand il verra la retraite des Français prononcée. Montrichard est donc envoyé, en toute hâte, pour occuper cette ville, pendant que l'armée passera le Lech et se rapprochera de l'Iser. De nombreux flanqueurs couvrent Neuburg; le corps de Férino enfin fait un mouvement en avant vers Munich, et parvient à établir ses communications avec le gros de l'armée.

Tandis que ces événemens se passaient vers le Danube, une action assez remarquable avait lieu sur les bords du Rhin. Nous la rapporterons dans l'intérêt de la gloire nationale, telle qu'on la trouve dans un recueil estimable, qui, pour avoir paru sans nom d'auteur, n'en présente pas moins les faits avec autant d'élégance que de vérité.

« L'intention du prince Charles, en marchant contre Jourdan, avait été de pousser jusques au Rhin l'armée de Sambre-et-Meuse, et de revenir ensuite avec une partie de ses forces sur l'armée de Rhin-et-Moselle, pour contraindre également Moreau à la retraite, si déjà celle de Jourdan n'obligeait point le premier de ces généraux à un pareil mouvement. Les succès obtenus à Wurtsbourg confirmant l'archiduc dans cette dernière supposition, il pensa qu'il était convenable d'envoyer, sur la route même que devait tenir le général français, un détachement assez fort pour susciter des obstacles à la marche de l'armée républicaine, et l'arrêter même pendant que Latour la poursuivait.

« L'archiduc se rappela en outre qu'après le combat d'Ettlingen, Moreau, en s'avançant sur le Necker, avait laissé Scherb, avec trois bataillons et deux escadrons, pour observer les garnisons de Manheim et de Philipsburg. Dans le double but d'enlever ou de disperser ce petit corps d'observation, et d'opérer le mouvement projeté, le prince Charles, immédiatement après la bataille de Wurtsburg, avait détaché Merfeld, avec onze escadrons de cavalerie légère, sur Bruchsall, où Scherb était cantonné, avec l'instruction de faire parvenir à Petrasch, commandant à Manheim, l'ordre de réunir neuf bataillons de sa garnison et de celle de Philipsburg, pour agir de concert avec lui Merfeld, sur Scherb, écraser ou enlever ce dernier, et intercepter les communications de l'armée de Moreau avec les bords du Rhin.

« Les deux généraux autrichiens exécutèrent les ordres du prince : Petrasch devait attaquer Scherb de front, tandis que Merfeld, s'avançant par les montagnes, le prendrait à revers, et lui couperait la retraite sur Kehl. Mais prévenu par des déserteurs que l'attaque projetée contre lui devait incessamment avoir lieu, Scherb prit dans la nuit la route de Rastadt. Il rencontra, chemin fesant, deux bataillons ennemis qui se rendaient à Nieder-Grumbach, sur la route de Durlach, à l'effet de fermer l'issue de la vallée entre ce village et Ober-Grumbach, et de se lier avec des troupes s'avançant par Heidelsheim. Scherb les attaqua et leur passa sur le corps. Un autre détachement autrichien voulut inquiéter les Français près de

Carlsruhe ; mais le général Scherb le culbuta également, et continua sa route, sans être entamé, jusque sous le canon de Kehl, où il prit position en avant des ouvrages, sur la rive droite de la Kintzig. Cette marche du général français, harcelé et comme entouré de forces quatre fois supérieures en nombre aux siennes, lui fait le plus grand honneur.

« Cependant les Français, après le passage de l'armée du Rhin, avaient presque aussitôt travaillé à relever les fortifications de Kehl, et les ingénieurs avaient même commencé un camp retranché pour en augmenter les défenses ; mais ces ouvrages, entrepris par des paysans requis dans le duché de Baaden, s'exécutaient fort lentement, et peut-être aussi le succès de l'invasion de Moreau avait-il contribué au ralentissement des travaux. Les Autrichiens crurent pouvoir profiter de cet état de choses.

« Petrasch savait que la garnison de Kehl ne consistait qu'en un bataillon de la vingt-quatrième demi-brigade et quelques détachemens de la cent quatrième. Il fit partir en conséquence, de Bischoffsheim, trois bataillons et deux escadrons, qui passèrent la Kintzig à

Wilstadt, et la Schutter à Eckerswihr, pour s'emparer des retranchemens, imparfaits du côté de Marlen et de Suntheim, entre cette rivière et le Rhin ; quatre autres bataillons et deux escadrons, destinés à une fausse attaque contre Scherb, s'avancèrent en ligne, et sous la protection de plusieurs pièces de canon, par la route de Rastadt, entre la rive droite de la Kintzig et le Rhin.

« Ocskay, avec la moitié du régiment de Ferdinand, fut conduit par des paysans qui avaient travaillé aux fortifications de Kehl, et pénétra jusques à l'ouvrage à corne du Haut-Rhin. Busch, avec l'autre moitié du même régiment, se porta directement de Mutheim sur Kehl, dont il se rendit maître ; un bataillon de Manfredini se dirigea sur Neumulh, en suivant la route de ce village à Kehl.

« Scherb était encore sur la rive droite de la Kintzig, lorsque l'attaque dont nous venons de parler avait déjà réussi. Si Petrasch eût formé une seule colonne des troupes destinées à cette attaque, le fort, le camp retranché et la tête de pont de Kehl, tombaient au pouvoir des Autrichiens. Toutefois ils avaient déjà franchi la plupart des ouvrages, et pénétré jusques au milieu de Kehl. La cavalerie de Scherb essaya de se retirer par le pont de la Kintzig, mais elle y fut accueillie par un feu si meurtrier, qu'elle fut presque détruite. Quelques cavaliers seulement échappèrent à cette boucherie, et furent faits prisonniers. De ce nombre était un officier du quinzième de cavalerie, dont malheureusement le nom est resté inconnu. Lorsque les Français reprirent l'avantage, il imposa tellement aux Autrichiens, qui le gardaient, qu'il se fit rendre ses armes, et conduisit ces mêmes gardiens à Siscé.

« Les trois bataillons de la soixante-huitième demi-brigade se jetèrent à gauche de la Kintzig, dont les eaux étaient alors fort basses, défilèrent sous le feu roulant et non interrompu des ennemis, et vinrent tourner le fort au-dessus du Rhin pour rentrer dans Kehl. Siscé se mit à la tête de ces bataillons, et soutint, dans le village même, le combat avec une rare intrépidité. Trois fois les Français furent repoussés et foudroyés par quatre pièces de canon chargées à mitraille, qui enfilaient la grande rue. Enfin, après les plus grands efforts, et des prodiges de valeur, Ocskay fut obligé de céder, et fut fait prisonnier avec deux cents hommes. La garnison de Kehl reprit alors courage et tint tête à l'ennemi.

« Sur ces entrefaites, le bruit de la canonnade, qui s'était fait entendre jusque dans Strasbourg, avait répandu l'alarme dans cette ville, alors sans garnison. Schawembourg et Moulins formèrent à la hâte un bataillon des ouvriers de l'arsenal, et l'envoyèrent à Kehl. Ce bataillon rencontra quelques soldats dispersés et les ramena au combat. En même temps arrivèrent deux bataillons de grenadiers et chasseurs de la garde nationale de Strasbourg, pour soutenir les combattans. Ces troupes, réunies et animées de la plus grande ardeur, tombèrent vigoureusement sur la colonne ennemie, et la rejettèrent tout-à-fait hors de Kehl. Le bataillon de Manfredini, qui arrivait par la route de Neumulh, voulut attaquer à son tour; mais il était trop tard : les Français se trouvaient en forces, et, après quelques démonstrations inutiles, l'ennemi renonça à son projet.

« Il serait plus qu'injuste de refuser de grands éloges à Siscé, pour sa conduite ferme et vigoureuse; aux bataillons de la soixante-huitième demi-brigade, qui ne furent point ébranlés par la première attaque sur la Kintzig, et qui déployèrent tant de bravoure dans le village de Kehl; enfin aux ouvriers et aux citoyens de Strasbourg, cette noble cité de l'industrieuse et libérale Alsace, qui donnèrent en cette occasion difficile une preuve signalée de leur patriotisme. Les Autrichiens montrèrent aussi une grande bravoure; mais Petrasch avait mal pris ses mesures en divisant trop ses colonnes d'attaque. »

Retournons maintenant sur la Lahn, et préparons-nous à payer un tribut d'hommage mérité à la mémoire du guerrier moissonné avant l'âge au champ d'honneur, et que pleurèrent également et la France et l'étranger. Nous voulons parler de la mort de Marceau.

MORT DE MARCEAU.

III. Marceau n'est plus! sa gloire seule lui survit; et ce héros emporte dans la tombe les regrets même de l'armée ennemie.

Après quelques combats plus ou moins heureux sur la Lahn, mais où la bravoure française se montre tout entière, il paraît ce jour d'affliction et de deuil qui enlève à la patrie un de ses plus généreux défenseurs, à Jourdan un ami, à l'armée de Sambre-et-Meuse un de ses plus fermes soutiens.

Une circonstance difficile se présente. Marceau reçoit les ordres du général en chef, et se dispose à les exécuter sur-le-champ. Supérieur par habitude, par tempérament et par caractère, à ce qu'on appelle le froid calcul des forces numériques de l'ennemi, Marceau fait placer sur deux mamelons qui dominent la sortie de la forêt de Hostenbach, six pièces d'artillerie. Il fait avancer en même temps la plus grande partie de sa division pour soutenir son arrière-garde, et toujours le premier au poste du danger, il se met à la tête des troupes légères. Mais voulant mieux reconnaître les dispositions des Autrichiens qui viennent à sa rencontre, il s'approche des premiers éclaireurs, accompagné seulement de Souhait et de deux ordonnances.

A quel faible fil tient la trame des jours de l'homme! Un hussard de Kayser caracole devant Marceau, l'amuse, le distrait, fixe son attention par les divers mouvemens qu'il fait faire à son cheval, et, pendant ce temps, un de ces misérables que le Tyrol a vus naître, moins soldat qu'assassin, caché derrière une haie, l'ajuste et lui tire un coup de carabine à très-peu de distance.

Intrépide, le général français fait encore quelques pas; mais bientôt il sent qu'il est blessé à mort, se fait descendre de cheval, et tombe dans les bras de ceux qui sont accourus pour le recevoir. La nouvelle de ce fatal événement se répand aussitôt dans l'armée. Jourdan s'empresse, vole au devant de son ami, et le trouve porté par quelques grenadiers qui fondent en larmes. Il ordonne à l'instant que rien ne soit négligé pour que le blessé reçoive les secours les plus prompts et les plus efficaces, et lui-même prend le commandement de l'arrière-garde, dont la retraite se continue dans le meilleur ordre, et sans que l'ennemi puisse réussir à la troubler.

De retour à Altenkirchen, Jourdan fut visiter le guerrier expirant. Les chirurgiens, en annonçant qu'il n'y avait aucun espoir de sauver la vie à Marceau, ajoutèrent qu'on ne pouvait le transporter plus loin, sans compromettre son existence. Cette affreuse déclaration redoubla la consternation générale. La mort de ce brave, si cher à toute l'armée, à l'âge de vingt-sept ans, rappelait à la pensée tous ses titres de gloire, ses grands talens militaires, son courage héroïque, toutes ses qualités éminentes de l'esprit et du cœur. Instruit de la douleur publique, le généreux jeune homme demeurait seul calme et impassible au milieu du deuil général, et montrait encore, à ses derniers momens, l'intrépidité qu'il avait si souvent déployée sur le champ de bataille. « Mes amis, disait-il à ceux qui l'entouraient, je suis trop regretté ; pourquoi me plaindre ? je suis bien heureux, puisque je meurs pour la patrie. »

Forcé à continuer sa retraite sur le Rhin, Jourdan, en laissant Marceau à Altenkirchen, veut que deux officiers d'état-major, deux chirurgiens et deux hussards d'ordonnance restent auprès du général qui n'a plus que quelques instans à vivre, et il écrit lui-même aux chefs ennemis pour recommander Marceau à leurs soins généreux. Cette précaution était superflue : aussi estimé des Autrichiens que des Français, Marceau ne tarde pas à voir un capitaine des hussards de l'empereur, commandant aux avant-postes, venir s'informer de son état; Haddick lui témoigne combien il prenait part a son malheur, et Kray lui donne des marques particulières et bien touchantes de ses regrets. Profondément affligé, et les yeux baignés de larmes, ce respectable vétéran de l'armée autrichienne pressa les mains mourantes de Marceau, qu'il estimait d'autant plus qu'il l'avait souvent combattu, et qu'il était, plus que personne, en état d'en apprécier tout le mérite. Les officiers et les hussards de Blankenstein et de Barco envoyèrent une députation pour le visiter, et leur douleur était aussi vive que si Marceau eut été leur commandant. Le prince Charles vint lui-même voir le général français à son lit de mort, et ordonna à son propre chirurgien de tout faire pour le sauver, s'il était possible. Soins inutiles! les ressources de l'art furent nulles devant la fatale blessure.

Un détachement nombreux de cavalerie autrichienne escorta jusqu'à Neuwied les dépouilles mortelles de Marceau, et l'archiduc demanda qu'on l'avertît du jour où ces précieux restes seraient inhumés, voulant, hommage d'un brave à un brave, que l'armée impériale pût se réunir aux Français dans les honneurs funèbres qui leur seraient rendus. Le corps de Marceau fut déposé, près de Coblentz, dans la redoute de Pétesberg, qui reçut depuis le nom de fort Marceau. Le jour de la lugubre cérémonie, l'armée ennemie prit les armes en même temps que l'armée française, et des salves d'artillerie annoncèrent qu'un grand homme commençait son immortalité.

La retraite de l'armée de Sambre-et-Meuse sur le Rhin se fit avec un bonheur dont on n'aurait guère pu se flatter, si les généraux de l'Autriche avaient su profiter du grand nombre de leurs troupes, et de l'état de pénurie dans lequel se trouvaient les Français.

Pendant que, fatigué de tracasseries, Jourdan, qui a demandé sa démission, est remplacé dans le commandement par Beurnonville, qu'un armistice est conclu, et que les hostilités sont indéfiniment suspendues, l'armée de Rhin-et-Moselle, suivie avec beaucoup de circonspection par Latour, était arrivée sur l'Iller sans être inquiétée, et continuait paisiblement sa retraite. Cette absence d'obstacles provenait de ce que Nauendorf, n'étant sous les ordres immédiats de personne autre que le prince Charles, qui l'avait détaché comme auxiliaire, se regardait comme indépendant, et convaincu d'ailleurs de la sagesse de son plan, persistait dans son exécution, tandis que l'amour-propre de Latour le portait au refus d'exécuter des mouvemens dont la hardiesse n'était point en rapport avec sa routine ordinaire. Profitant donc de la mésintelligence des généraux autrichiens, et de la position de leur armée, également mauvaise et pour l'offensive et pour la défensive, Moreau attaque et bat l'ennemi à Biberach.

Bien que glorieuse et décisive sur le point où elle a été obtenue, cette victoire ne suffit pas à la sûreté de l'armée de Rhin-et-Moselle, et Moreau qui d'abord a résolu de se retirer sur Strasbourg, par la vallée de la Kintzig, la sachant occupée, renonce à son dessein et gagne directement la route du Val-d'Enfer. En prenant ce parti, il avait l'espoir de se rendre à Freyburg avant l'arrivée de l'archiduc sur l'Elz, de marcher ensuite sur Kehl, et, sous la protection de ce fort, de se maintenir encore long-temps sur la rive droite du Rhin, qu'il ne voulait passer que quand il y serait contraint par les circonstances. Il eût peut-être été plus convenable de se porter sur Kehl, par la rive gauche du fleuve ; ce qui donnait à l'armée la facilité de déboucher ensuite sur le corps autrichien que l'on savait être stationné dans les environs d'Offenburg. Cette marche naturelle et plus sûre, aurait évité la chance de plusieurs combats que Moreau eut à livrer en suivant son premier plan, et dont les suites pouvaient entraîner de graves inconvéniens. Ce sont les combats qui eurent lieu sur les hauteurs en avant d'Emmendingen et du pont de l'Elz, dans les bois de Landeck, sur le ruisseau de Glotter, à Riegel et à Schliengen.

Les succès obtenus par l'archiduc dans ces différentes affaires, firent voir à Moreau qu'il y aurait plus que de l'imprudence à continuer son mouvement dans le Brisgaw. Il prit donc la résolution de se retirer sur Huningue avec une partie de l'armée, tandis que, pour obliger l'ennemi à une diversion qui diminuât l'ensemble de ses opérations, il donna l'ordre à Desaix de passer le Rhin à Vieux-Brisach, avec injonction de se porter rapidement sur Kehl, et de là menacer les derrières du prince Charles.

Cet ordre est exécuté, et le reste de l'armée de Rhin-et-Moselle manœuvre pour se rapprocher d'Huningue, où elle arrive, précédée de ses équipages et de ses parcs d'artillerie, sans que les Autrichiens tentent même d'entamer son arrière-garde, que commandent Laboissière et Abattucci.

Vers l'époque environ où se terminait cette retraite de Moreau, qu'on a comparée à celle des dix mille Grecs, aux ordres de Xénophon, Wurmser était entré dans Mantoue, avec à peu près dix mille hommes, dont le tiers au moins de cavalerie, et ce renfort permettait à la garnison de tenir la campagne en dehors de la place, pour y faire entrer des subsistances, notamment des fourrages, qui manquaient absolument. Cette position des Autrichiens hors des murs de la forteresse gênait trop les opérations ultérieures de l'armée française, pour que Bonaparte ne se mît pas promptement en mesure d'agir contre le maréchal.

L'ordre est donné à toutes les divisions de s'avancer sans délai sur Mantoue. Augereau quitte Legnano, passe par Gavernolo, débouché d'une grande importance sur le Bas-Pô et le Seraglio, dont il doit s'emparer, afin de ramasser les débris du corps autrichien qui chercheraient à rejoindre Wurmser, et l'arrêter lui-même, s'il venait à se présenter sur ce point. En cas de succès, la division se dirigera ensuite vers le faubourg Saint-Georges.

Masséna marche sur Castellaro, et les instructions de Sahuguet portent qu'il s'avancera sur la Favorite. Les Autrichiens sont en mesure pour s'opposer à ce dernier mouvement. Les troupes de Sahuguet obtiennent d'abord quelque avantage; mais l'ennemi, recevant des renforts, elles se retirent en désordre, et abandonnent trois pièces de canon qu'elles ont prises au commencement de l'action.

Wurmser avait fait camper en dehors de Mantoue treize bataillons et vingt-quatre escadrons qui, forts de leur supériorité, inondaient la campagne. Parti de Castellaro pendant la nuit, Masséna fond à l'improviste sur Due-Castelli, et son avant-garde arrive jusques au camp ennemi sans être aperçue. Occupée aux cuisines, l'infanterie autrichienne n'a pas le temps de courir aux armes; la cavalerie est au fourrage. Tout semble présager un succès complet. Cependant quelques bataillons se rassemblent à la hâte et arrêtent les Français.

A ce moment Ott sortait de Mantoue, avec les escadrons qui revenaient du fourrage. Ne voyant que le danger, et présent et pressant, et sans songer qu'ils n'avaient point de selle, les cavaliers jettent leur charge et tombent avec impétuosité sur la cinquième demi-brigade qui, s'étant fourvoyée, rejoignait alors l'avant-garde. Étonnée d'un choc aussi brusque, le désordre se met dans les rangs de cette troupe, et bientôt elle abandonne le camp ennemi. La division que Masséna rallia avec peine, et à laquelle il procura enfin une bonne position, où l'ennemi n'osa plus l'attaquer, dut son salut aux généreux efforts de la trente-deuxième demi-brigade, qui, formée en carré, contint la cavalerie autrichienne assez long-temps pour que Kilmaine, à la tête du vingtième régiment de dragons accourût à son secours.

Ces combats, ou plutôt ces échauffourées de la Favorite et de Due-Castelli inspirent à l'ennemi une confiance présomptueuse, et à Bonaparte l'idée de battre Wurmser en dehors de la place. Cette idée se réalise; le feld-maréchal vaincu, est de nouveau renfermé dans Mantoue. Ces différentes affaires, où, sans compter les soldats, furent blessés Victor, Saint-Hilaire, Bertin, Murat, Meyer, Lannes, Leclerc, Payen, Béliard, Tailland et Suchet, donnèrent lieu à un fait d'armes que nous croyons devoir consigner ici. Un bataillon de la dix-huitième demi-brigade fut chargé par deux escadrons de cavalerie autrichienne : non seulement les fantassins soutinrent avec beaucoup de résolution ce choc impétueux, mais ils pressèrent, à leur tour, les cavaliers avec tant de vigueur, que tous ceux de ces derniers qui ne furent pas tués ou blessés mirent bas les armes, et se rendirent prisonniers.

Tandis que Wurmser s'affligeait de se voir bloqué dans une place où son armée périssait en détail, sans honneur et sans gloire, la cour de Vienne, encouragée d'ailleurs par les derniers succès du prince Charles en Allemagne, s'occupait avec la plus grande activité d'organiser une troisième armée pour délivrer le vieux maréchal, et rétablir ses affaires en Italie, d'où nous ne sortirons qu'après avoir décrit la mémorable bataille d'Arcole, sans nous arrêter aux événemens qui amenèrent la formation des républiques Cispadane et Transpadane, et la reprise de l'Ile de Corse sur les Anglais, qui devaient son occupation à la trahison de Paoli.

De nombreuses recrues tirées des États-Héréditaires, et des bataillons organisés dans les provinces illyriennes, se rassemblent sur les frontières du Tyrol, et les victoires de l'archiduc contribuent puissamment à réveiller chez les sujets de l'empereur l'enthousiasme et l'élan qu'ont refroidis la malheureuse issue de la dernière tentative. Quarante mille hommes sont réunis, et une nouvelle armée, pour la troisième fois, dans la même campagne, osera courir les hasards de la guerre et combattre le vainqueur de Beaulieu et de Wurmser.

Mais si dans ces grandes circonstances l'Autriche peut se créer des forces imposantes, il ne lui est pas aussi facile de trouver un général propre à les commander et à lutter avec avantage contre Bonaparte. Les talens du jeune guerrier en effet, se sont manifestés avec une rapidité si extraordinaire, ils ont procuré à la France des résultats si inespérés et fait éprouver aux armées autrichiennes des désastres si grands, que le cabinet de Vienne ne possédant pas, excepté l'archiduc, dont la présence est encore nécessaire sur le Rhin, un capitaine dont la réputation puisse être comparée à celle de Bonaparte, déjà si bien établie, ne sait quel chef opposer au général français.

Alvinzi est nommé : son titre à la préférence qu'on lui accorde est celui de feld-maréchal; et on l'a vu se distinguer lors des campagnes de 1794 et 1795. Hongrois d'origine, sa bravoure était éprouvée ; mais son expérience dans les combats ne lui avait pas donné l'instinct des grandes opérations, ni les vrais principes de l'art qui constituent l'habile tacticien. Propre à conduire une division, il n'avait point cet ensemble de connaissances nécessaires à la direction d'une grande armée, et ne pouvait, suivant Jomini, opposer au génie qui commande la victoire, que la volonté de vaincre, avec la valeur requise pour rendre la lutte sanglante et la chute honorable.

Bonaparte cependant se trouvait dans une position extrêmement critique. En se jetant dans Mantoue, Wurmser avait tellement renforcé la garnison de cette place, qu'il devait inspirer de justes inquiétudes au général français, maintenant surtout qu'un nouvel adversaire menaçait de se précipiter du Tyrol et du Frioul pour écraser son armée. Deux choses en effet étaient également à redouter, la jonction des forces de Wurmser avec celles d'Alvinzi, et le mécontentement de ceux des états d'Italie, qui, contraints de dissimuler leur haine contre l'étranger, avaient tout à coup montré de l'audace, à la nouvelle de la retraite des armées de Sambre-et-Meuse et de Rhin-et-Moselle, et des revers essuyés par Jourdan.

Si l'on ajoute à ce triste état des affaires en Italie, l'affaiblissement de l'armée victorieuse, par les fatigues de tant de combats livrés, de batailles gagnées, de marches exécutées avec une si merveilleuse rapidité, on verra que les maladies contagieuses, après une campagne pénible, et un mois de séjour autour de Mantoue, sur le terrain marécageux qui l'avoisine, ont enlevé plus de monde à la république qu'elle n'en avait perdu sur le champ de bataille, et que malgré l'arrivée de quelques demi-brigades détachées de l'intérieur, Bonaparte compte tout au plus, sous ses ordres, de trente-six à trente-huit mille combattans.

Quoi qu'il en soit de tout ce que nous venons de rapporter, le général en chef, réduit aux seules forces qui lui restaient, ne parut point étonné. A défaut des secours qu'il avait demandés à son gouvernement, il chercha des ressources dans son génie, et il les trouva. On eût dit que la fortune, que semblait alors maîtriser Bonaparte, était d'accord avec lui, et le secondait aussi bien que l'auraient pu faire les combinaisons les mieux calculées.

Les affaires de la Brenta et de Caldiero préludèrent à la bataille d'Arcole, qui dura trois jours consécutifs sur le même terrain, et que tout autre général que Bonaparte se fût bien gardé de donner, car dans cet instant il fallait ou vaincre ou se résoudre à perdre l'Italie. Le coup-d'œil exercé du général en chef le tira de ce pas difficile, et la résolution hardie et savante qu'il prit, prouva à l'Europe étonnée qu'il n'est point d'obstacles que l'art militaire ne puisse vaincre, quand il a, pour exécuter ses dispositions, des hommes aussi dévoués et aussi intrépides que les soldats de l'armée d'Italie.

Augereau et Masséna avaient passé l'Adige à Ronco, et déjà le premier de ces généraux était aux prises avec l'ennemi. La tête de colonne qui s'était avancée sur le pont de la chaussée d'Arcole, éprouva la plus grande résistance, et ne put pas parvenir à déboucher. Les troupes qui tenaient le village se battirent avec une opiniâtreté digne d'éloges. Il devenait urgent pour les Français d'emporter le pont, avant l'arrivée des renforts qu'Alvinzi dirigerait infailliblement sur le point d'attaque.

Le succès dépendait de l'un de ces élans d'enthousiasme et d'intrépidité qui, le plus souvent, assurent la victoire ; et les généraux qui savent qu'en pareille circonstance l'exemple est le seul ordre à donner, se précipitent à la tête des troupes, pour essayer de franchir le pont, à travers la grêle de balles et de mitraille qui part de l'extrémité opposée. Dévouement inutile ! La fortune trahit le courage, Lannes, l'intrépide Lannes, encore souffrant d'une blessure récente, est atteint de deux coups de feu. Verdier, Bon et Verne sont mis hors de combat. Épouvantés, les grenadiers reculent. Augereau saisit un drapeau, s'élance jusque sur la moitié du pont, et, appelant à lui tous les braves, court pendant quelques minutes le plus éminent danger. Efforts impuissans ! le canon est si bien servi, que les pelotons, qui se succèdent, sont écrasés à mesure qu'ils arrivent à portée des pièces.

Bonaparte paraît tout à coup, environné de son état-major, à la tête de la colonne, et, s'adressant aux soldats : « N'êtes-vous plus, leur dit-il, n'êtes-vous plus les guerriers de Lodi ? Qu'est devenue cette intrépidité dont vous avez donné tant de preuves ? » La présence du général en chef et le souvenir de Lodi raniment l'enthousiasme des Français. Voulant mettre à profit leur nouvelle ardeur et le temps si court qui lui reste, Bonaparte ordonne une nouvelle tentative. Les grenadiers ont demandé eux-mêmes à recommencer le combat. Bonaparte descend de cheval, se met à la tête de ces braves, tenant un nouveau drapeau à la main, et se précipite sur le pont, suivi, pressé par tous ceux que l'étroit espace peut contenir.

Apprenant que le général en chef est à la tête des combattans, Lannes, malgré ses blessures, monte à cheval, ne pouvant se soutenir à pied, et est presque aussitôt renversé. Point de boulets, point de biscayens, point de balles égarées ou perdues; tous les coups portent dans cette masse serrée. Vignole est blessé; Mauiron, aide-de-camp de Bonaparte, tombe mort à ses côtés; et si le général en chef lui-même n'est pas atteint, il le doit au dévouement de Belliard et de quelques officiers d'état-major qui se placent devant lui pour le couvrir contre les tirailleurs ennemis.

Enfin la division française fait un mouvement rétrograde. Entraîné par les grenadiers, le général en chef était remonté à cheval à la sortie du pont, lorsqu'une décharge à mitraille renverse tous ceux qui l'entourent. Effrayé, le cheval se jette dans le marais avec son cavalier. Les Autrichiens poursuivent les Français en retraite sur la digue, et bientôt ils ont dépassé Bonaparte de plus de cinquante pas. Cet incident n'échappe pas à Belliard. Les grenadiers qui ferment la marche de la colonne font aussitôt volte face, repoussent l'ennemi, et procurent au général en chef la facilité de sortir du marais où il était tombé.

Convaincu de l'impossibilité de forcer le pont, Bonaparte résolut d'attendre le résultat de l'attaque de Guyeux, qu'il avait détaché, avec sa brigade, vers Albaredo, avec ordre d'y passer l'Adige sur le bac qui s'y trouve, et de tourner Arcole, s'il ne parvenait pas à l'emporter de front. Plus heureux qu'Augereau, Masséna avait culbuté Provera au-delà de Bionde. Marchant ensuite sur Porcil, il s'en était emparé, après avoir chassé les troupes qui s'y trouvaient, et leur avait fait quelques centaines de prisonniers. Guyeux, de son côté, ayant réussi à passer l'Adige, avait emporté le village d'Arcole.

Le jour commençait à baisser, et les Autrichiens s'ébranlaient pour reprendre Arcole. Connaissant la force de l'ennemi, Bonaparte jugea avec raison qu'il serait dangereux de garder la position hasardeuse où il se trouvait. Il ordonna donc la retraite sur l'Adige, et fit former ses troupes sur Ronco : ce mouvement s'opéra pendant la nuit.

Une nouvelle bataille se prépare : les Français passent l'Adige. A peine ils ont débouché, qu'ils rencontrent les avant-gardes ennemies déjà sorties de Porcil et d'Arcole, dans l'intention d'attaquer le pont de Ronco. Masséna charge Provera, le rejette sur Porcil, lui fait sept à huit cents prisonniers, et s'empare de six canons et de trois drapeaux. Robert, sur la chaussée du centre, culbute les Autrichiens dans le marais. Augereau repousse sur Arcole l'avant-garde ennemie ; mais, parvenus au pont, les Français voient se renouveler la scène de la veille : Alvinzi défend ce poste avec le gros de ses troupes. Vainement Augereau tente de franchir le terrible passage; sa perte est immense, et sept généraux, ou officiers supérieurs, sont encore blessés dans cette occasion. La nuit fait cesser le carnage.

La journée du lendemain devait éclairer le triomphe ou la défaite de l'armée française. Bonaparte jette un pont à l'embouchure de l'Alpon, et, à la petite pointe du jour, commence le troisième acte de cette lutte sanglante. Les divisions passent l'Alpon, et les Autrichiens sont repoussés sur Arcole et Porcil. Gardanne prend l'ennemi en flanc ; Masséna tombe sur ses derrières, et, pressées sur tous les points à la fois, les troupes d'Alvinzi sont culbutées en partie dans le marais, et y restent enfoncées dans la bourbe, pendant qu'un feu nourri d'infanterie en fait périr un grand nombre. Plus de trois mille prisonniers tombent au pouvoir des Français. Quelques engagemens ont encore lieu, tous glorieux pour nos armes, et Alvinzi, perdant l'espérance de forcer Bonaparte sur un terrain dont les accidens sont si favorables à la défense, bat en retraite, et fait prendre à son armée la direction de Montebello.

Cette victoire d'Arcole est une des plus belles qui honore nos fastes militaires. Le corps législatif, sur la proposition du directoire décréta « que les drapeaux républicains portés au pont d'Arcole, contre les Autrichiens par les généraux Augereau et Bonaparte, leur seraient donnés à titre de récompense nationale. »

Quelque long que soit ce paragraphe, nous

ne le terminerons pas cependant sans rapporter deux faits que nous croyons devoir faire plaisir au lecteur.

« Le flanc droit des Autrichiens était couvert par un marais ; et Bonaparte n'ayant point assez de forces disponibles pour le tourner, se servit d'un stratagème que lui suggérèrent son expérience et sa perspicacité. Il se rappella que, dans certaines circonstances, l'arrivée subite d'un corps, quelle que soit d'ailleurs sa force réelle, sur le flanc d'une troupe qui n'est point préparée à ce mouvement, étonne presque toujours, et commence par ébranler, au premier abord, le moral du soldat, déjà fort occupé de l'ennemi qui lui fait face. En conséquence, le lieutenant Hercule, de la compagnie des guides à cheval du général en chef, reçut l'ordre de descendre l'Adige avec vingt-cinq chevaux, de tourner rapidement, et sans être aperçu, le marais qui servait d'appui à l'ennemi, et de tomber sur ce dernier avec impétuosité, en fesant sonner la charge par plusieurs trompettes à la fois. Le lieutenant des guides exécuta sa mission avec une bravoure et une célérité qui lui valurent les éloges de son général. Sa présence imprévue au-delà du marais, causa un moment d'hésitation dans les mouvemens de l'infanterie autrichienne. Augereau en profita pour attaquer avec vigueur la ligne ennemie, qui fut enfoncée après une vive résistance. »

« Bonaparte, toujours actif, parcourait son camp, sous un vêtement fort simple et qui ne décélait point le général en chef, à l'effet d'examiner par lui-même si les fatigues de trois journées aussi pénibles n'avaient rien fait perdre aux soldats de leur respect pour la discipline et de leur vigilance sur les mouvemens de l'ennemi. Il trouve une sentinelle endormie, lui enlève avec précaution, et sans l'éveiller, son fusil, et fait la faction à sa place. Le soldat ouvre les yeux quelque temps après; se voyant désarmé, et reconnaissant le général en chef, il s'écrie : Je suis perdu ! « Rassure-toi, lui dit Bonaparte avec douceur ; après tant de fatigues, il peut être permis à un brave tel que toi de succomber au sommeil ; mais, une autre fois, choisis mieux ton temps. »

CHAPITRE SEPTIÈME.

BATAILLE DE RIVOLI.

I. Après un repos dont elles avaient un égal besoin, les armées autrichienne et française, vaincues, la première en Italie, la seconde en Allemagne, vont bientôt ressaisir le glaive des combats.

Pendant qu'Alvinzi, qui n'a point rempli l'attente de son gouvernement, voit s'évanouir toutes les espérances qu'il avait conçues en acceptant le commandement de la troisième armée impériale, et que Wurmser, qui n'a fait aucun effort, en temps utile, pour seconder les troupes qui se battaient pour le délivrer, reste bloqué dans Mantoue, les Autrichiens assiégent et prennent, non sans des pertes énormes, la forteresse de Kehl. Nous avons parlé de pertes énormes et nous les prouvons, car, à la vue d'une foule de curieux que la remise de la place avait attirés sur les deux rives du Rhin, les Autrichiens ne trouvèrent que des murs renversés, des palissades brisées, et des amas de décombres, témoins parlans de l'opiniâtre défense des assiégés.

Guidés par Desaix et Saint-Cyr, les Français montrèrent dans cette occasion qu'ils savent opposer, quand il en est besoin, une résistance aussi longue que leur attaque est ordinairement impétueuse. Chaque ouvrage à emporter, en effet, ne s'obtenait que par un assaut, et tel mauvais retranchement en coûta plus de deux. Enfin, après cinquante jours de fatigues et de travaux que la rigueur de la saison (janvier) rendaient plus intolérables encore, après avoir perdu plus de six mille hommes, employé autant d'artillerie et consommé autant de munitions qu'en eût exigé une place du premier ordre, l'archiduc et Latour s'établirent sur des ruines. Triste conquête! bien faible dédommagement de la perte d'un temps précieux, des sacrifices de tous genres que l'Autriche avait faits, et surtout des revers humilians qu'elle essuyait à la même époque en Italie!

Les affaires intérieures de ce pays ayant changé de face par des manœuvres secrètes, tendantes à entraîner dans de nouvelles hostilités contre les Français, Venise, Rome et Naples, que la force seule ou la crainte avaient jusque-là retenues, la situation de Bonaparte n'était guère moins critique que celle où il se trouvait avant d'avoir forcé son adversaire à s'appuyer aux montagnes du Frioul et du Tyrol.

L'armée autrichienne reprend l'offensive, et tandis qu'Alvinzi reçoit tous les secours dont il a besoin, Bonaparte, négligé par le directoire, ne voit ses cadres remplis que par quelques bataillons qu'a fournis le patriotisme reconnaissant des républiques Cispadane et Transpadane, malgré les efforts, les sourdes menées, la politique cauteleuse du Vatican et la mauvaise foi du gouvernement vénitien, dont les arsenaux et les magasins sont ouverts à l'Autriche.

Quoi qu'il en soit, de tous ces contre-temps, le génie de Bonaparte n'en est point ébranlé. En vain Venise permet l'organisation de différentes bandes de partisans, chargées d'intercepter les communications françaises de l'Adda à l'Adige; en vain le château de Bergame sert de repaire aux brigands qui ont assassiné un assez grand nombre de soldats marchant isolément dans cette contrée, Baraguay-d'Hilliers reçoit l'ordre de s'emparer de cette espèce de fort où les Vénitiens paraissent disposés à résister. On combat : quoique disputée, la victoire ne reste pas long-temps indécise; les partisans sont presque tous passés au fil de l'épée. Bergame et son château reçoivent une garnison française, et les bords de l'Adda nettoyés, il devient plus facile de réprimer l'audace des bandits.

Sur ces entrefaites, Bonaparte s'était rendu à Bologne, pour y préparer une démonstration qui fît cesser les intrigues et les armemens cachés qu'il savait être faits dans les états de l'Église. Il n'ignorait pas non plus qu'il suffisait de diriger sur Rome une simple colonne pour changer en vives alarmes les espérances conçues par le sacré collége. Il tire en conséquence de la Lombardie et des différentes divisions de l'armée quelques détachemens dont la réunion, formant un total de deux à trois mille hommes, peut remplir l'objet proposé.

Ces troupes allaient entrer sur le territoire

de Saint-Pierre, lorsque Bonaparte apprit que l'armée autrichienne se préparait à se mettre en marche pour venir attaquer l'armée française. Sentant alors que sa présence à Vérone était indispensable, il remit à un temps plus opportun l'exécution de son projet.

Déjà des bataillons détachés de l'Allemagne, des corps de milice, organisés à Vicence, des Croates et plusieurs compagnies de chasseurs tyroliens font monter les troupes autrichiennes à plus de quarante-cinq mille hommes, sans compter la garnison de Mantoue.

Les divisions françaises occupent le même terrain, à peu près, où elles se trouvaient après la bataille d'Arcole. Quelques corps seulement ont été jetés en avant-garde, afin d'éclairer le cours de l'Adige et de surveiller les mouvemens de l'ennemi; précaution nécessaire pour que le général en chef ait le temps de rassembler ses forces, lorsqu'il connaîtra le point sur lequel on a l'intention d'agir contre lui.

Alvinzi a commencé son mouvement. Des combats partiels s'engagent entre les différens corps des deux armées. Hohenzollern attaque Duphot avec des forces supérieures; la courageuse résistance de ce dernier donne à Augereau le temps de faire de bonnes dispositions pour recevoir les Autrichiens sur les bords de l'Adige. Deux mille hommes de la colonne que Bonaparte avait formée pour marcher contre Rome, sont envoyés au secours d'Augereau. Masséna sort de Vérone, et repousse l'ennemi qui avait attaqué les avant-postes français. Brune, à la tête des grenadiers de la soixante-quinzième demi-brigade, se distingue particulièrement dans cette affaire.

Le but qu'Alvinzi s'était proposé d'atteindre, dans ces diverses démonstrations contre Augereau et Masséna, était d'enlever la division Joubert dans ses positions : attaquer le Monte-Baldo, suivre le chemin d'Incanale sur la rive droite de l'Adige, pour déboucher ensuite au plateau de Rivoli, tel était le projet du général autrichien. Peut-être aussi que, comptant sur l'absence de Bonaparte, dont il connaissait sans doute le voyage à Bologne, et croyant Augereau et Masséna arrêtés par Provera et Bayalitsch, le feld-maréchal espérait n'avoir à combattre que les seules troupes de Joubert.

Réunie sur le Haut-Adige, l'armée autrichienne, divisée en six colonnes, commandées par Lusignan, Liptay, Koblos, Ocskay, Quasdanowich et Wukasowich, était à portée des postes français, et les avant-gardes échangeaient des coups de fusils. Déjà Joubert est instruit de la prochaine arrivée de Bonaparte, et un chef d'état-major lui a transmis, de sa part, l'ordre de tenir ferme en avant du plateau de Rivoli. Les détails que fait tenir Joubert au général en chef, révèlent à ce dernier les intentions de l'ennemi, car les démonstrations de Provera et de Bayalitsch ne lui ont point encore présenté les erremens nécessaires pour connaître le véritable point de l'attaque.

S'inquiétant peu des succès que les colonnes de gauche des Autrichiens pourraient obtenir, presque certain même de revenir assez à temps pour leur faire payer cher des avantages qui devaient les affaiblir et les compromettre, Bonaparte ne balance pas un seul instant dans la résolution qu'il a prise de marcher droit sur Alvinzi.

Augereau garde ses positions, et se borne à harceler l'ennemi, bien résolu de ne point s'engager sérieusement, s'il a affaire à des forces trop considérables. Masséna s'avance sur Rivoli, et ne laisse sous Vérone qu'un détachement chargé d'observer le corps de Baya- litsch, battu la veille à San-Michele, et pour- suivi assez vivement par Leclerc, qui lui avait fait quelques prisonniers, indépendamment de ceux qui auparavant étaient tombés au pouvoir de Brune. Rey se porte, dans une seule marche forcée, de Dezenzano à Rivoli, par Peschiera, avec tout ce qu'il a de disponible de sa réserve.

L'ordre est donné de faire un mouvement en avant, afin d'empêcher les Autrichiens de déboucher sur le plateau de Rivoli, seul point où il soit permis à Alvinzi de réunir ses co- lonnes, de les déployer, et de faire usage des treize escadrons qui l'accompagnent. Ainsi donc, sans attendre ni l'arrivée de Masséna, ni la réserve de Rey, Joubert doit resserrer sa position, déloger les avant-gardes, et surtout reprendre le poste de San-Marco, point essen- tiel, par où l'ennemi peut faire arriver son ar- tillerie et sa cavalerie.

Ce mouvement extraordinaire des Français inquiète les Autrichiens qui, de leur côté, font aussi des préparatifs. Quasdanowich prend po- sition à Incanale, dans la vallée de l'Adige ; Alvinzi a son quartier-général à Dolce, avec une brigade en avant de ce village. Wukasowich occupe la rive gauche de l'Adige, et Lusignan marche pour déboucher sur Pezzena, à la droite de l'armée autrichienne.

Voulant profiter de sa position centrale pour écraser d'abord les troupes de Liptay, de Koblos et d'Ocskay, qui forment le corps principal des Autrichiens vers Caprino et San-Martino, Bonaparte juge que la trente-neuvième de ligne suffit pour contenir la colonne de Quasdanowich, débouchant sur Osteria, d'autant mieux que ces troupes ennemies ont à gravir une hauteur garnie de redoutes, dont les feux plongent sur le défilé par où il faut passer pour arriver au plateau de Rivoli; et sur la gauche, la dix-huitième, marchant sur Garda, rassure assez le général en chef, pour ne pas lui faire craindre que la colonne de Lusignan puisse achever son mouvement sur les derrières de l'armée française, avant que Rey, qui s'avance par Orza, ne soit en mesure de l'attaquer avec avantage. L'événement va démontrer la rectitude des combinaisons du général en chef.

Après avoir fait repousser par Vial les avant-gardes autrichiennes sur San-Giovani et Gambaron, Joubert se trouvait engagé avec

Koblos et Ocskay. Les Français défendaient vigoureusement les hauteurs de San-Marco, que l'ennemi s'efforçait de reprendre. Joubert avait formé les vingt-neuvième et quatre-vingt-cinquième demi-brigades, sur les hauteurs de Trombolaro et Zoro, à gauche, et la quatorzième sur celles de Rovina, au centre. Déjà un bataillon de cette dernière s'avançait pour emporter San-Giovani, lorsque Liptay attaqua la gauche des Français avec des forces supérieures. La quatre-vingt-cinquième, après des efforts honorables, se voyant prise en flanc, à la faveur d'un ravin où les Autrichiens s'étaient glissés, fut contrainte de faire un mouvement en arrière, pour éviter d'être coupée.

Abandonnée et également menacée sur les flancs, la vingt-neuvième suivit le mouvement de la quatre-vingt-cinquième. Débordée, la quatorzième fut obligée de soutenir à elle seule le choc de l'ennemi. Elle se jeta dans les haies et dans les maisons en avant de San-Giovani, et, par son héroïque résistance, arrêta les Autrichiens assez de temps pour que Bonaparte, qui vit d'abord ce que le mouvement de Liptay, pouvait entraîner de conséquences funestes, prit les mesures les plus propres à prévenir le mal.

En débouchant sur le plateau, l'ennemi eût favorisé le déploiement de la colonne de l'Adige, aux ordres de Quasdanowich, et la gauche aurait été prévenue à Rivoli, et rejetée sur la rivière. Bonaparte laisse Berthier pour maintenir les positions du centre, et se rend précipitamment à la gauche.

La trente-deuxième demi-brigade, qui avait marché toute la nuit, arrivait alors sur ce point. Elle reçoit l'ordre de charger à l'instant. La présence de l'ennemi inspire à cette valeureuse troupe un courage surnaturel. Ses fatigues, elle les a oubliées. *L'enfant gâté de la victoire*, Masséna, que le général en chef honore de ce glorieux surnom, s'élance à la tête des braves qui la composent. Ils se précipitent au pas de charge sur les Autrichiens, et, soutenus par les vingt-neuvième et quatre-vingt-cinquième demi-brigades, qui se sont ralliées derrière eux, ils culbutent l'ennemi, reprennent les positions, et dégagent les flancs de la quatorzième. Resté avec ces dignes soldats, Berthier les avait encouragés par ses discours et par son exemple.

Nous avons dit plus haut qu'un bataillon de la quatorzième, pressé par des forces supérieures s'était jeté dans des haies entre San-Giovani et San-Martino. Entouré par les troupes de Koblos et une partie de celles d'Ocskay, il en reçut le choc avec la plus rare intrépidité, et tint plus d'un quart-d'heure dans cette position, sans que l'ennemi pût l'en chasser. Des pièces de campagne étaient sur le front de sa ligne, et les Autrichiens redoublaient d'efforts pour enlever ces canons, dont le feu les abîmait. Déjà quelques chevaux d'attelage avaient été saisis, lorsqu'un capitaine, en s'adressant au premier rang du bataillon, s'écria : « Quatorzième ! laisserez-vous prendre vos pièces ? » Le feu violent de l'ennemi empêchait les plus intrépides de s'avancer jusqu'à elles ; mais Berthier fit tirer avec tant de vivacité sur ceux des ennemis qui se disposaient à les emmener, que ces derniers furent presque tous tués, ainsi que les chevaux, et que les canons restèrent au pouvoir des Français. C'était à ce moment même que la trente-deuxième, exécutant sa charge impétueuse, débarrassait les flancs de la quatorzième, et la tirait du péril dont elle était si instamment menacée.

Connaissant actuellement le véritable point des attaques d'Alvinzi, Bonaparte envoie au chef de la dix-huitième l'ordre de marcher avec deux de ses bataillons contre Lusignan. Les partis se rencontrent vers Calcina. La dix-huitième culbute les flanqueurs autrichiens, et se rabat ensuite sur Rivoli.

Les ennemis sont affaiblis de toutes parts. Joubert, dont le cheval vient d'être tué sous lui, s'élance, un fusil à la main, à la tête des grenadiers, et achève de répandre l'épouvante dans des rangs déjà ébranlés par une première charge, où se sont particulièrement distingués Leclerc et Lasalle. Quasdanowich tente inutilement de réparer le désordre de sa colonne. Ce désordre est d'autant plus grand que la cavalerie et l'artillerie sont encombrées dans un ravin, et que la route, quoique très-praticable, s'y trouve fort resserrée. Les vainqueurs continuant d'avancer, font un carnage épouvantable : une partie de l'artillerie tombe en leur pouvoir. Bremont, à la tête de quelques braves, prend quatre pièces de canon. Quasdanowich regagne avec peine les bords de l'Adige; et l'avantage remporté sur lui est un coup décisif qui assure la victoire aux Français.

Le reste de la journée n'offre plus, de part et d'autre, qu'une série de belles actions continues, si toutefois ce qui se rattache à l'idée du beau, peut être raisonnablement employé en parlant de sang, de mutilations, d'égorgemens, d'hommes, enfin, qui, sans se connaître, se tuent de sang froid, tandis que partout ailleurs, et dans d'autres occasions, ils se prêteraient peut-être de mutuels secours.

Cependant, on apprend à Bonaparte que Provera, a passé l'Adige vers Anghiari, et qu'il se dirige sur Mantoue. Préparé en quelque sorte à ce dernier événement, le général en chef calcule, avec raison, qu'en laissant la division Joubert, soutenue par la réserve de Rey, pour achever la défaite d'Alvinzi, il pourra lui-même fondre, avec la rapidité de l'aigle, sur la colonne de Provera, et arriver assez à temps pour empêcher le général autrichien de débloquer Mantoue, de ravitailler cette place, et d'en faire sortir la portion de garnison qui n'était pas nécessaire à sa défense. Il part sur-le-champ, et Masséna le suit avec sa division, traînant après elle cinq mille prisonniers.

Ce passage de l'Adige par les Autrichiens

avait donné l'éveil à Augereau, qui rassembla sur-le-champ ses forces, espérant attaquer Provera vers Anghiari; mais ce dernier avait défilé sur Mantoue. Augereau ne put atteindre que son arrière-garde, qu'il attaqua sur-le-champ. Elle fut complétement défaite; on lui prit deux mille hommes et quatorze pièces de canon, et le pont sur l'Adige fut brûlé.

Cette affaire avait commencé par une espèce de duel héroïque entre le commandant d'un escadron des hussards d'Erdody, et le chef d'escadron Duvivier, du neuvième de dragons. La cavalerie autrichienne avait fait volte-face pour repousser les Français, et le hussard s'étant présenté sur le front des dragons, leur avait crié de se rendre, en s'adressant plus particulièrement à Duvivier. Celui-ci arrête les dragons, qui se mettaient en devoir d'envelopper le provocateur fanfaron, et, l'apostrophant : « Viens donc toi-même me prendre, lui dit-il, si tu l'oses. » Par un mouvement spontané, les deux troupes s'écartent afin de laisser le champ libre aux deux champions, qui donnent pendant quelques minutes le spectacle de l'un de ces combats, dont on lit l'agréable description dans le Tasse, pour parler le langage de Bonaparte dans son rapport au Directoire. Le hussard fut grièvement blessé de deux coups de sabre, et Duvivier continua de charger à la tête de ses dragons.

En arrivant devant Saint-Georges, Provera espérait trouver cette position dégarnie. Il somme Miollis de se rendre. La réponse à une pareille proposition est digne du docte militaire qui, plus tard, dans la même contrée, sera le restaurateur du tombeau de Virgile. Les tentations faites pour s'emparer des retranchemens sont toutes repoussées, et Provera enfin a le bon esprit de ne se pas croire en mesure de tenter un assaut général contre des ouvrages susceptibles d'une longue et opiniâtre défense.

Tandis que le général autrichien cherche les moyens de franchir l'obstacle qui l'arrête, Bonaparte, de son côté, médite la destruction complète de la colonne ennemie. Cette destruction s'opère, malgré les efforts de Wurmser, sorti exprès de la forteresse pour venir au secours de Provera ; et cet infortuné général, réduit à solliciter une capitulation, se rend prisonnier avec cinq mille hommes, reste de huit mille qu'il avait avant son passage de l'Adige, à ce même Bonaparte, qu'il ne s'attendait guère à trouver, sous Mantoue, à la tête des troupes qui, quelques heures auparavant, sont, à quinze lieues de là, sorties victorieuses des orces d'Alvinzi.

Quelque intéressans que soient pour l'histoire contemporaine les détails du siége et de la reddition de la tête de pont d'Huningue, sur le Rhin, et les combats de Carpenedolo et de Derumbano en Italie, nous passerons de suite à la capitulation de Mantoue.

Renfermé depuis six mois dans cette forteresse, et privé désormais de tout espoir de secours, Wurmser sentit enfin que le moment de succomber était arrivé. La moitié de la garnison encombrait les hôpitaux et les édifices publics. Les chevaux, au nombre de près de cinq mille, avaient été en partie mangés par la garnison. Les alimens les plus vils allaient être épuisés, et le sort des habitans n'était pas moins déplorable. La fièvre pestilentielle, qui moissonnait les soldats, exerçait aussi ses ravages sur la population tout entière que tourmentait la famine. Après avoir fait tout ce qu'il était humainement possible de faire pour prolonger son honorable résistance, le général autrichien se détermina à capituler. Les clauses de la capitulation firent connaître l'estime que les vainqueurs avaient pour le vieux et respectable guerrier dont la fortune trahissait ainsi le dernier espoir. Le maréchal eut la libre sortie de Mantoue avec son état-major, deux cents hommes de cavalerie, cinq cents personnes à son choix, et six pièces de canon; mais la garnison, forte encore de douze à treize mille hommes, resta prisonnière, et fut conduite à Trieste pour y être échangée.

Dans son rapport au Directoire, Bonaparte rendit une justice éclatante à l'ennemi qu'il avait vaincu avec tant de bonheur et de gloire. « Le grand nombre, dit-il, qui s'attache toujours à calomnier le malheur, ne manquera pas de chercher à persécuter Wurmser; mais la postérité le vengera. »

Entrés dans Mantoue, les Français y retrouvèrent l'équipage de siége qu'ils avaient abandonné avant la bataille de Castiglione, et, indépendamment de l'artillerie des remparts, prirent possession de toutes les pièces de campagne du corps d'armée de Wurmser. Ces bouches à feu réunies formaient un total de plus de cinq cents. On recueillit en outre un équipage de vingt-cinq pontons, et soixante drapeaux ou étendards, qu'Augereau, partant pour Paris, fut chargé de présenter, au nom de l'armée, au Directoire républicain.

La nouvelle de la prise du dernier boulevard de l'Italie, d'une forteresse qui passait pour imprenable, et que les ennemis de Bonaparte regardaient comme devant être l'écueil où la renommée du vainqueur allait se briser, répandit dans Paris et dans la France une allégresse et un enthousiasme d'autant plus grands, qu'elle servait de compensation aux revers éprouvés sur le Rhin pour les redditions de Kehl et de la tête de pont d'Huningue. Elle fut publiée dans la capitale au bruit du tambour, et avec une solennité remarquable. Des détachemens nombreux de troupes accompagnèrent l'officier public dont la voix proclama la gloire des armes françaises, au milieu d'un peuple immense qui semblait la partager.

MARCHE DES FRANÇAIS SUR ROME.

II. La marche des Français sur Rome et le traité de Tolentino suivirent de près la capitulation de Mantoue, événement d'autant plus glorieux, que, depuis l'existence des sociétés, on en trouve à peine un semblable dans les annales du monde.

Bonaparte n'avait point perdu de vue l'expédition qu'il méditait contre le pape, et s'était rendu à Bologne pour accélérer en quelque sorte, par sa présence, les effets d'une entreprise dont le succès ne pouvait être douteux. Promu, après le combat de la Favorite, au grade de général de division, Victor s'était avancé sur cette dernière ville avec un corps de troupes que ne tarda pas à rejoindre une réserve de grenadiers, aux ordres de Lannes.

Un courrier, arrêté par les Français quelque temps avant la bataille de Rivoli, avait fait connaître pleinement au général de l'armée d'Italie les desseins du souverain pontife. Ce courrier était porteur d'une lettre du secrétaire-d'état, cardinal Busca, au prélat Albani, nonce du pape à Vienne, qui contenait tout le plan de l'alliance projetée entre Pie VI et l'empereur d'Allemagne. Colli, passé du service du Piémont à celui de l'Autriche, était désigné pour commander les troupes papales, considérablement augmentées par des levées extraordinaires.

Bonaparte, qui peut-être n'attendait que ce prétexte plausible pour commencer les hostilités, rappelle l'envoyé de France à Rome, fait entrer les troupes de Victor dans Imola, et publie à Bologne un manifeste dans lequel il déclare la rupture de l'armistice conclu entre la cour de Rome et la République française. Ce manifeste est appuyé d'une proclamation dont le but est de rassurer le bas clergé et le peuple des États romains sur les intentions des armées françaises. « Cette armée, dit le général en chef, va pénétrer sur le territoire de l'Église : Elle sera fidèle aux maximes qu'elle professe ; elle protégera la religion et le peuple. Malheur à ceux qui attireraient la vengeance d'une armée qui a, dans six mois, fait cent mille prisonniers des meilleures troupes de l'empire, pris quatre cents pièces de canon et détruit cinq armées. » La proclamation renfermait en outre la menace des châtimens qui seraient exercés sur les villages où le tocsin aurait sonné, et ceux dans le territoire desquels un français serait assassiné. On y lisait également la promesse aux prêtres, moines, ou tous autres ministres du culte, d'être protégés et maintenus dans leur état actuel, s'ils se conduisaient selon les principes de l'Évangile, et, dans le cas contraire, l'assurance d'être traités plus sévèrement encore que les autres citoyens.

Les grands et le peuple sont frappés d'une égale terreur. Tous ceux qui sont étrangers au machiavélisme papal, ou que n'abuse point l'aveugle fanatisme, voient avec peine le souverain pontife déposer son caractère évangélique pour adopter des projets de guerre opposés à ses intérêts, comme prince temporel, et à ses devoirs, comme chef d'une religion dont Jésus-Christ a dit : « Mon royaume n'est pas de ce monde. » *Ecclesia abhorret à sanguine.*

Quoique façonnés depuis long-temps au joug religieux, qui impose, à la vérité, une soumission aveugle et absolument passive, mais qui détruit toute énergie guerrière, les descendans dégénérés des anciens maîtres du monde, qui ne voient qu'à travers un voile épais, et qui ne se rappellent qu'à l'aide d'une mémoire douteuse, obscurcie et chancelante, les Scévola, les Brutus, les Camille et les Caton, désapprouvent cependant les lenteurs que Pie VI a apportées à la conclusion d'une paix dont la proposition a été faite avec tant d'empressement dans le moment du danger.

Des pamphlets, enfants du délire et de la sottise, toujours ridicules, quels qu'en soient les auteurs, jamais dangereux si on les méprise, circulent dans la capitale du monde chrétien, et marquent du sceau du sarcasme et de l'ironie les efforts que fait le successeur de saint Pierre, ce serviteur des serviteurs de Dieu, pour obtenir une influence militaire, à défaut de l'influence religieuse. Triste extrémité ! depuis la défaite d'Alvinzi, le souverain pontife, réduit à ses propres ressources, manque même de la confiance de ses sujets, et Pie VI apprend avec une douleur poignante qu'on a affiché sur la statue de Pasquin le distique suivant, composé autrefois pour un de ses prédécesseurs, Alexandre VI, qui n'est pas mort en odeur de sainteté :

Sextus Tarquinius, Sextus Nero, Sextus et iste ;
Semper sub Sextis perdita Roma fuit.

Cependant quelques mille hommes des troupes papales ont pris position sur le Senio, et s'y sont retranchés. Lannes paraît ; les soldats du pape ne sont plus. Les grenadiers de la légion lombarde, commandés par Lahoz, et qui voyaient le feu pour la première fois, ont enlevé les batteries et culbuté tous ceux qui voulaient résister ; c'est même en vain que les officiers de sa sainteté ont employé les moyens les plus propres à exciter la valeur de leurs gens, et qu'au moment de l'action, plusieurs prêtres, revêtus de leurs habits sacerdotaux, ont parcouru les rangs et exhorté le soldat à combattre généreusement pour leurs autels et pour leurs foyers. Les prédications sont inutiles, la mission est manquée, et les Romains, qui n'ont plus de romain que le nom, poursuivis par Lannes, gagnent Faenza dans le plus grand désordre.

Les portes de la ville sont fermées, les fuyards paraissent disposés à s'y défendre. Quelques coups de canon suffisent pour en livrer l'entrée aux Français et aux Italiens qui s'y précipitent au pas de charge. Junot, à la tête d'un escadron du septième de hussards, court pendant deux heures après la cavalerie ennemie qui n'a point attendu les Français, et ne peut l'atteindre. Quatorze canons enlevés par les grenadiers lombards, quelques centaines d'hommes tués, mille prisonniers, dont vingt-six officiers, huit drapeaux et des caissons de munitions, plusieurs prêtres ou moines, trouvés sur le champ de bataille, sont les trophées de cette journée.

Politique aussi adroit que vainqueur généreux, Bonaparte arracha Faenza au pillage. Il se fit amener les officiers prisonniers, et les renvoya dans leurs foyers, en les engageant à ne plus voir dans les Français que des protecteurs. Il manda également les prêtres et les moines, les engagea à calmer leurs concitoyens, et chargea plusieurs d'entre eux d'aller à Ravenne et à Cesena préparer les habitans à recevoir amicalement la division qui allait marcher sur ces deux villes.

Victor arrive devant Ancône sans rencontrer d'obstacles. Douze à quinze cents hommes occupent les hauteurs qui commandent la place, et espèrent s'y maintenir. Le général français partage ses troupes en trois colonnes, et, favorisé par quelques accidens du terrain, il réussit à envelopper l'ennemi, et à lui faire mettre bas les armes, sans presque brûler une amorce. Ancône ouvre ses portes : les Français trouvent dans la citadelle cent-vingt bouches à feu, un arsenal bien approvisionné et quelques milliers de fusils que l'empereur a, tout récemment, envoyés à sa sainteté. Les officiers sont, comme à Faenza, renvoyés sur parole.

Pendant que Victor pénétrait ainsi dans les États Romains, une colonne mobile, réunie à Tortone, s'était dirigée par Sienne, sur Foligno, pour rejoindre sa division. Les troupes marchent sur Macerata. Elles sont précédées par Marmont, qui s'empare de Lorette, et d'une valeur à peu près d'un million, indépendamment des reliques, sources des richesses de cette église fameuse, que Colli n'a pas eu le temps d'emporter. Ainsi se réalise cette prédiction de Voltaire :

> Des trésors de Lorette, amassés pour Marie,
> On verra l'indigence habillée et nourrie.

Rome était en proie aux anxiétés de la terreur. Tous ceux qui s'étaient déclarés ouvertement contre les Français, redoutaient à ce moment l'approche de l'armée victorieuse. Nombre d'habitans, et surtout les prêtres et les moines, pour se soustraire à une vengeance qu'ils croyent méritée, fuyent vers Naples, et ces émigrations ajoutent à la confusion générale. Sentant alors qu'il n'a d'autre parti à prendre que de subir la loi du vainqueur, le pape écrit à Bonaparte « Qu'il s'en rapporte à la générosité française, promettant de souscrire d'avance à toutes conditions justes et raisonnables, et s'obligeant, *sous sa foi et parole*, de les approuver et ratifier en forme spéciale, *afin qu'elles soient valides et inviolables en tout temps.* » La lettre de Pie VI se terminait ainsi : « Assuré des sentimens de bienveillance que vous avez manifestés, nous nous sommes abstenu de tout déplacement de Rome, et, par là, notre cher fils, vous serez persuadé de notre grande confiance en vous. Nous finissons en vous assurant de notre grande estime, et en vous donnant la paternelle bénédiction apostolique. »

Les choses en étaient au point qu'il s'agissait plutôt de souscrire une capitulation, que de conclure un traité. La paix fut donc promptement signée entre le souverain pontife et la République française, à Tolentino, quartier-général de Bonaparte.

Par ce traité, Avignon et le comtat Venaissain furent cédés à la France. Le pape renonçait aux légations de Ferrare et de Bologne, ainsi qu'à la Romagne, et consentait à l'occupation des ville, citadelle et territoire d'Ancône, jusqu'à la paix définitive. Il s'obligeait en outre à verser, de suite, dans la caisse de l'armée d'Italie, la somme de trente millions, au lieu de seize qui restaient dus sur la contribution arrêtée dans l'armistice de Bologne; à faire remettre les objets d'art et les manuscrits mentionnés dans le même armistice; à désavouer solennellement l'assassinat de Basseville, et à payer trois cent mille francs, à titre de dédommagement, pour ceux qui avaient pu souffrir de ce meurtre commis sur l'envoyé du gouvernement; enfin, Bonaparte avait stipulé que l'école des arts, instituée à Rome pour les Français, y serait rétablie; qu'elle continuerait d'être dirigée comme avant la guerre, et que le palais où cette école était placée, serait rendu, sans dégradation, à la république française, dont il était la propriété.

Après les désastres qu'avaient successivement éprouvés Beaulieu, Wurmser et Alvinzi, on pouvait raisonnablement penser que l'Autriche, réfléchissant sur sa position actuelle, et soumettant ses ressources à un examen sévère, chercherait à entamer des négociations; mais, si d'un côté les lauriers d'Arcole et de Rivoli, en mettant le sceau à la gloire de l'armée d'Italie, ont relevé les espérances du Directoire républicain, de l'autre, les succès du prince Charles en Allemagne, inspirent trop de confiance au cabinet de Vienne, pour que l'empereur croie devoir céder à des considérations pusillanimes, en traitant avec un cabinet dont les prétentions lui paraissent aussi exagérées qu'injustes. Clarke, d'ailleurs, avait échoué dans sa mission qui était de proposer la paix, et l'Angleterre avait aussi réussi à persuader à l'Autriche qu'il était de son intérêt comme de l'honneur de ses armes, de continuer une guerre entreprise pour le maintien des droits des souverains et pour le salut de l'Europe.

Une nouvelle armée autrichienne, composée de l'élite des troupes qui ont combattu à Kehl, et à la tête de pont d'Huningue, se rassemble dans le Tyrol. L'archiduc la commande, et Bonaparte, qui a su apprécier ce général par sa conduite contre l'armée de Sambre-et-Meuse, voit dès-lors qu'il aura un adversaire digne de lui, et qu'il ne faut pas perdre un moment pour prévenir les desseins du prince.

La campagne est ouverte. Bonaparte a reçu les secours que la suspension des hostilités sur le Rhin avait permis au Directoire de faire enfin passer à l'armée d'Italie, et qu'il attendait depuis si long-temps. Ces secours se composent de deux divisions tirées des armées de Sambre-et-Meuse et de Rhin-et-Moselle, présentant ensemble un effectif de dix-huit mille combattans.

Quelques affaires peu importantes précédèrent les affaires plus sérieuses du Tagliamento et de Gradisca. La première coûta aux Autrichiens un général, plusieurs officiers supérieurs, environ cinq cents prisonniers, un grand nombre de tués, et six pièces de canon; la seconde vit les Autrichiens fuir devant les colonnes serrées de Bernadotte, et la ville se rendit à la première sommation, après une perte de deux mille cinq cents hommes, tombés au pouvoir des Français, de huit drapeaux et de dix pièces d'artillerie.

Maître de Gradisca, Bonaparte, accompagné des divisions Bernadotte et Serrurier, avait marché de suite sur Corizia, que les Autrichiens évacuèrent avec tant de précipitation, qu'ils abandonnèrent de nombreux magasins de vivres et de munitions de guerre, et quinze cents malades ou blessés qui furent recommandés à la générosité française. Le général en chef crut devoir, par une proclamation, rassurer les habitans de cette ville. « Une frayeur injuste, leur dit-il, a devancé l'armée de la république. Nous ne venons ici ni pour vous conquérir, ni pour changer vos mœurs et votre religion. La France libre est l'amie de toutes les nations. Malheur aux rois qui ont la folie de lui faire la guerre.... J'augmenterai vos priviléges, et je vous restituerai vos droits. Le peuple Français attache plus de prix à la victoire par les injustices qu'elle lui permet de réparer, que par la vaine gloire qui lui en revient. »

Masséna, sur ces entrefaites, suivant les instructions qu'il a reçues, s'était emparé de Chiusa-Veneta. Parvenu au pont de Casasola, où l'ennemi rallié voulait lui disputer le passage, il fait marcher les grenadiers des trente-deuxième et soixante-quinzième demi-brigades, qui franchissent les retranchemens et culbutent les Autrichiens. Ponteba est occupé sans coup-férir, et Ocskay, poursuivi jusques au-delà de Tarvis, laisse six cents prisonniers au pouvoir des Français, ainsi que les magasins de vivres établis dans la contrée pour les divers cantonnemens autrichiens.

La rapidité des mouvemens de Bonaparte

devait nécessairement déconcerter l'archiduc accoutumé aux lenteurs de Moreau et à la méthodique circonspection de Jourdan. Aussi ne tarda-t-il pas à voir dans quelle situation critique se trouvaient ses troupes.

Arrivé à Kraimburg, le prince Charles apprend l'occupation de Tarvis par Masséna. Il envoie sur-le-champ à Ocskay l'ordre de reprendre Tarvis, où les Français n'ont encore qu'une avant-garde. Fuyant à toutes jambes, Ocskay s'est déjà retiré à Wurzen. Enfin, pris en tête et en queue, le corps entier de Bayalitsch met bas les armes, sans presque opposer de résistance. Quatre généraux, quatre mille hommes, vingt-cinq pièces de canon et quatre cents charriots tombent au pouvoir de l'armée d'Italie.

Ces revers multipliés ne permettant plus à l'archiduc de prendre l'offensive, il laisse à Klagenfurt, la division Mercantin, et se porte avec ses autres troupes à Saint-Veit, tandis que Joubert, fidèle exécuteur des ordres qu'il a reçus du général en chef, ce grand connaisseur en mérite militaire, pénètre dans le Tyrol, et culbute l'ennemi à Cembra, à Neumarck et à Clausen.

Étrange enchaînement des vicissitudes humaines ! le vainqueur demande la paix, le vaincu la refuse, et condamne Bonaparte à vaincre encore. Le sang coule de nouveau. Vienne délibère s'il ne convient pas que la cour se retire en Hongrie : les temps de la fugitive Marie-Thérèse, cette femme-roi qui ignorait la place où déposer son fruit infortuné, sont présens à tous les souvenirs, et l'influence anglaise, muette, sans être silencieuse, reste inerte, lorsqu'il s'agit de prévaloir dans le choix du moyen qui peut soustraire à l'orage grondant de toutes parts sur l'antique monarchie autrichienne. Les préliminaires de paix sont signés à Léoben, et ces préliminaires amènent le traité de Campo-Formio, dont nous ne citerons aucun article ; un traité, trop souvent, n'étant, en général, qu'un double parjure entre les contractans.

Les hostilités cependant, n'ont point encore cessé ; Moreau a rouvert la campagne par le passage du Rhin à Diersheim, et l'armée de Sambre-et-Meuse, après avoir traversé le fleuve à Neuwied, menace une troisième fois l'Allemagne, et venge par des victoires les retraites des deux années précédentes. Une insurrection grave éclate dans les états de Venise ; Bonaparte a parlé, et cette république aristocratique, rayée de la liste des puissances, a disparu comme la feuille légère, vain jouet des vents, qui tournoie dans les airs, et fatigue inutilement les regards du spectateur.

Quelques mois ont passé : Paris est témoin du mouvement révolutionnaire du 18 fructidor. Époque fatale ! l'amitié nous défend de la rappeler. Elles ne sont point encore taries, les pleurs que naguère nous avons versées à la lecture de la lettre du savant professeur Henri Ramel, qui, éperdu, le cœur navré de douleur, et assez grand pour porter jusqu'à la fin le pénible fardeau de la vie, nous apprit, de Cahors (nous ne faisons que citer ses propres expressions), la mort de son frère, *horriblement massacré à Toulouse par des cannibales royalistes.*

Grand Dieu ! nous avons vu, à la même époque, des cages de fer traîner ignominieusement aux bords de la Charente, pour être déportés sous un ciel mortifère, des hommes que la France peut avec un juste orgueil présenter également à ses amis et à ses ennemis. Mais, ô comble d'ignominie ! vingt-quatre heures sont à peine écoulées, et la vertueuse fille de Penthièvre, partant pour Barcelonne avec le prince de Conti, traverse Orléans, sans qu'on daigne la saluer à son passage. Ce n'est qu'au-delà des ponts, qu'attendant au faubourg d'Olivet le relai de poste, elle reçoit les hommages et les expressions sincères de respect de ce qu'on a l'impudeur d'appeler la classe ouvrière.

Attendrie, et plus qu'attendrie, la princesse versait des larmes : elle avait à sa droite une dame d'honneur, couverte d'une robe fond blanc, parsemée de légères fleurs bleues, et à sa gauche, un officier supérieur de gendarmerie, d'une figure et d'une mise assez décentes pour le temps. Le prince de Conti s'impatientait, et pendant qu'il criait à tue-tête : Picard! Picard! l'auteur de cet opuscule crayonnait en tremblant ces faibles vers qu'il osa, se glissant vers la voiture, jeter sur les genoux de la duchesse d'Orléans ;

Tes ennemis, Princesse, ont été jusqu'au bout ;
Ils ont empoisonné le printemps de ta vie :
Va, fuis... regrette moins ton injuste patrie ;
Quand on a tes vertus, on peut aller partout.

MORT DE HOCHE.

III. Une mort prématurée a enlevé Hoche à l'amour de l'armée, à l'espoir de la patrie. La dépouille mortelle du libérateur de Landau, du pacificateur de la Vendée, gît, près de Coblentz, dans la redoute de Petersberg, à côté de Marceau, et la tombe ne sépare point deux guerriers unis, pendant leur vie, par les liens d'une étroite amitié.

Sur le rapport de Jean Debry, organe d'une commission nommée à cet effet, le conseil des cinq-cents vote une pompe funèbre à la mémoire de Hoche. Le conseil des anciens adopte cette résolution, et le directoire en ordonne la mise à exécution. Elle a lieu, cette triste et imposante cérémonie, digne du héros dont elle doit éterniser la mémoire.

Les membres du gouvernement sortent à pied de l'École-Militaire, précédés des autorités constituées, accompagnés des ministres et du corps diplomatique, et suivis de la famille du général décédé.

Au milieu du cortége, et devant le directoire, quatre vétérans portent le buste de Hoche orné de la couronne de l'immortalité. Augereau, Bernadotte, Hédouville et Tilly l'environnent.

On se rend à l'autel de la patrie, devant lequel s'élève une pyramide à quatre faces.

Sur l'un des côtés se lit : *Lignes de Weissembourg.*

Sur l'autre : *Débloquement de Landau.*

Sur la troisième : *Affaire de Quiberon; pacification de la Vendée.*

Sur la quatrième : *Passage du Rhin; bataille de Neuwied.*

L'enceinte de l'autel était fermée par des trophées et des colonnes funéraires, également chargées d'inscriptions, et ornées de drapeaux décorés de crêpes et de rubans noirs.

La première colonne portait : « Il vécut assez pour la gloire, et trop peu pour la patrie. »

La seconde : « Il fut humain dans la guerre, et clément dans la victoire. »

La troisième : « Son nom seul épouvante le despote d'Irlande, et les conspirateurs français. »

La quatrième : « les distances, les fleuves, l'Océan, rien n'arrêtait son audace. »

La cinquième : « Il allait être LE BONAPARTE du Rhin. »

La sixième : « Weissembourg, Landau, Quiberon parleront de sa gloire, et la Vendée de ses vertus. »

Le président du directoire prononça un discours à la louange du défunt. Un chœur de quarante jeunes filles, vêtues de blanc, les cheveux ornés de bandelettes, s'avança près du mausolée et chanta la strophe suivante :

> Du haut de la voûte éternelle,
> Jeune héros, reçois nos pleurs;
> Que notre douleur solennelle
> T'offre des hymnes et des fleurs !
> Ah ! sur ton urne sépulcrale,
> Gravons ta gloire et nos regrets,
> Et que la palme triomphale
> S'élève au sein de tes cyprès !

Ces jeunes filles vinrent ensuite, deux à deux, déposer des branches de laurier près de l'effigie de Hoche, et Daunou, chargé par l'institut national, dont il était membre, de prononcer l'oraison funèbre du mort, rappela dans un discours plein d'onction et de véritable éloquence, les principaux faits de la vie militaire de Hoche.

« Laissons, a-t-il dit à l'occasion de la guerre de la Vendée, laissons le récit des combats ; ne rappelons point des triomphes obtenus sur des Français par leurs frères. Assez de gloire, dans cette expédition, resterait au général Hoche, quand on ne lui tiendrait compte que des actes de fermeté, d'humanité et de sagesse dont il a rempli cette intéressante époque de sa vie publique. Son nom, ailleurs admiré, ne sera que béni dans ces contrées jusqu'à lui si malheureuses. On y chérira sa mémoire comme celle d'un père, de qui on a reçu des instructions, des pardons et des bienfaits. Dans ces champs désolés, où, durant cinq ans, les crimes succédaient aux crimes, et les désastres aux désastres, il a fait renaître les moissons, l'industrie et l'espérance. »

Pendant que le directoire payait à la mémoire de Hoche le trop juste tribut de reconnaissance dû à ses services, une fête, d'un tout autre genre, se préparait en l'honneur du jeune héros, vainqueur en Italie, et pacificateur à Campo-Formio.

Bonaparte est solennellement présenté au Directoire. La cour du Luxembourg est disposée pour être le théâtre de la cérémonie. Au milieu s'élève l'autel de la patrie, surmonté des statues de la liberté, de l'égalité et de la paix, et décoré de plusieurs trophées formés avec les nombreux drapeaux conquis par l'armée d'Italie. A chaque côté de l'amphithéâtre, destiné aux autorités, se fait remarquer un faisceau des drapeaux des différentes armées de la république.

Bonaparte paraît, accompagné des ministres des relations extérieures et de la guerre, et suivi de ses aides de camp. Talleyrand-Périgord le présente au directoire et prononce un discours que nous passerons sous silence pour donner, dans son entier, celui de Bonaparte, remarquable par son extrême concision, la force et la justesse de l'expression.

Simple et modeste, la contenance du général contraste avec sa haute renommée. Il se fait un profond silence, et le négociateur-guerrier, remettant à Barras la ratification accordée par l'empereur d'Autriche au traité de paix de Campo-Formio, s'exprime en ces termes :

« Citoyens directeurs, le peuple français, pour être libre, avait les rois à combattre. Pour obtenir une constitution fondée sur la raison, il avait dix-huit siècles de préjugés à vaincre et des abus à réformer : vous avez triomphé de tous ces obstacles. La religion, la féodalité et le royalisme, ont successivement, depuis vingt siècles, gouverné l'Europe, mais de la paix que vous venez de conclure date l'ère des gouvernemens représentatifs. Vous êtes parvenus à organiser la grande nation, dont le vaste territoire n'est circonscrit, que parce que la nature en a posé elle-même les limites. Vous avez fait plus : les deux plus belles parties de l'Europe, jadis si célèbres par les arts, les sciences et les grands hommes dont elles furent le berceau, voient avec les plus grandes espérances le génie de la liberté sortir des tombeaux de leurs ancêtres. Ce sont deux piédestaux sur lesquels les destinées vont placer deux grandes nations. J'ai l'honneur de vous remettre le traité signé à Campo-Formio, et ratifié par sa majesté l'empereur. La paix assure la liberté, la prospérité et la gloire de la république. Lorsque le bonheur du peuple français sera assis sur les meilleures lois organiques, l'Europe entière deviendra libre. »

Le ministre de la guerre présenta ensuite au directoire, Joubert et Andréossi, chargés par Bonaparte, à son départ de l'armée d'Italie, de venir rapporter au directoire exécutif le drapeau que les deux conseils avaient décerné à cette brave armée, et sur lequel se trouvaient les inscriptions qui rappelaient ses principaux exploits.

Sur une des faces de ce drapeau on lisait :

A L'ARMÉE D'ITALIE, LA PATRIE RECONNAISSANTE.

Sur l'autre côté étaient écrits les noms des combats livrés et des villes prises par cette armée. On y remarquait surtout cette longue suite de victoires imprimée sur la soie :

« Cent cinquante mille prisonniers. — Cent soixante-dix drapeaux. — Cinq cent cinquante pièces de siége. — Six cents pièces de campagne — Cinq équipages de pont. — Neuf vaisseaux de 64 canons, douze frégates de 32, douze corvettes, dix-huit galères. — Armistice avec le roi de Sardaigne. — Convention avec Gênes. — Armistice avec le duc de Modène, le roi de Naples, le pape. — Préliminaires de Léoben, etc.

« Donné la liberté aux peuples de Bologne, Ferrare, Modène, Massa-Carrara, de la Romagne de la Lombardie; aux peuples du département de Corcyre, de la mer Égée et d'Ithaque.

«Envoyé à Paris les chefs-d'œuvre de Michel-Ange, du Guerchin, du Titien, de Paul-Véronèse, Corrège, Albane, des Carraches, Raphaël, Léonard de Vinci, etc., etc. »

L'aspect de cette auguste enseigne ajouta encore à l'enthousiasme des spectateurs. Le ministre, Joubert, Andréossi et Barras prennent successivement la parole. On remarque ces passages de leurs discours :

« La reconnaissance nationale décerna un drapeau à l'armée d'Italie, comme un monument de sa gloire et de son courage ; ce drapeau est devenu le gage de nouveaux triomphes, ou plutôt de prodiges, qui, par leur nombre et leur éclat, ont surpassé tous les faits mémorables transmis par les fastes de l'histoire.

« Qu'on la suive depuis le passage du Var, cette étonnante armée, on la verra se soutenir avec une poignée d'hommes, dans la conquête de Nice, contre les efforts réunis et multipliés des Austro-Sardes, et leur arracher l'espoir d'envahir le territoire français ; reconquérir Toulon sur toutes les forces de la coalition, que les trahisons y avaient introduites. On la verra, la même armée, s'emparer des Alpes, et, après avoir été assaillie de toutes parts par les maladies, menacer enfin à son tour les dominateurs de l'Italie.

« Quelle que fût sa faiblesse, quel que fussent le nombre et la hardiesse de ses adversaires, elle ne fit jamais un pas rétrograde. Devins, avec trente mille Hongrois de troupes choisies, en fit l'épreuve dans la rivière de Gênes; dix mille Français l'arrêtèrent dans les lignes de Borghetto, sauvèrent encore une fois les départemens méridionaux, et la bataille de Loano vint compléter sa défaite. »

Bonaparte, à son départ, fut salué des mêmes acclamations qui l'avaient accueilli à son arrivée au palais directorial, et le drapeau fut suspendu solennellement à la voûte de la salle des séances du gouvernement.

Tandis que dans la capitale du monde civilisé Bonaparte et l'armée reçoivent la noble récompense du sang versé pour la patrie, la capitale du monde chrétien va devenir la proie des discordes civiles.

La seule Angleterre continuait la guerre contre la France: Pléville-Lepeley, Tourneur (de la Manche) et Maret ministres plénipotentiaires au congrès de Lille, espéraient conclure la paix, lorsqu'une réponse évasive de

Malmesbury fit évanouir tout espoir d'accommodement. Le pays de Vaud s'insurge contre les cantons de Berne et de Fribourg.

Ménard entre en Suisse; Rome divisée, remplies de troubles et de dissentions, a à se reprocher l'assassinat de Duphot; Joseph Bonaparte, que son titre sacré d'ambassadeur devait mettre à l'abri de l'insulte, quitte la ville, part pour la Toscane, et, de Florence où il s'est retiré, s'empresse d'adresser à son gouvernement le rapport circonstancié de tout ce qui vient de se passer à Rome. « Je croirais, dit-il en terminant cette pièce officielle, faire injure à des républicains, si j'insistais sur la vengeance que le directoire doit tirer de ce gouvernement impie, qui, assassin de Basseville, l'est devenu, de volonté, du premier ambassadeur français qu'on a daigné lui envoyer, et de fait d'un général distingué par sa valeur dans une armée ou chaque soldat était un héros. Ce gouvernement ne se dément pas : astucieux et téméraire pour commettre le crime, lâche et rampant lorsqu'il est commis, il est aux genoux du ministre Azara pour qu'il se rende à Florence auprès de moi, et me ramène avec lui à Rome. »

Les chefs de ces odieuses machinations n'avaient point pensé que les choses iraient si loin ils avaient espéré que, fiers d'être les maîtres en Italie, les Français, repoussant la force par la force, n'auraient pas usé de prudence dans une circonstance aussi critique, et se seraient au contraire portés à quelques excès qui eussent excusé la conduite du gouvernement romain, en les rendant odieux à la multitude.

L'assassinat de Duphot, qui rappelle celui de Basseville, l'outrage fait à son ambassadeur dont la dignité et l'inviolabilité ont été méconnues, réveillent dans l'âme du directoire exécutif, la haine qu'il a vouée à la politique cauteleuse et jésuitique des Braschi, des Albani, des Busca, des Barberi, des Sparziani, des Galeppi, des Consalvi, et déjà l'on pense à rétablir dans Rome ce gouvernement républicain qui lui a donné autrefois l'empire du monde. La guerre contre le pape est résolue, et les envoyés de ce souverain ne reçoivent à leurs humbles supliques, que des réponses évasives, plus propres à leur inspirer des craintes, qu'à ranimer leurs espérances.

Les dépêches de la légation causent les plus vives alarmes au Vatican et dans Rome. Effrayé des dangers qui menacent la chaire de Saint-

Pierre, Pie VI ordonne des processions extraordinaires, en usage seulement au temps des grandes calamités, et dans lesquelles on offre à la piété des fidèles, une image du Sauveur, que des anges, dit-on, ont eux-mêmes apportée sur la terre. Moyen impuissant! ressource hélas! bien faible! Il faudrait un miracle pour conjurer la tempête qui menace le saint-siége; mais les miracles sont tombés en désuétude, et l'abus qu'on en a fait, en portant à la vraie foi une atteinte mortelle, à fait tressaillir d'allégresse les portes de l'enfer.

Déjà Berthier a reçu l'ordre de marcher sur Rome et s'avance vers Ancône ; déjà l'avant-garde française, arrivée à Macerata, a fait à Lorette, prisonniers de guerre, deux cents hommes qui ont voulu s'opposer à sa marche. Les instructions adressées au général français disent expressément que l'assassinat de Duphot ainsi que l'insulte faite à l'ambassadeur de la république serait vengés sans délai; qu'on entrera sur le territoire papal; qu'on occupera militairement la ville de Rome, et que Berthier se servira de toute son influence pour engager les habitans à se constituer en république.

L'avant-garde française prend possession du

château Saint-Ange, qu'on ne cherche point à défendre, et Berthier, interdisant à ses troupes l'entrée de la ville, attend, hors des murs, les résultats des efforts que les habitans vont faire pour secouer le joug pontifical. Il a prévenu, sous main, les principaux meneurs qu'ils peuvent compter sur la protection des armes françaises, et qu'il entrera dans Rome lorsque la révolution projetée sera terminée. Cette assurance donnée par le guerrier, qu'on regardait avec raison comme le bras droit de Bonaparte, exalte les esprits, et la république romaine est proclamée jusque sous les croisées des appartemens du saint-père.

On déclare solennellement « que le peuple Romain n'a eu aucune part aux attentats affreux et aux assassinats par lesquels son gouvernement a si gravement offensé la nation française et la république invincible ; attentats que le peuple déteste et abhorre, et dont les auteurs sont voués à l'infamie. » Enfin, l'acte du peuple souverain (*atto del popolo sovrano*) contient l'institution de sept consuls, de préfets, d'édiles et autres magistrats.

Ainsi les Romains, en recréant ces formes anti-monarchiques qui avaient produit les héros de la ville éternelle, semblaient vouloir rappeler le glorieux souvenir de leurs ancêtres, mais l'ancienne république avait été fondée sur les bonnes mœurs, et Rome moderne était une des cités de l'Europe où la dissolution exerçait le plus son empire.

Instruit de ce qui se passe, et préparé à cet événement, Berthier entre dans la ville des Césars et des successeurs de Saint-Pierre. Il se met en marche, accompagné d'un nombreux état-major, d'un détachement pris dans chacun des corps de cavalerie et des grenadiers de l'armée, et, monté au Capitole, il salue, au nom du peuple français, la nouvelle république romaine, qu'il déclare libre et indépendante; puis, réclamant le silence, il s'exprime en ces termes, au milieu de l'immense population qui se presse sur ses pas :

« Mânes de Brutus, de Caton, de Pompée, de Cicéron, d'Hortensius, recevez l'hommage des hommes libres, dans ce Capitole où vous avez tant de fois défendu les droits du peuple et illustré la république romaine. Les enfans des Gaulois, l'olivier de la paix à la main, viennent dans ce lieu auguste y rétablir les autels de la liberté, dressés par le premier des Brutus. Et vous, peuple romain, qui venez de reprendre vos droits légitimes, rappelez-vous quel sang coule dans vos veines; jetez les yeux sur les monumens de gloire qui vous environnent, reprenez les vertus de vos pères, montrez-vous dignes de leur antique grandeur, et prouvez à l'Europe qu'il est encore parmi vous des âmes qui n'ont point dégénéré de celles de vos ancêtres. »

Ces paroles sont couvertes des cris mille fois répétés de *vive la liberté! vive la république! vive l'invincible armée française! vive Bonaparte! vive Berthier!* Et, tandis que le peuple, toujours amateur de nouveautés, fait retentir les rivages du Tibre des exclamations de sa prétendue reconnaissance envers les Français, Pie VI, enfermé dans son palais, abandonné de la plupart des grands de l'Église et de la noblesse romaine, ignorait encore les résultats du mouvement insurrectionnel, dont il avait entendu les premières approches.

Prosterné au pied de la croix, le saint-père appelait la protection divine sur sa tête vénérable, qu'il croyait menacée. Aucun de ses serviteurs, restés muets, n'avait eu la force de lui dire que son règne, comme celui de son divin maître, n'était plus de ce monde, et il fallut que Cervoni, pénétrant jusqu'à sa sainteté, vînt l'avertir que le peuple avait aboli le gouvernement papal, et repris l'exercice de sa souveraineté.

A cette nouvelle, le vieillard levant les yeux au ciel, offre ce sacrifice, peu coûteux pour lui, au maître de toutes choses, et apprend sa déchéance avec encore plus de calme et de sérénité d'âme, qu'on n'était en droit d'en attendre de son grand âge et de ses nombreuses infirmités. Résigné aux décrets impénétrables de la Providence, il demande et obtient la permission de se retirer en Toscane. Pie VI quitte donc le palais d'où ses prédécesseurs, armés de foudres écrites, ont jadis fait trembler sur leur trône les plus fiers potentats de l'Europe; Rome n'est plus dans Rome; la puissance temporelle du pape est détruite, et sa puissance spirituelle, désormais méconnue par la majeure partie de l'ancien et du nouveau monde, gît dans une cellule obscure de la Chartreuse de Pise.

Il ne manquait plus au malheur de l'Église, après le départ du pape, que de voir les scellés apposés au Vatican et sur tous les papiers de la cour de Rome. Un arrêté de Berthier ordonne à tous les émigrés, et spécialement à Maury, de sortir du territoire de la république dans les vingt-quatre heures. Le même arrêté porte que leurs biens seront saisis pour être vendus au profit de l'état, mesure irréfléchie, fille des révolutions dont le moindre mal est de produire l'anarchie qui amène les concussions, l'arbitraire, le vol et le brigandage.

Appelé aux fonctions de chef d'état-major-général de l'armée d'Angleterre, Berthier fut remplacé par Masséna dans le commandement de l'armée, et sous ce général, meilleur soldat que bon administrateur, beaucoup d'individus qui, dès l'origine de la guerre, n'étaient venus en Italie que dans l'espoir d'y faire fortune en pillant à la suite de l'armée, avaient organisé des espèces de bureaux de vol et de dévastation.

Sous prétexte de mettre à exécution un arrêté de Berthier, qui ordonnait la vente de tous les biens, meubles et immeubles des émigrés, ces misérables se portèrent dans les plus riches maisons de Rome, et s'emparèrent audacieusement de l'or, de l'argent, des bijoux, et de tous les objets précieux qu'ils trouvèrent. Vainement un grand nombre de Romains, qui n'étaient point inscrits sur les listes d'émigration, réclamèrent-ils contre ces déprédations scandaleuses ; ils ne furent point écoutés, et la plupart des palais de Rome furent en peu de temps dépouillés de toutes leurs richesses et des chefs-d'œuvre des arts qui en fesaient l'ornement. Ce fut dans la ville un deuil général ; on se crut refoulé vers l'horrible époque des Huns, des Goths et des Vandales.

Masséna connaît ces horreurs, et ne fait rien pour les réprimer : indignées de cette condescendance à laisser des misérables flétrir les lauriers d'Arcole et de Rivoli, les troupes veulent prouver que *l'honneur national est resté intact sous les drapeaux de la France républicaine*. Une adresse est rédigée. Elle a pour but de convaincre le peuple romain que l'armée n'est point coupable du pillage dont il est la victime.

A la vue de la députation qui lui est envoyée, Masséna s'emporte avec violence, refuse de prendre l'adresse qu'on lui présente, et jure de punir l'insubordination et l'insolence de ceux qui en sont les auteurs ; mais craignant les suites que peut entraîner la prolongation de cette lutte, il se démet du commandement en chef, qu'il confie provisoirement à Dallemagne, sort précipitamment de Rome, et se rend à Paris.

Cependant, las d'être volés, les Romains ont résolu de secouer le joug des concussionnaires : un faubourg populeux se lève en masse, s'arme, et semble disposé à renouveler les vêpres siciliennes. Conduit par un prêtre portant une bannière sur laquelle est empreinte l'image de la Vierge, les insurgés s'avancent dans les rues de Rome, ramassent sur leur passage tous ceux qui ont quelque intérêt à se joindre à eux, se jettent sur tous les Français qu'ils rencontrent isolés, les massacrent, s'emparent de plusieurs postes, et se portent vers le château Saint-Ange, après avoir égorgé la garde de l'église de Saint-Pierre.

Dans cette circonstance critique, les Français allaient peut-être devenir victimes de leur indiscipline, lorsque Dallemagne, ayant réuni quelques braves, se précipita sur les révoltés et forma un point d'appui où vinrent se réunir tous ceux qui n'étaient point cernés. Déjà, fort heureusement, la garde civique de Rome était organisée. Une partie de ce corps, rassemblée au premier bruit de l'insurrection, fondait tout-à-coup sur les derrières de la colonne insurgée, tandis que les Français l'attaquaient de front. La populace fut bientôt mise en fuite. Au bout de quelques heures, la tranquillité se rétablit dans la ville, et Dallemagne retrouva des soldats obéissans dans ces mêmes hommes que Masséna avait laissés rebelles.

CHAPITRE HUITIÈME.

PRISE DE MALTE.

I. En décernant à l'armée d'Italie un drapeau qui rappelait ses victoires et ses belles actions, le corps législatif avait rendu le même hommage aux armées du Nord et de Rhin-et-Moselle. La paix accordée au continent ne permettant plus aux troupes de la république de garder ces oriflammes, le dépôt devait en être fait entre les mains du gouvernement, pour être placés dans le lieu de ses séances, comme un témoignage perpétuel de la gratitude de la nation envers ses intrépides défenseurs, et comme un gage donné par ces derniers de leur dévouement à la patrie. La remise du drapeau de l'armée d'Italie avait été effectuée par Joubert et Andréossi; Magdonald et Duhesme, que le ministre de la guerre présenta au directoire exécutif, furent chargés de la même mission par les armées du Nord et de Rhin-et-Moselle.

Différens discours sont prononcés, à cette occasion, par le ministre, par Magdonald et par Duhesme, qui, tous trois, tonnent contre l'Angleterre. Nous citerons un passage de chacun d'eux pour faire connaître, quoique légèrement, l'esprit patriotique, libéral et vraiment français dans lequel ils ont été composés.

— « Ces braves armées ont sauvé la patrie et terrassé ses ennemis. Assez souvent cette enceinte a retenti de leurs triomphes; les trophées de leurs victoires sont sous nos yeux, et attestent la gloire immortelle dont elles se sont couvertes.

« Heureuse France, qui enfantas des hommes capables de pareils exploits! c'est à leur courage indomptable que tu dois l'admiration et le respect des autres nations. »

— « Le directoire exécutif vient d'assurer la liberté à une partie du monde, en donnant la paix à l'Europe continentale : le seul tyran des mers lui reste à dompter ; mais les premiers magistrats de la république ont crié vengeance contre le gouvernement anglais : ce cri a retenti dans toute la France. Les vainqueurs de l'Italie sont descendus des Alpes ; ceux de Sambre-et-Meuse et de Rhin-et-Moselle quittent les rives soumises de ces fleuves ; le commerce a ouvert ses trésors; la marine déploie ses pavillons; et bientôt la grande nation saisira son ennemi dans l'atelier même de ses perfidies.

« Le cri de guerre contre l'Angleterre a aussi allumé l'indignation de l'armée du Nord. Elle s'est rappelé les champs d'Hondtschoote, les plaines de la Flandre, les glaces de la Hollande, où elle extermina les cohortes anglaises, prêtes à se précipiter du Texel. »

— « Envain le Rhin nous opposait des barrières antiques et insurmontables ; envain dans sa colère il grossissait en murmurant ses ondes impuissantes, le génie des Français le dompta. Tout ce que le métier des armes peut exiger de prévoyance et de finesse, de persévérance et d'activité, de prudence et d'audace, fut calculé, entrepris et exécuté dans cette étonnante expédition.

« Kehl emporté d'assaut, Renchen, Rastadt, Freyburg, sont les fruits et le théâtre de nos triomphes, les hauteurs fortifiées du Kniébis, la vallée de la Kintzig, les gorges de la Forêt-Noire, n'offrent à l'ennemi que de vaines barrières ; et ces étendards, vainqueurs du Rhin, dominent aussi les rives du Necker et du Danube. Les champs de Neresheim furent le théâtre d'une bataille longue et sanglante, où le courage français, déployant les ressources du sang froid, se soutint, et lassa l'opiniâtreté allemande : l'ennemi repoussé, se couvrit en vain du Lech torrentueux. Trois mille prisonniers, vingt canons, plusieurs drapeaux furent les trophées d'une nouvelle victoire. »

Quelque empressés que nous soyons d'appareiller et de quitter la rade de Toulon, nous ne pouvons toutefois passer sous silence une ou deux phrases de la réponse de Merlin aux discours dont nous venons d'extraire trois fragmens. Nous reviendrons ensuite, mais sommairement, aux opérations des troupes françaises en Suisse.

« Féconde dès sa naissance, la république française enfanta quatorze armées. En les envoyant aux combats, elle leur avait montré la route de la gloire et le prix réservé à leur courage. Ses espérances ont été remplies, et, depuis long-temps, elle contemple avec orgueil les fruits de leurs victoires dans les monumens de sa puissance.

« Braves guerriers, la vengeance se prépare

sur les bords de l'Océan ; accourez, vainqueurs de Fleurus et de Kehl, les vainqueurs de Lodi et d'Arcole vous attendent. Chargés, auprès du directoire exécutif d'une mission qu'il aime à vous voir remplir, reportez à vos frères d'armes l'expression de sa confiance, et le vœu de la république entière. »

Attendant de nouvelles instructions du directoire exécutif, Ménard n'avait point dépassé les limites du pays de Vaud constitué en république lémanique. Le gouvernement français crut devoir renforcer les troupes qu'il avait en Suisse, et remplaça par Brune, Ménard, qu'il envoya commander en Italie.

Les autres cantons tardent peu à ressentir les effets de la commotion qui s'est manifestée dans ceux de Berne et de Fribourg. On délibère sur la nécessité de repousser les Français, et, après la sanglante défaite de Nueneck, et plusieurs autres combats, notamment sur les hauteurs en avant de Berne, où, de part et d'autre, se déploient le plus rare courage et la plus grande intrépidité, plusieurs villes tombent au pouvoir du vainqueur, et la malheureuse Helvétie, malgré le bienfait de la paix qui vient de lui être accordée, ne trouve point dans les chefs de l'état la force et l'énergie nécessaires pour l'arracher aux vexations et aux concussions de tout genre qu'y exercèrent la plupart des agens du gouvernement français, entre autres (nous désirons que ce soit une calomnie) le beau-frère de Rewbell, dont on se vengea par le quatrain suivant :

> Un pauvre Suisse, qu'on ruine,
> Demandait que l'on décidât
> Si Rapinat vient de rapine,
> Ou rapine de Rapinat.

La descente en Angleterre est différée, et l'on ajourne le projet de mettre fin, dans Londres, aux malheurs de l'Europe. Bonaparte a reçu les expéditions des arrêtés pris par le Directoire exécutif pour remplir promptement le grand objet de l'armement de la Méditerranée ; il est chargé en chef de leur exécution. « Il voudra bien prendre les moyens les plus prompts et les plus sûrs. Les ministres de la guerre, de la marine et des finances sont prévenus de se conformer aux instructions qu'il leur transmettra sur ce point important dont son patriotisme a le secret, et dont le Directoire ne peut pas mieux confier le succès qu'à son génie et à son amour pour la vraie gloire. »

Confiés aux soins de Bonaparte, les préparatifs de l'expédition sont poussés avec vigueur, et, dans l'espace de deux mois, toutes les forces de terre et de mer destinées à cette entreprise se trouvent réunies à Toulon. Les généraux, les savans, les artistes, sans connaître la contrée qui doit être le théâtre de la guerre, demandent, à l'envi, à accompagner le héros de l'Italie.

Bonaparte arrive à Toulon : sa présence, au milieu des troupes, répand parmi elles l'allégresse et l'espérance; mais l'exaltation de ces deux sentimens n'a plus de bornes, à la lecture de la proclamation suivante :

« Soldats ! vous êtes une des aîles de l'armée d'Angleterre. Vous avez fait la guerre des montagnes, des plaines, des siéges; il vous reste à faire la guerre maritime.

« Les légions romaines, que vous avez quelquefois imitées, mais point encore égalées, combattoient Carthage tour à tour sur cette même mer et aux plaines de Zama. La victoire ne les abandonna jamais, parce que constamment elles furent braves, patientes à supporter la fatigue, disciplinées et unies entre elles. Soldats, l'Europe a les yeux sur vous ; vous avez de grandes destinées à remplir, des batailles à livrer, des dangers, des fatigues à vaincre; vous ferez plus que vous n'avez fait pour la prospérité de la patrie, le bonheur des hommes et votre propre gloire.

« Soldats, matelots, fantassins, canonniers, cavaliers, soyez unis; souvenez-vous que, le jour d'une bataille, vous avez besoin tous les uns des autres.

« Soldats-Matelots, vous avez été jusqu'ici négligés; aujourd'hui la plus grande sollicitude de la république est pour vous; vous serez dignes de l'armée dont vous faites partie.

« Le génie de la liberté, qui a rendu, dès sa naissance, la république l'arbitre de l'Europe, veut qu'elle le soit des mers et des nations les plus lointaines. »

Un tel langage dans la bouche d'un homme déjà environné des prestiges de la gloire, électrise toutes les âmes; on ne s'arrête point aux dangers de l'entreprise, on ne voit que des lauriers à cueillir, et un cri général d'enthousiasme et d'impatience s'élève pour hâter le moment du départ.

L'ancre est arrachée au sol qui la retient captive; un vent largue enfle les voiles, et la flotte quitte la rade de Toulon, saluée par l'artillerie du fort Lamalgue, et tout le canon des batteries de la côte.

Le rivage de la Provence ne paraît plus, même à la longue vue, qu'un point dans l'horizon. Le temps est superbe; et plus de trois cents navires, à peu près, réunis, présentent l'aspect d'une vaste forêt flottante, et s'avancent avec majesté sur l'élément liquide.

Déjà l'on est en vue de l'île de Malte et de Gose. Sommée de se rendre, Malte capitule; Bonaparte y fait son entrée à la tête des troupes débarquées. Le drapeau tricolore remplace les bannières de l'ordre; il est salué par toutes les batteries de l'escadre qui entre dans le port, et vient se ranger à portée de pistolet des quais.

L'occupation de Malte était d'une trop haute importance dans l'exécution des projets sur l'Égypte, pour que le général en chef ne cherchât pas à s'en emparer. Le désordre régnait dans la ville; personne n'osait se charger du commandement, et le grand-maître, Ferdinand de Hompesch, ne sortait point de son palais.

Brueys s'était mis en devoir d'attaquer les forts qui défendaient l'entrée du port, pendant que Bonaparte fesait faire des dispositions pour débarquer quelques corps de troupes. La descente se fit sur sept points à la fois ; dans les îles de Malte, de Gose et de Camino. Desaix s'empare des batteries et des forts du côté de Marsa Sirocco ; Regnier occupe Gose ; Vaubois, Lannes et Marmont descendent près de la ville de Malte, et s'avancent sous le canon de la place. Les forts n'étant point approvisionnés, les Maltais ne veulent point s'y renfermer pour les défendre. Les soldats manquent de cartouches, et les affuts des pièces sont en si mauvais état, qu'ils sautent en éclats à la première décharge. Un grand nombre de canons sont dépourvus des leviers et des écouvillons indispensables à leur service.

Tout fuit devant les Français. Une compagnie débarquée dans l'anse de Saint-Julien, disperse, sans tirer un coup de fusil, douze cents hommes de milice ; le bailli Tommasi veut défendre le retranchement du Naiciar, mais, abandonné des siens, c'est avec peine qu'il parvient à regagner la ville. Une terreur panique s'empare du détachement qui garde le poste de la Sangle ; la confusion enfin est si grande que les patrouilles se fusillent entre elles, et que les alertes sont continuelles. Vaubois marche sur la cité vieille, qui, n'ayant ni troupes, ni canons, ni vivres, lui ouvre ses portes. Toute la campagne, les petits forts de la côte, à l'exception de Marsa Siroco, sont au pouvoir des Français, et ce dernier boulevard encore, où commande Dupin de la Guérivière, manquant de munitions, après une courageuse et opiniâtre résistance pendant vingt-quatre heures, est obligé de se rendre.

Trente mille fusils, douze mille barils de poudre, des vivres pour six mois, deux vaisseaux, une frégate, trois galères, et d'autres petits bâtimens de guerre, le trésor de l'église de Saint-Jean, estimé à trois millions de francs, sont les avantages qu'on retire de cette importante conquête.

Après être resté six jours à Malte, et y avoir laissé quatre mille hommes de garnison, aux ordres de Vaubois, Bonaparte remonta à bord de l'*Orient*, et la flotte appareilla de nouveau pour suivre sa destination, emmenant avec elle les bâtimens de guerre trouvés dans le port.

Protégée par le vent, l'escadre avait doublé le cap Durazzo, longé le golfe de Candie et gagné la pleine mer. Le jour paraît à peine, et déjà, du haut des hunes, les gabiers ont signalé la tour des Arabes, sur la côte d'Afrique. Quelques heures plus tard, la flotte entière peut apercevoir les minarets d'Alexandrie. C'était le quarante-troisième jour depuis le départ de Toulon, et le treizième après avoir quitté Malte. Aucun accident n'avait troublé cette traversée. Avant d'ordonner le débarquement, Bonaparte fit distribuer aux troupes à bord de tous les bâtimens, une proclamation imprimée en mer sur l'*Orient*, lourde masse à trois ponts, à galeries en fer, dont le couronnement, l'intérieur, la chambre de conseil surtout et les sales pupitres des officiers, sont loin de rappeler la coupe, l'élégance, les coffres-bancs, les bouteilles, la dunette, la coquetterie enfin si remarquable dans toutes les parties des *États de Bourgogne*, ce chef-d'œuvre de Sané. Nous ne citerons de cette longue proclamation que le passage suivant :

« Soldats! vous allez entreprendre une conquête dont les effets sur la civilisation et le commerce du monde sont incalculables. Vous porterez à l'Angleterre le coup le plus sûr et le plus sensible, en attendant que vous puissiez lui donner le coup de la mort.

« Nous ferons quelques marches fatigantes ; nous livrerons plusieurs combats, nous réussirons dans toutes nos entreprises : les destins sont pour nous.

« Les peuples avec lesquels nous allons vivre sont mahométans ; leur premier article de foi est celui-ci : « Il n'y a pas d'autre Dieu que Dieu ; et Mahomet est son prophète. » Ne les contredites pas ; agissez avec eux comme vous avez agi avec les Juifs, avec les Italiens ; ayez des égards pour leurs muphtis et leurs imans, comme vous en avez eu pour les rabbins et les évêques ; ayez pour les cérémonies que prescrit l'Alcoran, pour les mosquées, la même tolérance que vous avez eue pour les couvens, pour les synagogues, pour la religion de Moïse et de Jésus-Christ. »

Cependant, Bonaparte a appris par le consul français à Alexandrie, que les mauvaises dispositions des habitans le mettent dans la nécessité d'employer la force pour entrer dans la place. Instruit en outre que Nelson a paru depuis peu dans les mêmes eaux, la crainte d'être troublé dans ce débarquement, lui en fait précipiter les préparatifs. La flotte mouille le plus près possible de la côte, et des frégates sont détachées pour croiser devant Alexandrie.

Au moment où Bonaparte s'embarquait sur la demi-galère qui devait le porter à terre, on signala, comme ennemie, une voile qui paraissait à l'ouest. On pouvait penser que c'était un des navires de l'escadre anglaise dont on connaissait la présence dans ces parages. L'inquiétude que la vue de ce bâtiment devait faire naître dans l'esprit du général en chef, lui arracha cette exclamation : « Fortune ! m'abandonnerais-tu ? quoi ! seulement cinq jours ! » On reconnut bientôt que le navire signalé était la frégate la *Justice*, qui arrivait de Malte.

Mille embarcations couvrent la mer, malheureusement houleuse, à cet instant, sur une côte bordée de ressifs et de rochers à fleur d'eau. La division Menou, moins contrariée par le vent que les divisions Desaix et Regnier, foule la première le sol africain. Un pilote d'Alexandrie, qui avait accompagné le consul français, dirige les chaloupes sur la plage du Marabou où les troupes débarquent. Bonaparte les passe en revue. La cavalerie, l'artillerie sont encore à bord. L'ordre est donné aux transports d'appareiller de suite, et de jeter l'ancre dans l'anse du Marabou où doit s'opérer la descente générale, tandis que Grenier protège le point de débarquement.

Trois colonnes se mettent en mouvement, et se dirigent sur Alexandrie, pour tenter de surprendre cette ville. Bonaparte marche à pied avec les tirailleurs de l'avant-garde, accompagné de Berthier, d'Alexandre Dumas, de Dommartin, de Caffarelli, des aides-de-camp, des officiers de l'état-major-général et du génie. On arrive à portée de fusil de la place. Menou se trouve à l'ouest de l'enceinte de la ville des Arabes; Kléber dans la direction de la colonne de Pompée; et Bon, à l'est, vers la porte de Rosette. On fait halte dans ces positions.

Le général en chef s'était porté à la colonne de Pompée, et de-là avait détaché plusieurs officiers pour reconnaître l'enceinte des Arabes, qui couvre et renferme la Nouvelle-Alexandrie. Les murs et une partie des tours qui les flanquent étaient occupés par la population. A la vue de l'armée française, l'air retentit des hurlemens des femmes et des enfans, qui excitaient leurs époux et leurs pères à combattre les Francs, nom que les Orientaux donnent indistinctement à tous les Européens. En même temps quelques coups de canon partirent d'un fort situé vers l'entrée du Port-Vieux. Les officiers de Bonaparte, qui d'abord avaient voulu essayer la voie des négociations, n'ayant point été accueillis, l'attaque fut résolue sur-le-champ.

Les tambours battent la charge; les colonels s'avancent simultanément pour monter à l'assaut. Ceux qui bordent les remparts font d'abord un feu assez vif, mais qui devient nul quand les Français sont arrivés au pied de la muraille. Aux coups de fusil succède une grêle de pierres; moyen bien faible pour arrêter des troupes familiarisées avec de plus grands dangers! Kléber est frappé d'une balle en désignant l'endroit qu'il veut qu'on escalade; sa blessure heureusement n'est pas mortelle, et la chute du général, loin de décourager les grenadiers, redouble leur courage. La muraille est franchie. Tout ce qui se trouve sur le rempart ou derrière prend la fuite. Marmont, à la tête de la quatrième demi-brigade légère, fait enfoncer à coups de hache la porte de Rosette, et la division Bon pénètre par cette ouverture dans l'enceinte des Arabes, tandis que Menou, après avoir fait bloquer le fort triangulaire, qui défend le Port-Vieux, s'était porté vers une autre partie de l'enceinte, et l'avait escaladée.

Battus sur tous les points qu'ils ont osé défendre, les habitans se réfugient dans le fort triangulaire, dans le phare et dans la ville moderne. Le plus grand nombre se barricade dans les maisons, et continue à faire un feu meurtrier à travers les grillages qui ferment les fenêtres dans l'Orient. Long-temps après même que la ville parut soumise, il fallait encore emporter de vive force plusieurs de ces maisons, et le général en chef faillit être atteint par les balles, en traversant une rue étroite avec quelques officiers et plusieurs de ses guides.

Alexandrie tombée au pouvoir des Français, Bonaparte se hâta d'en organiser le gouvernement, et de régler l'administration de la ville. Convaincu ensuite de la nécessité de marcher sans délai sur le Caire, pour prévenir la résistance des beys, et frapper ces tyrans dans le centre de leur domination, il mit l'armée en mouvement pour atteindre ce but.

L'affaire de Damanhour, où quelques boulets suffirent pour dissiper cinq à six cents Arabes, dont l'intention était d'envelopper l'avant-garde de Desaix, et le combat de Chebreis, qui vit quatre mille mameloucks oser attendre Bonaparte, forts qu'ils étaient de se trouver placés derrière des retranchemens garnis d'artillerie, et leur droite appuyée au Nil, sur lequel ils avaient une flotille de dix ou douze barques canonnières, précéderent la bataille des Pyramides, que suivit l'entrée des républicains, dans la ville du Caire.

Cependant les Français, mourant presque de faim et de soif, et brûlés par le soleil, dont aucun nuage ne tempérait l'ardeur, étaient exposés aux plus grandes souffrances, dans des plaines immenses où pas un seul arbre n'offrait une ombre bienfaisante à leur marche pénible. Enfin on arriva aux bords du Nil, et pendant plus de huit jours la nourriture du soldat et des chefs se composa uniquement de pastèques, ou melons d'eau, fruit rafraîchissant, à la vérité, mais trop peu substantiel pour des hommes harassés de fatigue et succombant à la lassitude.

Les divisions Bon, Dugua, Menou et le quartier-général arrivèrent et séjournèrent à Wardam. Quoique les habitans eussent abandonné le village, on s'y procura du blé, des lentilles, et quelques autres céréales et légumes. Du pain y fut fabriqué pour les blessés et les malades. On broya les grains entre deux pierres, à la manière des Arabes, et l'on fabriqua une espèce de galette ou pain azyme. Les poules et les pigeons, trouvés en abondance, firent aussi partie des ressources précieuses qui offrirent à la troupe un dédommagement des privations qu'elle avait éprouvées, et un aliment plus solide que tout ce dont elle avait vécu depuis quelque temps.

Les pachas envoyés en Égypte par le grand-seigneur n'avaient, pour ainsi dire, dans cette contrée, que l'ombre du pouvoir, et le pays était de fait administré et gouverné par les beys. L'autorité se trouvait alors concentrée entre les mains de Mourad et d'Ibrahim, chefs d'une milice plus nombreuse que celle de leurs égaux en dignité. Le premier s'était attribué la direction générale des affaires militaires; le second s'était réservé une partie de l'administration.

A la première nouvelle de l'invasion des Français, Mourad n'avait d'abord envoyé à leur rencontre qu'une partie des troupes dont il était le chef suprême; mais lorsqu'il apprit le premier échec des mamelucks à Chébreis, cette nouvelle le remplit de fureur. Les beys, les kachefs, les mamelucks de sa dépendance immédiate, et partie de ceux d'Ibrahim, sont aussitôt rassemblés à Giseh, au nombre d'à peu près six mille hommes, tous à cheval. Après avoir cherché à relever, par les exhortations, le courage de cette milice, si souvent victorieuse des Arabes et des Turcs, et avoir rappelé aux mameloucks, qu'ils sont regardés dans l'Orient et partout, comme la première cavalerie de l'univers, Mourad fait dresser sa tente auprès d'un sycomore remarquable par sa hauteur et la vaste étendue de son ombre, et attend dans cette position l'armée qui va s'avancer vers lui.

Informé, de son côté, que les mameloucks sont disposés à en venir aux mains, Bonaparte ordonne les apprêts du combat. L'artillerie a été réparée à Wardam; les soldats nettoient leurs armes, ajustent, plombent et assurent les pierres des fusils. A deux heures du matin, toutes les divisions se mettent en mouvement. Desaix commande l'avant-garde : il aperçoit, à la pointe du jour, un parti de cinq cents mameloucks, envoyés sans doute en éclaireurs, et qui se replient, sans cesser d'être en vue, jusqu'au moment où les Français arrivent en présence des principales forces de Mourad.

Au soleil levant, l'armée fait une halte spontanée. Elle salue les pyramides qui s'offrent, pour la première fois, à ses regards étonnés. « Soldats, s'écrie Bonaparte, en s'adressant au groupe nombreux qui l'entoure, vous allez combattre aujourd'hui les dominateurs de l'Égypte ; songez que du haut de ces monumens TRENTE SIÈCLES VOUS contemplent. » Paroles mémorables, a dit lady Morgan, aussi sublimes que les objets qui les ont inspirées, et auxquelles nous avons fait allusion dans un poëme latin publié et couronné à l'époque d'une naissance fameuse, précisément l'année qui suivit celle où le grand-maître de l'université, Fontanes, voulut par un arrêté spécial, qu'un prix de deux mille francs fût décerné à Luce de Lancival ; exemple de zèle et de dévouement au grand bailleur de fonds, que l'impérial comte aurait au moins dû renouveler en 1814, cette époque désirée de la restauration !...

Les Français sont en présence de l'ennemi. Par son ordre de bataille, Bonaparte rappelle la journée de Chebreis ; seulement sa ligne est plus étendue, afin de présenter plus de feu aux troupes de Mourad, qui commencent l'attaque. Les aides-de-camp du général en chef n'ont point encore rempli ses intentions, que déjà les mameloucks, arrivés à portée de fusil, et divisés en deux colonnes, ont chargé Reynier et Desaix. Ils sont repoussés avec perte; et, en un instant, le sol est couvert d'hommes et de chevaux tués ou blessés. Cet échec n'ébranle pas leur courage; ils longent la division Reynier, reçoivent tout son feu, et se reportent sur l'angle gauche de la division Desaix, en même temps que celle-ci avait encore à se défendre sur son angle droit. Les bataillons présentent la baïonnette, ce qui les empêche d'être enveloppés par cette nuée de cavalerie; l'artillerie alors vomit la mitraille sur toutes les faces, et sème la mort dans les rangs pressés des mameloucks, qui cherchent à percer les carrés, à quelque prix que ce soit. Leurs efforts sont inutiles, et, après quelques minutes du combat le plus opiniâtre et le plus terrible, ils s'éloignent pour se précipiter sur Biktil, où se trouvent quelques troupes de la division Desaix, détachées pour se procurer de l'eau et des vivres. Ils sont encore repoussés.

Sur d'autres points, quelques engagemens ont lieu avec Bon et Menou, mais l'ennemi ne pouvant résister, cherche son salut dans la fuite; et, de toute cette cavalerie, le plus grand nombre est tué, culbuté ou noyé dans le Nil. La bataille est gagnée.

N'osant pas s'arrêter à Giseh, Mourad se retira vers la Haute-Égypte. Les Français firent un butin immense dans cette journée fameuse où plusieurs beys périrent en chargeant avec la plus vive intrépidité et toute la fureur du désespoir. Richement vêtus, couverts des plus belles armures, ils portaient sur eux tout ce qu'ils possédaient en or et en argent.

N'ayant plus rien devant elle, qui pût s'opposer à sa marche victorieuse, l'armée française entra dans le Caire, dont la populace, après le départ des mamelucks et du pacha, livrée à elle-même, et n'étant plus retenue par aucun frein, s'était livrée à tous les excès ordinaires aux hommes qui ne reconnaissent plus d'autorité. Une partie des maisons des beys avaient été pillées et dévastées, et l'on avait même mis le feu aux palais de Mourad et d'Ibrahim. La stupeur, le désordre, la crainte régnaient dans la capitale de l'Égypte, dont Bonaparte crut devoir rassurer les habitans par la proclamation suivante, qui fut publiée et affichée dans la ville :

« Peuple du Caire, je suis content de votre conduite; vous avez bien fait de ne pas prendre parti contre moi. Je suis venu pour détruire la race des mameloucks, protéger le commerce et les naturels du pays. Que tous ceux qui ont peur se tranquillisent; que tous ceux qui sont éloignés rentrent dans leurs maisons; que la prière ait lieu aujourd'hui comme à l'ordinaire, comme je veux qu'elle continue toujours; ne craignez rien pour vos familles, vos maisons, vos propriétés, et surtout pour la religion du prophète que j'aime. »

COMBAT NAVAL D'ABOUKIR.

II. En apprenant d'un aide-de-camp de Kléber, le désastre d'Aboukir, Bonaparte avait répondu avec sang-froid : « Nous n'avons plus de flotte : eh! bien, il faut rester en ces contrées, ou en sortir grands comme les anciens. »

Brueys avait jeté l'ancre dans la rade d'Aboukir. A la confiance qu'il avait de demeurer vainqueur, en cas qu'il fût attaqué, se joignait la conviction que l'ennemi n'oserait tenter de venir le combattre dans une baie peu connue des navigateurs provençaux eux-mêmes, et qu'il supposait, par conséquent, presque entièrement ignorée des marins anglais.

La question de savoir si l'on s'embosserait ou si l'on combattrait à la voile fut agitée dans un conseil composé des contre-amiraux et des capitaines de l'escadre. Seul, Blanquet-Duchayla insista pour qu'on levât l'ancre dès qu'on serait instruit de l'approche de Nelson, et pour qu'on se portât au-devant de ses forces, afin de les combattre à la voile, soutenant, que ce n'est qu'appuyée sur des forts bien armés et qui se croisent, qu'une escadre peut s'embosser avec quelque avantage. L'événement ne va que trop prouver la justesse de ce raisonnement.

L'*Heureux* a signalé l'escadre anglaise. Aussitôt est hissé à bord de l'*Orient* le signal de *branle-bas-général-partout*. L'*Alerte* et le *Railleur* appareillent en même temps, feignant d'aller reconnaître l'ennemi et exécuter un ordre secret. Cet ordre avait pour but de tromper l'ennemi sur la profondeur de l'eau dans certains endroits dangereux et de l'attirer sur des écueils. L'*Alerte* le met à exécution : il s'approche jusqu'à portée de canon des vaisseaux anglais, et comme s'il les eût reconnus seulement alors pour ennemis, et qu'il voulût se dérober à eux par une prompte fuite, il se couvrit de voiles et se retira vers la rade, en passant sur les bas-fonds qui se trouvent au large de l'Ilot d'Aboukir. Soupçonnant peut-être la ruse, Nelson ne donna pas dans le piége qu'on lui tendait, et manœuvra comme s'il eût eu de bons pilotes à bord de son escadre.

L'intention de l'amiral anglais une fois connue, Brueys fait mettre en croix les perroquets à toute l'escadre, ce qui semble annoncer la volonté de combattre sous voiles; mais, bientôt après, commandant d'amener les pavillons et les flammes frappés aux divers mâts des bâtimens, il est clair pour tout le monde que c'est à l'ancre qu'on attendra l'ennemi. On s'embosse : l'escadre anglaise qui, jusque-là s'était avancée pêle-mêle, se forme en ligne de bataille, tribord-amures, avec rapidité et précision. Des deux côtés les pavillons sont arborés; le feu commence à portée de pistolet. Les Anglais le reçoivent sans riposter, ne pouvant se déranger de leur route, pour présenter le travers, et faire porter leurs canons sur l'escadre française. Les avaries qu'ils éprouvent, les hommes qui leur sont mis hors de combat n'arrêtent pas leur marche.

Le *Goliath* double, sur l'avant, le *Guerrier*, auquel il envoie une bordée en passant. La position des vaisseaux de Nelson est telle, que l'avant-garde et le centre de l'escadre républicaine ne peuvent manquer de succomber, si l'arrière-garde tarde à venir prendre part à l'action. Elle demeure paisible spectatrice de leur défaite. La nuit approchait ; de part et d'autre on se battait avec acharnement. Bientôt les ténèbres couvrirent la baie, et le combat continua dans l'obscurité avec une ardeur extraordinaire, et d'autant plus remarquable de la part des Français, que les vaisseaux attaqués des deux bords ou exposés à l'être, avaient chacun de cent cinquante à deux cents marins de moins que le complet de son équipage. Deux vaisseaux que Nelson avait détachés pour reconnaître le port d'Alexandrie, et qui n'avaient encore pu le rallier, arrivèrent après la nuit close, et se placèrent de manière à ajouter à l'avantage de la position qu'occupaient les assaillans. L'*Alexander*, à qui sa faiblesse ne permettait pas de prêter long-temps le côté à à un des vaisseaux français, jeta l'ancre en travers sur l'avant du *Francklin*, dans un intervalle déjà considérable, et devenu plus grand par l'éloignement du *Peuple-Souverain*, que la rupture de ses cables avait fait quitter son poste et tomber sous le vent de la ligne. De cette manière, tous les boulets du *Leander* qui n'atteignaient pas le *Francklin*, frappaient à bord de l'*Orient*, du *Tonnant* ou de tout autre vaisseau.

L'issue du combat n'est plus douteuse. Le courage des Français, cernés par Nelson, ne peut les soustraire au sort qui les attend. L'inaction de l'arrière-garde les condamne à être détruits ou à devenir la proie de l'ennemi. Sur toute la ligne le carnage continue; la même ardeur anime les officiers, les soldats et les matelots. Brueys, qui n'a point quitté la dunette de l'*Orient*, est frappé d'un boulet. « Un amiral français doit mourir sur son banc de quart, » dit-il à ceux qui veulent le porter au poste du chirurgien. Au bout d'un quart-d'heure, il expire. Le capitaine de pavillon, Casa-Bianca, grièvement blessé, tombe peu de temps après. Soit que l'équipage de l'*Orient* ignore la perte qu'il vient de faire de deux de ses chefs, soit qu'il ait assez de courage pour se mettre au-dessus d'un pareil malheur, il continue à se battre avec intrépidité. Le sang coule également sur les bords anglais. Atteint à la tête d'un morceau de mitraille, Nelson croit sa blessure mortelle, se fait descendre au poste, et demande le chapelain pour l'assister dans ses derniers momens.

Mais il est temps de terminer, par une scène horriblement pittoresque, ce récit d'une affaire malheureuse pour nos armes, dans laquelle Decrès et Villeneuve, en ne restant pas immobiles à leur poste d'embossage, auraient pu, par un mouvement de vaisseaux et de frégates fait à propos, sauver l'escadre, empêcher l'ennemi de couper la ligne, s'opposer à son passage entre la côte et l'escadre française, et le rendre lui-même victime de son audace et de sa témérité.

Le feu venait de se manifester d'une manière effrayante, sur la dunette et dans la chambre de conseil de l'*Orient*. Les Anglais, toujours prudens, et craignant de devenir la proie des flammes, s'éloignent du foyer de l'incendie, cessent de tirer sur l'amiral français et réunissent toutes leurs forces contre le *Francklin* et le *Tonnant*. Ces deux vaisseaux ripostent avec fermeté. Du Petit-Thouars, capitaine du *Tonnant*, criblé de blessures, ayant eu les deux bras et une jambe emportés, fait, en recevant le coup mortel, jurer à son équipage de faire sauter la Sainte-Barbe, plutôt que de se rendre, et ordonne de jeter son corps à la mer, pour qu'il ne tombe pas au pouvoir des Anglais, dans le cas où ils parviendraient à prendre le *Tonnant* à l'abordage, après avoir réduit ses défenseurs à l'impossibilité de le repousser. Le capitaine du *Francklin*, Gillet, dangereusement blessé, remet le commandement du vaisseau au capitaine de frégate, Martinet, au moment où le feu se manifeste pour la troisième fois à son bord. Tour à tour canonniers et pompiers, l'équipage du *Francklin*, marins et soldats, déploient dans cette circonstance critique une bravoure et un sang-froid admirables.

Cependant les flammes dévorent la mâture, l'avant et l'arrière de l'*Orient*; la clarté qu'elle répandent est telle, qu'on distingue facilement la position des deux flottes, et jusqu'à la couleur des pavillons. Quoiqu'on ait perdu tout espoir d'arrêter l'incendie, néanmoins le vaisseau amiral, continue de tirer sur les Anglais qu'il peut découvrir. On n'abandonne un poste que quand on en est chassé par les flammes; c'est ainsi qu'on quitte les pièces de vingt-quatre pour se porter à celles de trente-six et s'y battre encore, jusqu'à ce que le feu, menaçant l'équipage d'une nouvelle invasion, les uns se jettent à la mer par les sabords, les autres cherchent à gagner à la nage la terre ou un des vaisseaux les plus proches, ceux-là enfin s'accrochent aux nombreux débris dont la mer est partout couverte autour du vaisseau.

La chaleur de l'incendie a pénétré les soutes; le salpêtre s'embrase; l'explosion a lieu. Elle saute avec fracas, élancée jusqu'aux cieux en immense gerbe de feu, cette masse énorme qui a si dignement soutenu l'honneur du pavillon national. Tout ce qu'on a vu des éruptions du Vésuve et de l'Etna, tout ce qu'ont de plus terrible les coups répétés du tonnerre, et, s'il était permis d'allier l'idée d'une fête à la description d'un désastre, ce qu'on appelle bouquet des feux d'artifice, s'élevant en éclats dans les airs et retombant en pluie ignée, tout cela n'est qu'une faible image du spectacle affreux qui s'offrit aux deux armées restées muettes d'étonnement.

A cette éblouissante clarté, qui a dérobé jusqu'à la vue des étoiles, à cette épouvantable détonnation succédèrent une obscurité profonde et un silence plus effrayant peut-être. Ce silence ne fut interrompu d'abord que par la chute des mats, des vergues, des canons et des débris de toute espèce lancés à une hauteur prodigieuse. Les vaisseaux environnans coururent les plus grands dangers : de tous ces objets qui pleuvaient autour d'eux, les uns pouvaient les défoncer et les couler à fond, les autres les incendier. On vit même des morceaux de fer rouge, des tronçons de bois, des grélins et des palans enflammés, se diriger sur le *Francklin*, et mettre, pour la quatrième fois, le feu à ce vaisseau.

Frappées d'une sorte de stupeur, les deux escadres cessent tout à coup leur feu, et l'on ne recommence à tirer qu'un quart-d'heure après l'explosion de l'*Orient*. Ce qui suit est peu de chose, et n'a rapport qu'à l'avant-garde qui à peine a été entamée. Six vaisseaux français et trois frégates font encore briller au mat de pavillon les couleurs nationales qui décorent leur poupe, et Villeneuve, qui a rallié les tristes restes de l'armée, sans craindre d'être poursuivi par un ennemi qui ne possède pas deux vaisseaux en état de manœuvrer, après avoir réparé de légères avaries, fait le signal d'appareiller, met à la voile et entre à Malte, la conscience toutefois un peu chargée de n'avoir pas fait tout ce qu'il aurait pu faire dans cette occasion, quoiqu'il eût rendu à la France le service de lui conserver deux vaisseaux et deux frégates, le *Guillaume Tell*, le *Généreux*, la *Diane* et la *Justice*.

Pendant que Nelson remportait sur la marine française une victoire signalée, à Aboukir, et que l'armée de terre de la république poursuivait ses opérations militaires et ses succès en Égypte, le directoire exécutif publiait à Paris, une espèce de manifeste, pour justifier aux yeux de l'Europe l'agression de Bonaparte, en fesant connaître les motifs qui avaient dirigé le gouvernement dans une entreprise sur laquelle on n'avait eu jusques alors que des données vagues, puisque aucune communication officielle n'avait été faite. Cette pièce, document historique très-important, est trop longue, pour que nous puissions l'insérer ici en entier. Nous n'en citerons donc que cette phrase qui la termine : « L'autorité de la Porte était entièrement méconnue ; elle recueillera, par les mains triomphantes des Français, d'immenses avantages dont elle était privée depuis long-temps ; enfin, pour le bonheur du monde entier, l'Égypte deviendra le pays de l'univers le plus riche en productions, le centre d'un commerce immense, et surtout le poste le plus redoutable contre l'odieuse puissance des Anglais dans l'Inde, et leur commerce usurpateur. »

De retour au Caire, après le combat de Salahieh, Bonaparte sentit qu'un des moyens les plus efficaces de paralyser la funeste impression que la catastrophe d'Aboukir pouvait produire sur les Égyptiens, était de s'occuper activement de l'organisation administrative de ce pays, tout en suivant les détails des opérations militaires, et principalement en cherchant à remédier, autant que possible, aux résultats immédiats d'un événement aussi désastreux.

Ganteaume prend le commandement des débris de la marine, et se concerte, à Alexandrie, avec l'ordonnateur Leroi, pour l'armement et l'approvisionnement des frégates, des vaisseaux et de tous les bâtimens de guerre dont on peut encore disposer.

Kléber, de son côté, ne néglige aucune des mesures qui peuvent contribuer à assurer la tranquillité du pays dont on lui a confié le commandement. « L'événement du 14 thermidor, écrit-il au général en chef, n'a produit chez le soldat qu'indignation et vengeance. Quant à moi, il m'importe peu où je dois vivre, où je dois mourir, pourvu que je vive pour la gloire de nos armes, et que je meure ainsi que j'ai vécu. Comptez donc sur moi dans tout concours de circonstances, ainsi que sur ceux à qui vous ordonnerez de m'obéir. »

Quatre vaisseaux et deux frégates de la marine portugaise rejoignent la croisière anglaise sur les côtes d'Égypte. Onze canots, protégés par deux avisos, se présentent devant la plage d'Aboukir, et manifestent l'intention de tenter une descente. Escale, que Kléber a nommé commandant du fort, se rend de suite, avec cent cinquante hommes, au point menacé. Quelques coups de canon les forcent à virer de bord, et ils gagnent le large, sans avoir entrepris autre chose que de riposter à la canonnade.

Fidèle au plan qu'il s'était tracé de mettre tout en œuvre, pour se concilier l'amitié des peuples dont il venait de conquérir le territoire, Bonaparte, voulant étendre ses relations au-delà de l'Égypte, et conserver les rapports anciennement établis, avait écrit au schérif de la Mecque, et l'avait informé de l'entrée des Français au Caire ; il s'efforçait dans sa lettre de persuader à ce prince que son intention était de vivre dans la plus parfaite intelligence avec les sectateurs de la foi musulmane. Il lui demandait de faire connaître s'il désirait que la caravane d'Égypte fût escortée par les troupes françaises, ou seulement par un corps de cavalerie des gens du pays. « Dans tous les cas, ajoutait-il, faites connaître à tous les négocians et fidèles, que les musulmans n'ont pas de meilleurs amis que nous, de même que les schérifs, les mollahs, les imans, et tous ceux qui emploient leur temps et leurs moyens à instruire les peuples, n'ont pas de plus zélés protecteurs. »

Une autre lettre fut confiée à Calmet-Peauvoisins, officier de l'état-major général, pour la remettre directement au pacha Achmet-Djezar, à Saint-Jean-d'Acre. La voici : « En venant en Égypte faire la guerre aux beys, j'ai fait une chose juste et conforme à tes intérêts, puisqu'ils étaient tes ennemis. Je ne suis point venu faire la guerre aux musulmans; tu dois savoir que mon premier soin, en entrant à Malte, a été de mettre en liberté plus de deux mille Turcs, qui depuis plusieurs années gémissaient dans l'esclavage. En arrivant en Égypte, j'ai rassuré le peuple, protégé les muphtis, les imans et les mosquées; les pèlerins de la Mecque n'ont jamais été accueillis avec plus de soin et d'amitié que je ne l'ai fait, et la fête du prophète vient d'être célébrée avec plus de splendeur que jamais. Je t'envoie cette lettre par un officier qui te fera connaître de vive voix mon intention de vivre en bonne intelligence avec toi, en nous rendant réciproquement tous les services que peuvent exiger le commerce et le bien de tes états, car les musulmans n'ont pas de plus grands amis que les Français. »

Sachant par expérience que l'éclat des fêtes publiques présente un ressort politique que l'on peut souvent faire mouvoir avec succès, le général en chef en fit célébrer plusieurs, à des intervalles très-rapprochés. La première eut lieu à l'occasion du débordement périodique du Nil, et de l'arrivée des eaux de ce fleuve au Caire; la seconde, où furent déployés toute la pompe orientale et le faste européen, avait pour objet d'honorer Mahomet. Elle dura quatre jours. Les maisons occupées par les autorités françaises furent illuminées comme celles des musulmans. Il y eut parade extraordinaire de la garnison du Caire, et tous les officiers généraux et supérieurs s'empressèrent d'aller en visite solennelle présenter leurs félicitations au scheick El-Bekri, chef de la famille reconnue la première parmi les nombreux descendans du prophète. Bonaparte s'y rendit lui-même, et accepta le magnifique repas à l'orientale que lui offrit le scheick, nommé chef des schérifs, en remplacement d'Osman-Effendi, qui avait disparu.

Le soin que prenait le général en chef d'assurer la conquête de l'Égypte, en cherchant à gagner les esprits de la multitude, ne lui fit point perdre de vue les promesses faites aux savans et aux artistes qui l'avaient accompagné dans son expédition. Le lendemain de la fête du prophète la formation d'un institut est arrêtée. Cet institut doit s'occuper du progrès et de la propagation des lumières en Égypte, de la recherche, de l'étude et de la publication des faits naturels, industriels et historiques de ce pays. On le divise en quatre sections ou classes, mathématiques, physique, économie politique, littérature et beaux-arts, et les individus qui le composent sont pris parmi les membres de la commission des sciences et arts déjà organisée à Toulon.

L'institut d'Égypte tint sa première séance dans une maison du Caire, que Bonaparte mit à sa disposition. Monge en fut nommé président, Bonaparte vice-président, et Fourier secrétaire perpétuel. Vint ensuite la fête de la fondation de la république française, qu'on célébra le 1er vendémiaire de l'an VII, avec toute la pompe européenne.

On élève une pyramide à sept faces. Sur les cinq premières sont inscrits les noms des soldats des cinq divisions de l'armée, morts dans les combats précédens; la sixième face est consacrée à la marine; la septième, à l'état-major général, à la cavalerie et au génie. Des colonnes, en nombre égal à celui qui formaient alors la France républicaine, entourent circulairement cette pyramide, et, l'un des points de la circonférence, s'ouvre et s'étend en voûte un arc de triomphe sur lequel apparaît la bataille des Pyramides, peinte par Rigaud, de la commission des sciences et arts de l'institut d'Égypte.

Les troupes de la garnison du Caire, du vieux Caire et de Boulaq se rendirent en armes, et en grande tenue, sur la place d'Esbekieh, où le général en chef, dont la présence fut annoncée par des salves d'artillerie, prononça, au pied de la pyramide, le discours suivant, fréquemment interrompu par les acclamations des assistans.

« Soldats, il y a cinq ans, l'indépendance du peuple français était menacée; vous prîtes Toulon : ce fut le présage de la ruine de nos ennemis. Un an après, vous battiez les Autrichiens à Dego. L'année suivante, vous étiez sur le sommet des Alpes. Vous luttiez contre Mantoue, il y a deux ans, et vous remportiez la célèbre victoire de Saint-Georges. L'an passé, vous étiez aux sources de la Drave et de l'Isonzo, de retour de l'Allemagne. Qui eût dit alors que vous seriez aujourd'hui sur les bords du Nil, au centre de l'ancien continent ? Depuis l'Anglais, célèbre dans les arts et le commerce, jusqu'au hideux et féroce Bédouin, vous fixez les regards du monde. Soldats, votre destinée est belle, parce que vous êtes dignes de ce que vous avez fait et de l'opinion que l'on a de vous. Vous mourrez avec honneur, comme les braves dont les noms sont inscrits sur cette pyramide, ou vous retournerez dans votre patrie couverts de lauriers et de l'admiration de tous les peuples. Depuis cinq mois que nous sommes éloignés de l'Europe, nous avons été l'objet perpétuel des sollicitudes de nos compatriotes. Dans ce jour, quarante millions de citoyens célèbrent l'ère des gouvernemens représentatifs ; quarante millions de citoyens pensent à vous. Tous disent : C'est à leurs travaux, à leur sang que nous devons la paix générale, le repos, la prospérité du commerce et les bienfaits de la liberté civile. »

Ce discours achevé, le canon se fait entendre, et le drapeau tricolore, qu'un détachement envoyé à cet effet a reçu l'ordre d'y planter, flotte, onduleusement majestueux, sur la plus haute des pyramides de Giseh.

Un repas de deux cents couverts eut lieu dans une des salles du palais qu'habitait le général en chef. Elle était décorée d'enseignes aux couleurs françaises et musulmanes. On y voyait des trophées surmontés du bonnet de la liberté et du croissant, et l'alliance non moins bizarre des tables de la déclaration des droits de l'homme et du koran.

Au repas succèdent des courses à cheval et à pied, et, chose digne de remarque! un cheval français remporte le premier prix. La nuit paraît : toute la place est illuminée. Des vases remplis de matières inflammables brillent également sur les colonnes, la pyramide et l'arc de triomphe. Un feu d'artifice, des danses, des farandoles, et des salves d'artillerie terminent cette fête solennelle qui offre aux Égyptiens un spectacle entièrement nouveau pour eux.

D'après l'ordre de Bonaparte, et par les soins de Kléber, la fête du 1er vendémiaire fut également célébrée à Alexandrie. La garnison de cette ville se réunit et manœuvra autour de la colonne de Pompée, sur laquelle on arbora le pavillon national. Tous les vaisseaux et les autres bâtimens du port furent pavoisés, et l'on illumina l'obélisque appelé l'*Aiguille de Cléopâtre*.

Tandis qu'une légion nautique, entièrement composée de marins échappés au désastre d'Aboukir, s'organise à Alexandrie ; que Desaix s'avance dans la Haute-Égypte, et bat les troupes de Mourad; que Menou et Marmont courent dans le Delta les plus grands dangers, escortés seulement qu'ils sont par quelques membres à cheval de la commission des sciences qui, ont voulu profiter de l'occasion pour visiter le pays et y faire des recherches ; que Vial, Verdier et Murat mettent en fuite les Arabes, et qu'Andréossi se signale à bord de la flotille qu'il commande, une révolte ouverte avait éclaté au Caire, où nous reviendrons après avoir légèrement crayonné la bataille de Sédiman.

Les Français ont aperçu l'armée de Mourad sur les hauteurs parallèles au Nil; et, marchant sur-le-champ pour le déposter, ils y réussissent après quelque résistance. Mourad alors range ses troupes sur une ligne très-étendue, dans la plaine en arrière des hauteurs, et Desaix forme sa division en carré, éclairé par deux pelotons, dans le même ordre, de deux cents hommes chacun ; ces deux petits carrés soutiennent, l'un devant, l'autre derrière, deux autres pelotons de tirailleurs, opposés aux tirailleurs ennemis qui viennent faire feu jusque sur le grand carré.

Arrivés à une certaine distance du centre de l'ennemi, les républicains firent halte, pour se reposer et se rafraîchir un instant. Apercevant Mourad sur le devant de sa tente, entouré de ses beys et kachefs, et des officiers de sa maison, la division avança au pas de charge; mais les Mameloucks n'osèrent point attendre les Français, et se replièrent après avoir reçu plusieurs coups de canon tirés avec une étonnante précision par l'artillerie légère, qui leur tua quelques hommes et quelques chevaux.

Informé que Mourad se retranche à Sédiman, où il a rassemblé tous les Arabes de son parti, et que, fort de quatre à cinq mille chevaux, il se dispose à une vigoureuse tentative, Desaix prend la résolution d'attaquer le village par le côté qui touche le désert, et s'éloigne, à cet effet, de l'inondation. Après deux heures de marche, il voit la cavalerie ennemie s'avancer rapidement vers lui, au son d'une musique barbare. Les pelotons sont à peine repliés sur les petits carrés, et deux pièces d'artillerie légère mises en batterie, que les Mameloucks se précipitent de toutes parts sur les Français qui les attendent de pied ferme avec le plus grand sang-froid.

Desaix commande aux carabiniers de la vingt-unième légère de faire feu. « A vingt pas, général, répondent ces braves ; nous ne tirerons pas auparavant. » Le canon éloigne l'ennemi du front du grand carré ; mais il se jette sur les deux petits carrés placés aux angles.

Vallette commande aux chasseurs de ne faire feu qu'à dix pas, et de croiser la bayonnette. Cet ordre est exécuté. Trop nombreux pour être arrêtés d'abord par un feu trop court et trop peu nourri, les Arabes arrivent jusque sur les baïonnettes. Ne pouvant rompre le petit carré dont le feu des second et troisième rangs les foudroie, tandis que les baïonnettes du premier éventrent leurs chevaux, ils jettent sur les Français fusils, tromblons, haches, pistolets, masses d'armes, et jusques à leurs sabres et leurs poignards. Plusieurs soldats succombent sous ce nouveau genre de traits; les Mameloucks pénétrent dans le carré; douze Français tombent morts; mais l'ennemi paie cher cet avantage : autant des siens mordent la poussière, et la mitraille, vomie par le grand carré, ne tarde pas à dégager les intrépides chasseurs de Vallette. Battus sur tous les points, les Mameloucks se retirent en désordre : c'est même en vain que Mourad a fait placer quatre pièces de canon sur un monticule, la mitraille n'arrête point les tirailleurs qui marchent dessus au pas de charge, et Rapp, à leur tête, s'empare de cette artillerie.

L'Égypte n'avait point encore vu de combat plus opiniâtre et plus meurtrier: et ce qui ajoute à la victoire remportée par les Français c'est que les troupes de Mourad étaient six fois plus nombreuses que celles de Desaix, qui avait à peine avec lui deux mille hommes.

RÉVOLTE DU CAIRE.

III. Depuis deux mois que l'armée française occupait le Caire, Bonaparte n'avait négligé aucun des moyens propres à déjouer les trames ourdies par les agens secrets des beys, des Turcs et des Anglais. Jaloux surtout de gagner la confiance des principaux habitans, son but principal était de paralyser et même de rendre nul tout ce que pouvaient avoir de dangereux les déclamations frénétiques des ulémas, des imans et autres ministres de la religion mahométane. Le divan qu'il avait établi était consulté sur les moindres intérêts, et il s'empressait de faire droit aux réclamations que lui adressait cette assemblée municipale. En un mot, il mettait ses soins à respecter lui-même et à faire respecter par tous ce qui tenait aux usages religieux et civils.

Cette conduite prudente du général en chef lui avait concilié l'estime et la vénération de plusieurs personnages en crédit parmi le peuple, et, dans leur reconnaissance, ils l'avaient appelé Ali, le nom du gendre de Mahomet, leur ayant paru le plus convenable pour exprimer l'opinion qu'ils avaient conçue du caractère et des grandes qualités du vainqueur des mameloucks.

Quelques chefs de la religion cependant, et tous les sectateurs austères de l'islamisme furent loin de partager cet enthousiasme. Au lieu de regarder comme un bienfait la protection de Bonaparte, ils ne voyaient dans ses démarches qu'une profanation insultante, un grand avilissement; et les ennemis du nom français trouvèrent parmi ces fanatiques des gens disposés à se rendre les instrumens de leur haine et de leurs machinations. Les dernières classes du peuple reçurent les impulsions qui leur furent données dans ce sens, et l'esprit d'insurrection se propageant avec activité, les meneurs n'attendaient plus qu'une occasion favorable pour jeter le masque et lever l'étendard de la révolte. Malheureusement cette occasion ne tarda pas à se présenter, et elle fut fournie par les Français eux-mêmes qui, pour se procurer l'argent nécessaire à l'entretien de l'armée, établirent un droit d'enregistrement, moyen fiscal, absolument inconnu dans l'Orient, qui fut regardé comme une avanie déguisée, et qui excita un mécontentement général, notamment au Caire, séjour habituel de presque tous les grands propriétaires de l'Égypte.

Les malveillans, certains ministres des mosquées surtout, trouvent l'occasion favorable pour faire jouer le grand ressort de la religion. Les temples retentissent de prédications séditieuses où l'on fait intervenir l'autorité de Dieu et de son prophète. Le fanatisme égare toutes les têtes, et le désir de secouer un joug qu'on lui représente comme plus odieux encore que celui des beys, réunit sous l'étendart de la foi musulmane tout le peuple du Caire.

Des rassemblemens se forment dans les divers quartiers; la foule se porte en tumulte au palais du divan; elle demande à grands cris le rapport de l'arrêté sur l'enregistrement des propriétés. Les Français, et ceux qu'on soupçonne d'être leurs partisans, sont impitoyablement massacrés dans les rues. On investit et l'on pille la maison de Caffarelli; deux ingénieurs des ponts et chaussées, Thévenot et Duval, n'écoutant que leur courage, rassemblent les domestiques du général, absent pour cause de service, et veulent opposer une vive résistance; mais forcés dans les derniers appartemens par une multitude furieuse, ils ne peuvent éviter la mort, et sont mis en pièces.

Dans le même temps, une autre bande de forcenés se portait sur la maison de Cassim Bey, que Bonaparte avait donnée, pour s'y réunir, aux membres de l'institut et de la commission des sciences et des arts. Obligés de se défendre dans ce sanctuaire des muses, ils prirent les armes, et, secondés par leurs domestiques, ils se barricadèrent. L'immense supériorité des assaillans échoua devant la bravoure et l'intrépidité que montrèrent ces savans. L'attaque dirigée contre eux n'eût aucun succès, et ils restèrent sous les armes jusques au moment où, ayant reçu du renfort, ils se virent délivrés de l'espèce de siège qu'ils avaient soutenu durant toute une journée.

Averti des rassemblemens de la populace, Dupuy, commandant du Caire, moins alarmé qu'il n'aurait dû l'être de pareils mouvemens, s'était contenté d'abord d'ordonner quelques patrouilles, qui furent bientôt insuffisantes pour dissiper les séditieux; mais apprenant, par les rapports qui lui arrivaient de tous les côtés, que l'insurrection avait un caractère sérieux, il quitta son hôtel, accompagné de son aide-de-camp, le capitaine Maury, du négociant Baudeuf qui lui servait d'interprète, et d'un piquet de dragons.

Dupuy donne, de suite, à la trente-deuxième demi brigade, l'ordre de prendre les armes et de se tenir prête à marcher. Quant à lui, il se dirige sur le grand cimetière, appelé *la Ville des Tombeaux*, que tout annonce être le foyer principal de l'insurrection. Une foule immense obstrue la plupart des rues, et un grand nombre d'habitans tirent, des maisons, sur les Français, ou les accablent de pierres, de fragmens de poutres et de tout ce qu'une aveugle fureur leur fait tomber sous la main.

Toutefois s'ouvrant un passage à coups de sabre, le général français a pu se rendre au quartier des Francs, et il allait entrer dans la rue des Vénitiens, lorsqu'il se vit arrêté par un groupe de populace qui lui barrait le chemin et semblait disposé à l'empêcher de pénétrer plus avant. Baudeuf veut haranguer les révoltés ; leurs hurlemens prolongés étouffent sa voix. Emporté par son bouillant courage, Dupuy s'indigne qu'on ose lui opposer de la résistance, ordonne aux dragons de le suivre et se précipite sur le rassemblement, sans attendre l'arrivée de l'infanterie dont le feu eût été nécessaire pour au moins ébranler cette masse qu'il s'agissait de charger. Le premier choc de Dupuy et de son escorte fait d'abord reculer les premiers assaillans; mais la rue est trop étroite pour laisser écouler le groupe en retraite. Entouré par les révoltés, un coup de lance atteint le général au-dessous de l'aisselle gauche, et lui coupe l'artère. Maury, qui du plat de son sabre a voulu écarter le fer homicide, est lui-même renversé de cheval. Quoique mortellement blessé, Dupuy voit le danger de son aide-de-camp, se baisse et lui tend la main pour l'aider à se remettre en selle; ce mouvement fait sortir à gros bouillons le sang de la plaie du général, qui tombe évanoui.

Transporté dans la maison de Junot, le commandant du Caire expira quelques instans après, en regrettant de n'avoir pas pris plutôt des mesures vigoureuses pour s'opposer à une sédition qui faisait d'aussi rapides progrès. La nouvelle de sa mort se répandit en un instant dans presque tous les quartiers de la ville; le canon d'alarme se fit entendre, et Bon prit le commandement des troupes qui se rassemblaient de toutes parts. De nombreux détachemens d'infanterie, dirigés dans les principales rues, firent un feu aussi vif que meurtrier sur les révoltés. Plus de quinze mille insurgés, chassés et poursuivis la bayonnette dans les reins, se réfugièrent dans la grande mosquée où ils se retranchèrent, résolus de s'y défendre jusqu'à la mort, essayant de rallier tous ceux des habitans qui n'avaient point encore osé se réunir à eux, et que les imans et les mollahs, placés sur les galeries des minarets, appelaient à la vengeance commune. Déplorable situation d'une ville, bien malheureuse sans doute, si l'on ajoute que les Arabes du désert, prévenus de l'insurrection, s'étaient avancés jusque sous les murs du Caire, cherchant à y pénétrer pour se réunir aux révoltés, profiter du désordre général, et se livrer au pillage.

Pendant que Bonaparte, averti de la révolte par le canon d'alarme et des exprès qu'on lui a envoyés, prépare les moyens d'arrêter le désordre, un convoi de malades de la division Reynier, venant de Pelbeys, est attaqué par les Arabes au moment où, ignorant ce qui se passait, il allait entrer dans la ville. Sa faible escorte est bientôt dispersée, et les Français, hors d'état de se défendre, sont égorgés sans qu'il en échappe un seul.

Selon l'usage général en Orient de ne rien entreprendre après le coucher du soleil, la plus grande partie des insurgés s'étaient retirés dans les maisons, et ceux qui occupaient la grande mosquée avaient cessé de faire feu sur les Français. Cette espèce d'armistice dura toute la nuit; mais le lendemain, à la pointe du jour, les révoltés se rassemblèrent de nouveau, et, maîtres de plusieurs issues de la ville, ils en facilitèrent l'entrée aux Arabes et aux mécontens du dehors qui y pénétrèrent armés de bâtons, de piques, de sabres, de poignards, et même de fusils.

Cependant Bonaparte a fait toutes les dispositions nécessaires pour repousser les nouvelles attaques des habitans du Caire. Des pièces d'artillerie sont placées en face et au détour des rues; une colonne d'infanterie marche sur e grand cimetière occupé par un fort rassemblement; ceux qui le forment sont dispersés ou taillés en pièces; la grande rue devient le théâtre d'un carnage non moins sanglant Une compagnie de grenadiers et une batterie d'obusiers sont placées au débouché de cette rue, sur la place d'Erbekieh. Voyant qu'ils s'exposent à une mort certaine en s'avançant par une voie aussi dangereuse, les insurgés se glissent, par des chemins détournés, à travers les jardins et les cours des maisons, dans une mosquée qui se trouve au premier tournant de la rue, et de là tirent sur la batterie et sur les grenadiers. Les portes de la mosquée sont à l'instant enfoncées à coups de hache ; et les fanatiques qu'elle renferme, chassés de son enceinte, forcés à essuyer tout le feu de la batterie et à recevoir à bout portant les balles des grenadiers, jonchent le sol de leurs cadavres mutilés.

Sur ces entrefaites, des détachemens de cavalerie et d'infanterie, aux ordres de Dumas, Lannes et Vaux battaient la campagne aux environs du Caire, et dispersaient les Arabes, Bedouins et Fellahs, accourus de tous les côtés pour pénétrer dans la ville.

Ce fut après cette expédition que Sulkowski, regagnant le quartier-général, rencontra, à la porte d'El-Nan, la populace de ce quartier qui voulut lui barrer le passage. Trop brave pour craindre d'affronter de si misérables adversaires, quel que soit leur nombre, Sulkowski s'élance, avec les guides qu'il commande, à travers les flots de la multitude; mais, effrayé par les cris affreux que vocifèrent les rebelles tombant sous les coups redoublés de son maître, le cheval de l'intrépide aide-de-camp de Bonaparte se cabre, s'abat, et renverse celui qui le monte. La tourbe se jette alors sur le vaillant polonais, qui, ne pouvant plus opposer qu'une faible résistance, est massacré avant que les guides qui l'accompagnent aient pu le dégager. Telle fut la fin de ce jeune héros, dont la perte fut vivement sentie par le général en chef et par toute l'armée. Issu d'une des plus nobles familles de l'antique Sarmatie, Sulkowski n'ayant pas voulu rester le témoin passif de l'asservissement de sa patrie, était venu combattre pour la cause de la liberté dans les rangs français qu'il étonna plus d'une fois par son dévouement et sa rare intrépidité.

Toujours maîtres de la grande mosquée, les insurgés paraissaient vouloir s'y maintenir jusques à la dernière extrémité. Toutes les avenues de ce poste redoutable étaient barricadées, et il eût fallu perdre beaucoup de monde pour tenter de s'en emparer de vive force; encore le succès aurait-il été douteux. Voulant donc arrêter l'effusion du sang, et épargner à la capitale de l'Égypte les suites d'une mesure terrible qu'il a prise, Bonaparte, après avoir ordonné à Dommartin d'établir plusieurs batteries sur la chaîne de montagnes qui domine la partie orientale du Caire, fait offrir aux insurgés un pardon général, s'ils consentent à déposer les armes. Considérée comme un acte de faiblesse, la proposition du général en chef est rejetée, et la force va décider du sort des imprudens qui se confient dans la supériorité de leur nombre.

Des colonnes de grenadiers s'avancent par les rues qui conduisent à la grande mosquée, à l'effet de cerner cet édifice, et pour s'opposer à ce qu'aucun de ceux qu'il renferme ne tente de s'échapper. Dommartin alors démasque ses batteries; la citadelle fait feu de toutes les siennes, et bientôt les bombes, les boulets et les obus renversent ou incendient plusieurs maisons, et endommagent la mosquée. Une circonstance que nous nous garderons bien d'oublier, c'est que, par un hasard assez extraordinaire, le ciel, presque toujours serein dans cette partie de l'Égypte, venant à s'obscurcir, et le tonnerre mêlant ses bruyans éclats à ceux de l'artillerie française, cet incident parut frapper l'imagination superstitieuse des habitans, et contribua peut-être, plus que toute autre chose, à ramener la tranquillité dans les autres quartiers de la ville.

Cependant l'artillerie commençait à faire de grands ravages sur le point de la ville où elle dirigeait ses coups, et la crainte d'être ensevelis sous les décombres de la grande mosquée, réduisit les rebelles à la nécessité d'implorer la générosité de Bonaparte, en lui promettant pour l'avenir une soumission exemplaire. « Vous avez refusé ma clémence, quand je vous l'offrais, répondit le général en chef; l'heure de la vengeance est sonnée : vous avez commencé, c'est à moi de finir. » Le désespoir s'empare des insurgés : résolus de se faire jour par la force des armes, ils essaient une sortie ; mais, reçus à la baïonnette par les grenadiers, ils ne trouvent que la mort.

Se dévouant alors pour le salut de tous, les principaux chefs de l'insurrection s'avancent désarmés vers les soldats, et poussant tous ensemble le cri *amman!* (*miséricorde*)! Ils implorent leur pitié par les démonstrations les plus pressantes et les signes les moins équivoques. Le feu cesse à l'instant; et, satisfait d'avoir enfin réduit ce dernier et redoutable rassemblement, Bonaparte reçoit à quartier tout ce qui reste encore de révoltés.

Trois proclamations, imprimées en Arabe, par les soins de Marcel, avec des presses et des caractères apportés de France, furent publiées et affichées dans le Caire : nous ne donnerons en entier que la dernière.

— Les gens de loi de la ville du Caire aux habitans des provinces. « Nous supplions le Tout-Puissant de vous préserver de la sédition et du désordre caché et public, et de vous éloigner de ceux qui cherchent à faire le mal sur la terre.

« Savoir faisons aux habitans des provinces qu'il est arrivé quelque désordre dans la ville du Caire, de la part de la vile populace et des méchans qui se sont mêlés avec elle... mais la main bienfaisante et invisible de Dieu est venue bientôt appaiser la sédition, et par notre intercession auprès du général en chef Bonaparte, les malheurs qui devaient suivre la révolte ont été arrêtés. Il a empêché les troupes de brûler la ville et de la piller, car il est plein de sagesse, bienfaisant et miséricordieux envers les musulmans; il est le protecteur particulier des pauvres, et sans lui tous les habitans du Caire n'existeraient plus. »

— Les Scheicks de la ville du Caire au peuple d'Égypte. « O vous, musulmans, habitans des villes et des places frontières! vous, habitans des villages, Fellahs et Arabes! sachez qu'Ibrahim-Bey et Mourad-Bey ont répandu dans toute l'Égypte des écrits tendant à exciter le peuple à la révolte, et ils ont fait entendre frauduleusement et malignement que ces écrits viennent de sa majesté impériale et de quelques-uns de ses visirs.

« .... S'il était vrai que ces écrits vinssent de la part de sa majesté impériale, le sultan des sultans, nous les aurions vus apportés authentiquement par ses officiers.

« Vous n'ignorez pas que les Français ont été, de tout temps, parmi les nations européennes, les seuls amis des musulmans et de l'islamisme, et les ennemis des idolâtres et de leurs superstitions..... Les Russes désireraient s'emparer de Sainte-Sophie et des autres temples dédiés au culte du vrai Dieu, pour en faire des églises consacrées aux exercices profanes de leur perverse croyance; mais, s'il plaît au ciel, les Français aideront notre seigneur le sultan à se rendre maître de leur pays, et à en exterminer la race.....

« Cessez enfin de fonder vos espérances sur Ibrahim et Mourad, et mettez toute votre confiance en celui qui dispense à son gré les empires, et qui a créé les humains. Le plus religieux des prophètes a dit : La sédition est endormie ; maudit soit celui qui la réveillera ! »

— Bonaparte, membre de l'institut national, général en chef de l'armée d'Égypte, aux habitans du Caire. « Des hommes pervers avaient égaré une partie d'entre vous ; ils ont péri. Dieu m'a ordonné d'être clément et miséricordieux pour le peuple ; j'ai été clément et miséricordieux envers vous.

« J'ai été fâché contre vous de votre révolte ; je vous ai privé pendant deux mois de votre divan ; mais aujourd'hui je vous le restitue : votre bonne conduite efface la tache de votre révolte.

« Schérifs, ulemas, orateurs des mosquées, faites bien connaître au peuple que ceux qui, de gaieté de cœur, se déclareraient mes ennemis, n'auront de refuge ni dans ce monde ni dans l'autre. Y aurait-il un homme assez aveugle pour ne pas voir que le destin lui-même dirige toutes mes opérations? Y aurait-il quelqu'un assez incrédule pour révoquer en doute que tout, dans ce vaste univers, est soumis à l'empire du destin?

« Faites connaître au peuple que, depuis que le monde est monde, il était écrit qu'après avoir détruit les ennemis de l'islamisme, fait abattre les croix, je viendrais remplir la tâche qui m'a été imposée. Faites voir au peuple que dans le saint livre du Koran, dans plus de vingt passages, ce qui arrive a été prévu, et ce qui arrivera a été également expliqué.

« Que ceux que la crainte seule de nos armes empêche de nous maudire, changent; car en faisant au ciel des vœux contre nous, ils sollicitent leur condamnation : que les vrais croyans fassent des vœux pour la prospérité de nos armes.

« Je pourrais demander à chacun de vous compte des sentimens les plus secrets de son cœur; car enfin je sais tout, même ce que vous n'avez dit à personne. Mais un jour viendra que tout le monde verra avec évidence que je suis conduit par les ordres supérieurs, et que tous les efforts humains ne peuvent rien contre moi. Heureux ceux qui, de bonne foi, sont les premiers à se mettre avec moi ! »

Quoique le Caire fût rentré dans l'ordre, et que les quartiers de cette vaste cité présentassent l'aspect du calme et de la sécurité, néanmoins Bonaparte, tout en cherchant par sa modération et la discipline de l'armée à capter la bienveillance du peuple égyptien, s'occupait également des mesures propres à prévenir un second soulèvement. Mais avant de parler du système de défense adopté pour les places d'Égypte situées sur la Méditerrannée, nous ferons succéder l'aimable paix à la guerre sanglante, et les plaisirs, les jeux et les ris aux alarmes cruelles.

Destaing a remplacé Dupuy dans le commandement du Caire. La confiance renaît entre les habitans de la ville et les Français. Le soin qu'a pris Bonaparte de ne faire peser sa vengeance que sur les principaux moteurs de l'insurrection lui a ramené l'affection de la multitude qui paraît se repentir d'avoir cédé trop facilement aux insinuations perfides des agens soudoyés par les beys, le grand-seigneur et les Anglais. Dargeavel présente au général en chef le plan d'un *Tivoli*, dans lequel seront réunis tous les agrémens que les Parisiens et les étrangers vont chercher dans les établissemens de ce genre qui ornent la capitale de la France. Un palais du bey et son jardin sont mis à la disposition de l'entrepreneur. Celui-ci réalise son projet avec autant de succès que peuvent le lui permettre les ressources locales. Des salles de jeu, de billard, un cabinet de lecture, des orchestres pour les danses, une promenade variée, des divertissemens de tout genre, un restaurateur, deux cafés, des feux d'artifice, présentent aux Français, dans le Tivoli du Caire, les délices de celui de Paris : mais hélas! qu'est-ce que tout cela sans femmes policées et civilisées? Il est vrai de dire que pour suppléer à cet objet de première nécessité dans nos mœurs, usages, habitudes et coutumes, des membres de l'institut et de la commission des sciences et des arts imprimèrent deux journaux, lecture plus utile qu'on ne pense, quand ils sont rédigés dans l'intérêt public, et que la passion, l'esprit de parti, les haines particulières, le mensonge, l'absurdité, la sottise, l'égoïsme, le génie du mal, de stupides préjugés, des prétentions surannées, la jalousie honteuse et une basse envie de faire parler de soi, ne président point à la publication de la feuille quotidienne. Ces deux journaux portent le titre modeste de *Décade égyptienne* et de *Courrier d'Égypte*. Voilà pour l'agréable ; passons à l'utile.

Conté étonne les Français eux-mêmes par la multitude de ses inventions et par ses talens en physique et en mécanique. Grâce à ce citoyen industrieux et vraiment extraordinaire le Caire voit en peu de temps s'élever dans ses murs des manufactures, des usines, des fonderies, d'où sortent des canons, des boulets, de l'acier, des sabres, des instrumens d'optique et de mathématiques, des draps, des toiles vernissées, du carton, du papier, enfin tous les produits des arts européens. Surpris, les Égyptiens voient, pour la première fois, sur les hauteurs du Mokatam, des moulins à vent.

De leur côté, Champy, père et fils, établissent des ateliers pour la fabrication de la poudre à canon, qui se trouve être bien supérieure en qualité à celle des Égyptiens. Enfin c'est alors que l'armée dut reconnaître toute la perspicacité de son général en chef, lorsqu'il avait eu la sage pensée d'amener avec lui dans l'Orient une compagnie aussi recommandable de savans et de véritables artistes.

Tandis que Bonaparte mettait à l'abri des tentatives qu'on pourrait faire contre elles, les places d'Alexandrie, de Rosette et de Damiette; que Cafarelli ajoutait aux fortifications du château et de la citadelle du Caire; que Beaumont poursuivait au loin les Arabes dans le désert; que Malar et Favre reconnaissaient l'ancienne branche du Nil, appelée *Tanitique*; que Dolomieu et Denon parcouraient la province de Rosette et une partie du Delta; que Bertholet et Fournier visitaient les lacs de Natran; qu'Andréossi levait la carte du Menzaleh; que Desgenettes étudiait le caractère du fléau connu sous le nom de peste, et que Beauharnais et Bon entraient dans Suez soumise, le roi de Naples, oubliant les leçons du passé, ses promesses et la foi jurée, tout entier aux conseils d'une femme qu'il adore et d'un ministre qui n'a point perdu sa confiance, déclarait la guerre au gouvernement français.

Fière de l'appui de la Grande-Bretagne, la cour de Naples ne craint pas de lever le masque; elle ne se souvient plus que si, jusqu'alors, elle n'a point été entraînée dans une guerre séparée, elle doit cet avantage à de grands sacrifices, et aux concessions arrachées à la crainte du péril où l'aurait exposée une conduite moins prudente.

L'ouverture de ses ports fut le premier acte d'hostilité que commit Ferdinand envers la république. Après la journée d'Aboukir, l'amiral anglais avait été reçu en triomphateur, par Caroline, surtout, dont la joie démontrait assez combien était forte la haine qu'elle portait à la France républicaine. Le roi lui-même avait été au-devant de Nelson jusqu'à plus de deux lieues en mer. On accabla d'honneurs l'homme qui venait d'anéantir la marine française dans la Méditerranée, et, pour tout dire, la présence du vainqueur de Brueys, traînant à sa suite les tristes débris d'une flotte écrasée, n'aurait pas excité un plus vif enthousiasme en Angleterre.

L'ambassadeur Garat, proteste, au nom du directoire, contre une violation aussi manifeste du traité de paix subsistant encore. Ferdinand descend au mensonge, et assure qu'en recevant Nelson dans le port, il n'a cédé qu'à la menace faite par l'amiral d'incendier la ville, si on refusait de le laisser entrer lui et ses vaisseaux.

Les Français isolés, qui se trouvent à Naples, et ceux des habitans de cette ville, qu'on croit partisans des idées révolutionnaires, éprouvent des persécutions indirectes. Des réclamations sont faites à ce sujet; elle restent sans effet, et c'est sans doute dans la crainte de voir rompre trop promptement les conférences de Rastadt, et d'être engagé de nouveau dans une guerre continentale, à laquelle il n'est point préparé, que le directoire exécutif supporte avec tant de patience les insultes du cabinet napolitain.

Les subsides anglais mettent le ministre Acton à même d'organiser une armée de soixante mille hommes. Des armes, des munitions, des habillemens sont envoyés de Londres; et Ferdinand, qui se regarde déjà comme le libérateur de l'Italie, ne veut négliger aucun des moyens qui peuvent assurer le succès de cette haute entreprise. L'ordre est donné aux caisses publiques de verser au trésor royal tout le numéraire qu'elles contiennent. Des bons créés à cet effet sont donnés en échange, et l'on va même jusqu'à requérir, pour la même destination, l'argenterie des églises et celle des particuliers.

Cependant Ferdinand, n'ayant dans toute son

armée aucun officier qui puisse guider ses troupes contre les Français, s'adresse à l'Autriche, qui lui envoie Mack. Espèce de polichinelle déguisé en soldat, et qu'on peut comparer à tous ces fabricateurs de plans militaires, tracés d'après une théorie formée dans le cabinet plutôt que sur le champ de bataille, Mack arrive : l'orgueil, la jactance, la présomption lui ont servi d'escorte. Le roi, Acton, admirent le futur héros, et la reine, qui en raffole, reste muette d'étonnement, au récit des opérations que le général autrichien va entreprendre à la tête de la nombreuse armée dont on lui confie le commandement.

Pleine de confiance dans le génie de Mack, la cour de Naples n'attend point que le cabinet autrichien prenne, suivant sa promesse tacite, l'initiative des hostilités. L'armée débouche par trois points à la fois, sur les terres du pape, et l'aile gauche, où se trouvent le roi et le général en chef, marche droit sur Rome, par les marais Pontins, Valmomontone et Frascati.

A l'approche des Napolitains, le canon d'alarme se fait entendre, on bat la générale, et Championnet se hâte de prendre les mesures que lui permet l'imminence du danger. « Tenez bon, dit-il au commandant et à la garnison qu'il laisse au château Saint-Ange ; dans vingt jours vous me reverrez vainqueur. » Ces paroles prononcées, il évacue Rome, et sa retraite s'opère dans le meilleur ordre.

La ville éternelle, cette antique maîtresse du monde, voit Ferdinand et le triomphateur Mack faire leur entrée solennelle au milieu des acclamations délirantes de cette même populace qui, naguère, avait applaudi à l'établissement du gouvernement républicain dans ses murs. On détruit tout ce qui peut rappeler la présence des Français dans la cité de Romulus; on abat les arbres de la liberté; d'autres arbres les remplacent, ce sont des croix qui s'élèvent en signe d'expiation ; on renverse le monument qui fut consacré à la mémoire de Duphot; et, outrage gratuit, les Romains jettent au vent les cendres du guerrier qu'ils ont assassiné. Le Roi voit ces excès, ils se passent sous ses yeux ; et quand son devoir comme roi est de les réprimer, il semble, au contraire, leur accorder une tacite approbation. Bien plus, exécrable fureur du fanatisme! il souffre que ses soldats, des hommes qui exercent la noble profession des armes, se joignent à la vile canaille pour massacrer les Juifs, dont un grand nombre sont égorgés ou jetés dans le Tibre.

Ivre d'un succès obtenu sans coup férir, et que la présence de l'armée française dans le voisinage peut effacer d'un moment à l'autre par une revanche qui le forcera à abandonner sa facile conquête, Ferdinand, dans une lettre dont nous ne citerons qu'un passage, s'empresse d'inviter sa Sainteté à venir reprendre les rênes de son spirituel et temporel gouvernement.

« Quittez promptement votre modeste retraite, lui dit-il, et, porté sur les aîles de nos chérubins, qui transportèrent autrefois Notre-Dame de Lorrette, partez et descendez dans ce Vatican que doit purifier votre présence; tout est prêt pour y recevoir votre Sainteté; elle pourra encore célébrer l'office divin le jour de la naissance du Sauveur, qui, pour elle, sera l'époque d'une nouvelle existence. »

Pourquoi faut-il que les rois, toujours dupes des flatteurs, ignorent les charmes de l'amitié que connaissent si bien ceux que l'adulation des cours a maladroitement essayé de flétrir du nom impropre de sujets. Les rois, en effet, sont les pères des peuples; et si le fils doit soumission à son père, certes, elle est énorme la distance qui sépare la soumission de la subjection. Argument péremptoire pour les personnes de bonne foi, mais ample moisson de dispute pour les partisans de l'obscurantisme et des moyens obliques. La franchise, la bonne franchise, avec ce talisman on réussit toujours; et muette, la conscience se tait. « Ma politique est de n'en point avoir, disait Turgot » et le nom de Turgot sera répété avec respect par la postérité la plus reculée.

Si Ferdinand avait eu près de sa royale personne un ministre honnête homme, un Sully, par exemple, assez ferme pour lui dire la vérité, il aurait épargné à ses états les malheurs inouis dont ils seront bientôt les victimes infortunées. Mais n'anticipons pas sur l'avenir; et, suivant l'ordre des événemens, après avoir crayonné les troubles du Piémont, parlé de l'occupation de la citadelle de Turin, de Charles-Emmanuel abandonnant son royaume, et de l'établissement d'un gouvernement provisoire, revenons aux opérations de l'armée de de Championnet qui amenèrent la défaite de Mack, la reprise de Rome et la marche des Français sur Naples.

Resté fidèle au traité conclu avec le gouvernement républicain, le roi de Sardaigne avait eu la sagesse de croire que, dans la crise où se trouvait l'Europe alors, il était de l'intérêt des monarques du troisième ordre de conserver la paix avec toutes les nations, et de ne plus jouer aucun rôle actif dans la lutte de la France avec les grandes puissances. Mais après la mort de ce prince, Charles-Emmanuel, son fils, entouré de conseillers perfides, intéressés à le tromper, jugea indigne de lui de suivre la ligne tracée, et il ne put se voir, sans humiliation, dans la dépendance des républicains, que les préjugés de la naissance et de l'éducation lui rendaient odieux.

Toutefois, indécis sur la conduite qu'il doit tenir dans cette circonstance, Charles-Emmanuel se décide tout-à-coup, assuré qu'il est par Paul Ier lui-même, qu'une armée russe formidable se dirigera bientôt vers l'Italie pour rendre aux souverains de cette contrée leur autorité trop long-temps compromise. Dès-lors on arme secrètement les Piémontais, on excite leur patriotisme, et on les engage à se défaire des soldats français vivant sans défiance au milieu d'eux. On répand avec profusion une lettre du prince Pignatelli, Napolitain, adressée à l'un des ministres du roi de Sardaigne, dans laquelle se trouve ce passage remarquable : « Les Napolitains, commandés par le général Mack, sonneront les premiers la mort sur l'ennemi commun; et, du sommet du Capitole, nous annoncerons à l'Europe que l'heure du réveil est arrivée. Alors, infortunés Piémontais, agitez vos chaînes pour en frapper vos opresseurs. »

Prétextant des inquiétudes que lui causait l'ambition des républiques Cisalpine et Ligurienne, le roi de Sardaigne avait ordonné une levée de troupes. Ginguené, ambassadeur de France, s'étant plaint de cette infraction au traité de paix, et Charles-Emmanuel n'ayant donné au directoire que des raisons évasives, le gouvernement français ne vit dans le souverain du Piémont que l'allié du roi de Naples, et se disposait à lui déclarer la guerre en même temps qu'il envoyait Championnet à Rome pour repousser l'aggression de Ferdinand.

Cependant les idées révolutionnaires germaient dans les états de Charles-Emmanuel, et le système républicain y comptait un grand nombre de partisans. Divers combats sont livrés; unis aux Génois, les insurgés battent les troupes d'Emmanuel, et prennent le titre d'*armée infernale, patriotique et indestructible du midi*. Le succès couronne leur audace, et, sur plusieurs points, leurs adversaires sont forcés de prendre la fuite. Dans cette extrémité, le roi de Sardaigne réclame la médiation de l'ambassadeur français, et ce dernier, servant les intentions secrètes de son gouvernement, fait consentir Charles-Emmanuel à recevoir garnison française dans la citadelle de Turin. Cette mesure ramène la tranquillité; les insurgés mettent bas les armes, et les troupes liguriennes sortent du territoire qu'elles ont envahi.

Mais comme le prince n'était pas de bonne foi et qu'il avait renouvelé ses premières intelligences avec les ennemis de la république, le directoire lui déclara la guerre, et Joubert reçut l'ordre de commencer les hostilités. On a remarqué, dans le temps, l'ordre du jour qu'il publia à cette occasion. Nous en donnerons un extrait. « Enfin la cour de Turin a comblé la mesure, elle vient de se démasquer; depuis long-temps de grands crimes ont été commis; le sang des républicains français et piémontais se versait à grands flots par l'ordre de cette cour perfide. Le gouvernement français, ami de la paix, croyait la ramener par des voies conciliatrices : son désir prononcé était de cicatriser les plaies d'une longue guerre et de rendre la tranquillité au Piémont en resserrant de jour en jour son alliance avec lui ; mais son espoir a été lâchement trahi, et il commande aujourd'hui à son général de venger l'honneur de la *grande nation*, de ne plus croire une cour infidelle à ses traités, et d'assurer au Piémont la paix et le bonheur. »

Cet ordre du jour fut suivi de l'occupation des principales places fortes du Piémont; Turin fut pris, et les Français y entrèrent aux acclamations du peuple, toujours avide de nouveautés et empressé d'applaudir aux changemens politiques. La ville fut illuminée, et l'on promena dans les rues l'effigie du monarque, que l'on brûla ensuite sur la place publique.

Trois jours suffirent aux Français pour se rendre entièrement maîtres des état d'Emmanuel, et s'emparer, dans la seule ville de Turin, de dix-huit cents pièces de canon, de plus de cent mille fusils, de munitions et d'approvisionnemens immenses.

Le roi de Sardaigne se retira à Florence, après avoir renoncé à l'exercice de son pouvoir, et l'on établit un gouvernement provisoire composé de quinze membres.

Tandis que ces choses se passaient en Piémont, des événemens d'une nature plus sérieuse et plus grave se préparaient à Rome et dans le royaume de Naples.

Au lieu de profiter de sa supériorité, pour suivre ses premiers succès en attaquant l'armée française trop faible pour lui résister, le général autrichien passe plusieurs jours à Rome sans entreprendre autre chose que de faire sommer le château Saint-Ange. Le commandant de la forteresse, Walter, rejette avec dignité, la forfanterie, au moins intempestive, de l'Austro-Napolitain Mack.

Attaqués par quarante mille hommes, au nombre desquels encore se trouve un émigré français, le brave Damas, Magdonald, Kellermann, le Polonais Kniazewitz et Maurice Mathieu battent les troupes de Ferdinand partout où elles se présentent. Retiré sur les hauteurs de Calvi, Mack a vu six mille Français repousser quarante mille Napolitains, et sa crainte est telle, qu'il s'est retranché dans sa position. Des deux côtés on perd le temps en observations mutuelles, jusqu'à ce que le général autrichien manifeste des sentimens indignes d'un loyal guerrier. « Tous les Français malades aux hôpitaux de Rome, a dit Mack, ainsi que les gardes que le général en chef y a laissées, étant considérées comme ôtages, chaque coup de canon, tiré sur les troupes napolitaines, sera marqué par la mort d'un soldat français, qu'on livrera à la juste indignation des habitans. » Championnet a reçu cet atroce écrit tracé par une main cannibale; Magdonal est chargé d'y répondre : « Mais les prisonniers, qui sont entre nos mains, répondent sur leur tête de la sûreté des Français qui sont à Rome.... Votre lettre sera connue aujourd'hui de toute l'armée, pour ajouter encore à l'indignation et à l'horreur que nous ont inspirées vos menaces que nous méprisons autant que nous en craignons peu l'effet. » Conduite infâme de Mack! elle exaspéra tellement les Français contre l'ennemi, que depuis cette époque ils ne respirèrent plus que la vengeance, et montrèrent, dans tous les combats qui suivirent, une fureur que Championnet se vit dans l'obligation de réprimer par un ordre du jour.

En rétablissant à Rome le gouvernement républicain, le général en chef avait aussi donné ses ordres pour faire cantonner les troupes dans les positions les plus militaires ou les plus avantageuses. Un camp fut tracé en avant de la ville pour en garder toutes les avenues; La réserve occupa les hauteurs de Ponte-Molle; on mit un corps d'observation sur la rive droite du Teverone, en même temps que le poste de Tivoli recevait des renforts, et Rey fut spécialement chargé de poursuivre l'ennemi, qui avait abandonné Frascati et Abbano, et de ne pas lui laisser un seul instant de relâche.

Constamment battue, l'armée napolitaine, malgré sa supériorité numérique, ne présentait plus que des débris peu redoutables, qu'il était facile d'anéantir, car Mack avait évacué les états romains, et ses colonnes dispersées offraient le spectacle de troupes plutôt en désordre qu'en retraite.

Nous suspendrons ici le récit des opérations de Championnet dans le royaume de Naples, pour rentrer en Égypte, et entretenir nos lecteurs de la déclaration de guerre faite à la France par le gouvernement turc.

Vaguement informé des dispositions de la

Porte à l'égard de la république, mais plein de confiance dans l'habileté diplomatique de Talleyrand-Périgord, que le directoire avait dû envoyer à Constantinople, comme ambassadeur, Bonaparte se refusait à croire que le gouvernement turc voulût courir les chances d'une guerre sans profit réel pour lui, puisqu'en enlevant l'Égypte aux beys, les Français ne causaient au sultan qu'un faible dommage qu'il était aisé de compenser.

Tandis que le général en chef se berçait ainsi d'un espoir chimérique, le directoire avait laissé le champ libre à la politique anglaise, en ne faisant aucun effort pour en balancer les effets à Constantinople. Talleyrand-Périgord n'avait point quitté Paris, et le cabinet de Saint-James avait mis à profit la négligence du gouvernement républicain. Secondé par l'envoyé de Russie, le ministre anglais à Constantinople, avait fait jouer tous les ressorts de la politique la plus astucieuse pour persuader au grand-seigneur qu'il était de son intérêt de déclarer la guerre à la France, et de lever une armée pour forcer Bonaparte à évacuer l'Égypte. La guerre fut déclarée, et, par ordre de Sélim III, l'on enferma la légation française au château de Sept-Tours, aussitôt après la publication de l'outrageant manifeste dont nous allons extraire un seul passage en raison de la longueur de la pièce.

Ce firman de sa hautesse, adressé à Ibrahim-Bey par le grand-visir, commençait ainsi : « Au nom de Dieu clément et miséricordieux, gloire au seigneur, maître des mondes.

« Le peuple français (Dieu veuille détruire leur pays de fond en comble, et couvrir d'ignominie leurs drapeaux!) est une nation d'infidèles obstinés et de scélérats sans frein. Ils nient l'unité de cet être suprême qui a créé le ciel et la terre ; ils ne croient point à la mission du prophète, destiné à être l'intercesseur des fidèles au jugement dernier, ou, pour mieux dire, ils se moquent de toutes les religions ; ils rejettent la croyance d'une autre vie, de ses récompenses et de ses supplices ; ils ne croient ni à la résurrection des corps, ni au jugement dernier, et ils pensent qu'un aveugle hasard préside à leur vie et à leur mort ; qu'ils doivent leur existence à la pure matière, et qu'après que la terre a reçu leur corps, il n'y a plus de résurrection, ni compte à rendre, ni demande, ni réponse. »

Ainsi, de son sérail ou du château des Sept-Tours, Sélim, en style brillant, fabriqué dans les bureaux de la légation anglaise, exhale contre les soldats de Bonaparte son orientale colère, tandis que, fidèles exécuteurs des ordres qu'ils ont reçus de Championnet, Duhesme et Lemoine marchent sur Capoue; que Rey s'empare des redoutes et du passage d'Itri; que, vigoureusement poursuivis, les Napolitains, après avoir abandonné leur artillerie, se jettent en désordre dans Gaëte, et que Pescara se rend aux Français, qui trouvent dans ses murs, outre de nombreux approvisionnemens de bouche, soixante-dix pièces de canon en bronze, quatre mortiers, vingt grosses pièces en fonte, et treize cents quintaux de poudre.

La prise de cette place procura de grands avantages à l'aile gauche de l'armée, et particulièrement à la division Duhesme; car, depuis quelques jours, cette division éprouvait des privations en tout genre. Tant de succès réitérés, et dans toutes les directions, ne pouvaient manquer d'amener d'heureux résultats; Gaëte en effet ouvrit ses portes, sur une simple sommation de Rey, quoique son gouverneur eût à sa disposition quatre mille hommes, soixante-dix pièces de canon, douze mortiers, des vivres et des munitions pour plus d'un an, et que le port renfermât sept felouques armées en guerre, beaucoup de bâtimens de transport, un équipage de pont, et des bateaux chargés de blé.

Cependant il restait encore aux Napolitains une forteresse importante, capable de couvrir leur capitale : c'était Capoue, et, pour l'attaquer dans les règles, Championnet avait résolu d'attendre que toutes ses divisions l'eussent rejoint. Divers combats eurent lieu, tous furent sanglans et opiniâtres. L'insurrection ouverte dans les Abruzzes, une nation tout entière levée en masse, et sans cesse excitée par les déclamations fanatiques des prêtres et par les intrigues des nobles, avaient inspiré au général en chef des craintes, malheureusement trop fondées, sur le salut de l'armée, que, toutefois, son sang-froid et son courage arrachèrent au péril imminent qui la menaçait.

Capoue capitule ; un armistice est signé entre les parties belligérantes, et cette suspension d'armes, proposée et acceptée dans un moment critique, se trouve, par un de ces heureux hasards qu'on ne peut prévoir, être un véritable coup de fortune pour Championnet, dont les troupes sont étrangement compromises sur tous les points qu'occupent les divisions.

Fiers de leur succès, déjà les insurgés avaient coupé le pont de Garigliano, pillé le parc de réserve, mis le feu aux caissons, et s'étaient portés aux plus grandes cruautés envers les Français tombés entre leurs mains. Gourdel, aide-de-camp du général en chef, plusieurs officiers et un grand nombre de soldats, blessés et restés sur le champ de bataille, avaient été attachés à des arbres et brûlés vifs, aux acclamations unanimes des Napolitains, dignes imitateurs des peuplades sauvages de l'Amérique, qui vociféraient autour de leurs victimes des cris de joie et de victoire. Le tocsin sonnait dans toutes les paroisses; le soldat manquait de vivres, et l'incendie du parc l'avait réduit à un seul paquet de cartouches. Les curés, les prêtres et les moines prêchaient, le crucifix en main, de nouvelles vêpres siciliennes; Progni, ancien voleur de profession, et fameux dans le pays par de nombreux assassinats, était le chef principal des révoltés. Des officiers de ligne ne rougissaient pas de servir sous les ordres d'un pareil homme; et cela devait être, puisque la cour de Naples voulait que les paysans fissent à l'ennemi une guerre d'extermination, et une ordonnance de Ferdinand, trouvée dans une correspondance interceptée, portait : « Aussitôt que les Français auront mis le pied sur le sol napolitain, toutes les communes doivent se lever en masse et commancer le massacre. »

FIN DU TOME PREMIER.

TABLE DES CHAPITRES

DU TOME PREMIER.

                                                Pages.

INTRODUCTION.   1

CHAPITRE PREMIER.

PRISE DE LUXEMBOURG. 9
AFFAIRES DU PIÉMONT. . . . . . . , . . 11
COMBATS DANS LA BISCAYE. 17

CHAPITRE DEUXIÈME.

QUIBERON. 21
COMBATS DANS LES ALPES. 46

CHAPITRE TROISIÈME.

BLOCUS DE MAYENCE. 55

	Pages.
PASSAGE DU RHIN.	63
TREIZE VENDÉMIAIRE (Paris.)	70

CHAPITRE QUATRIÈME.

PRISE DE MANHEIM.	91
BATAILLE DE LOANO.	104
PREMIÈRE CAMPAGNE D'ITALIE.	113

CHAPITRE CINQUIÈME.

AFFAIRE D'ALTENKIRCHEN.	153
DÉSASTRE DE LUGO.	167
BATAILLE DE CASTIGLIONE.	182

CHAPITRE SIXIÈME.

BATAILLE DE NERESHEIM.	198
RETRAITE DE MOREAU.	213
MORT DE MARCEAU.	227

CHAPITRE SEPTIÈME.

BATAILLE DE RIVOLI.	250

	Pages.
MARCHE DES FRANÇAIS SUR ROME	268
MORT DE HOCHE	285

CHAPITRE HUITIÈME.

PRISE DE MALTE	305
COMBAT NAVAL D'ABOUKIR	328
RÉVOLTE DU CAIRE	350

FIN DE LA TABLE.

www.ingramcontent.com/pod-product-compliance
Lightning Source LLC
Chambersburg PA
CBHW071945220426
43662CB00009B/1008